B
READ AND BE BETTER

# 新生育时代

## 时代

沈洋 蒋莱 著

广西师范大学出版社

GUANGXI NORMAL UNIVERSITY PRESS

·桂林·

# 序章：生，还是不生？

从何时起，生，还是不生孩子，竟成了一个问题？

对我这个生于 1970 年代末、有一个 00 后孩子的中年妈妈来说，这个问题问的是要不要紧跟政策潮流，跻身二孩家长之列。而本书的第一作者，1980 年代中期出生的沈洋老师，被这个问题纠缠许久，好不容易下定决心生下一孩，还沉浸在初为人母的欣喜和惶惑中，却隐约遭受到生育新政的辐射，陷入新一轮的纠结。我们俩是分别在上海两所高校任教的女学者，出于对生育、母职、职业发展、社会角色、性别关系等诸多围绕女性生命特质展开的研究议题的共同兴趣，合作进行多项研究，也在对我们的研究对象——生育女性的观察和交流中，梳理出女性个人生命体验和时代、社会发展变迁的连接。随着生育政策变化与生育文明的演进，我们逐渐感知到，从法定婚龄到更年期的女性普遍面临着一个共同的抉择问题：是否要生孩子。年轻女性在规划自己的人生时，需要考虑何时步入婚姻殿堂以及何时迎接第一个孩子的到来。而对于已婚并已为人母的成熟女性来说，她们已经在妻子、母亲、女儿、儿媳、雇员乃至领导者等多重身份中忙碌地平衡着自己的生活。同时，她们还面临着是否要响应时代潮流，选择再生一个孩子或多个孩子的决定。那些已经抓紧上一波"单独二孩"和"全面二孩"新政的"老手"母亲们，则是最新的三孩政策的目标人群。看，选择的自由和踌躇的负累处于天平的两端，无论你处在人生哪个阶段，居然都能被这个问题问住。那么，在当今中国社会，生，还是不生，究竟意味着什么呢？

## 我们的经历：生娃是个"黑社会"吗？

还是从我们两人各自的经历说起吧。我们的年龄差距不算大，但都跨越了改革开放后中国社会急剧发展、迅捷转型的高速增长时代，各自的经历都有背后代际群体的特点。

作为改革开放同龄人，我的成长过程伴随着整个国家面向世界的大门一寸寸打开的步伐，一边是膨胀无际的放飞梦想，另一边，则是每一位女性长辈、前辈以亲身经历示范的必经之路：结婚生子，为人妻母。可以说，在我们 70 后这代人的词典里，几乎没有"不婚、不育"这样的关键词；这也恰恰和一度引发热议、如今已渐趋沉寂的"剩女""剩男"标签有着一致的代际区间——当婚育不再成为必须，又何来被"剩"的污名？新世纪初我本科毕业获得保研资格将升入更好学府深造，母亲既得意又担忧，立刻开始张罗相亲大业，她既期待我事业有成，又担心高学历和事业心会吓退追求者；既谆谆告诫女人要有自己的收入来源和社会地位，又放不下"干得好不如嫁得好"的民间规训；既怕我嫁不好，更怕我嫁不出去。

与女性婚嫁归宿观念同源共生的，是结婚和生育之间不可分割的连体关系。恩格斯在《家庭、私有制和国家的起源》中早已述明，家庭的功能围绕财产传递给血缘后代展开；在当代话语体系中，它呈现为婚礼上"早生贵子"的贺词和婚礼后顺理成章的期待。我研究生毕业后进入体制内单位就业，结婚不久便意外怀孕，于我个人而言，这似乎不是一个好时机，但周遭的声音是一边倒的赞同之词：既然早晚要生，晚生不如早生；两边老人年纪都不大能帮忙，只管生不用担心带；房子和单位都落实了，生完没有后顾之忧，可以全心全意拼事业，无须再面对"升职还是生娃"的选择题；早点完成任务，身材还恢复得快！在这套叙事体系中，生育被定义成女人不假思索、无可回避的一项任务，至于生育之后会遭遇什么，几乎无人问津。很长时间里，我都爱套用香港作家亦舒的"婚姻犹如黑社会"论来描述生育后的感受："没有加入的人总不知其可怕，一旦加入又不敢道出它可怕之处，故此内幕永不为外人所知。"事实上，一朝分娩，这项"任务"便再无完成的那一天，回顾育儿一路上的奶粉、就医、玩耍、入托、上学种种，是无穷无尽的思虑操心；而自我的探寻、职业与家庭的关联和多个身份的平衡，也是自己必须面对的人生课题。某种意义上，我认为生娃的"黑社会"性质更甚婚姻——孩子固然是增强夫妻关系的纽带，却在更多时候成为两性间的矛盾来源和离婚障碍，没有孩子的婚姻脆弱易碎得堪比恋爱分手，而有了孩子之后呢？即使不幸（或有幸）分开，因为这个承载两人基因的生命体在世间的存在，你永远都不可能与前任重返陌路了。

85 后青年学者沈洋老师拥有令我等"老"前辈艳羡不已的求学经历，30 岁就在伦敦政治经济学院拿下博士学位，回国任教顶尖高校，与同为海归学者的丈夫比翼齐飞，一边在"非升即走"制度的"鞭策"下大力发表英文专著和论文，一边发挥高知专长，理性规划落实买房、结婚、生育大事。在外人看来沈老师属于标准人生赢家，她却视婚育后的生活陷入"一地鸡毛"：试问育儿的烦恼曾饶过谁？踏在房价高点买房的沈老师，会暗自羡慕本书中一些生于 70 末 80 初的被访者，她们毕业和初入职场时赶上中国 GDP 持续 10% 以上的高增长时代，在住房收入比值尚合理的阶段踏准了买房节点，甚至在不限购的年代购买多套房，完成了很多 90 后和 00 后无法企及的资产积累，也为生育决策打下坚实的物质基础。在我俩之间，她对生育动机和行为有着更为强烈的反思性，还尤其擅长把生育放在社会和时代的结构化图景下考察，为理解这座"黑社会"的来龙去脉增添了充实的学理依据。

## 我们的研究：生育如何改变了女性？

把我俩联系在一起的，是从个人经历引发出的研究旨趣，以学术为工具，探究"生，还是不生？"这个每位育龄女性都不得不以实际行动作出回应的问题，如何改变了她们的生活、职业、家庭、自我，以及对整个世界的认识。

我的研究兴趣来自"二孩时代"开启后对中国社会和中国女性的新认识。一方面，过去 30 余年受计划生育政策影响最强烈、实施"一孩制"最严格的家庭基本上局限在城市、良好受教育背景、公有制单位、体面就业这几个标签下的育龄女性，在更广大范围的农村地区，二孩乃至多孩妈妈并不鲜见，所以对于真正受到二孩新政影响的少部分处于社会阶层上端的女性，是哪些动因和力量促动她们"再为人母"？另一方面，性别平等的提升并不总是与经济增长同步发展。城市中教育水平较高的女性可能会发现，她们在校园里的成功并未能顺利转化为职场上的成就。社会政策和福利体系在很大程度上将育儿责任视为家庭私事，而女性则无偿承担了其中大部分的照料工作。难道仅仅获得允许，我们就应该生二孩了吗？2015 年我申请的国家社科基金项目"单独二孩政策对妇女就业的影响研究"获得批准，走上了以学术探索化解自身纠结的道路；2017 年邀请到刚刚回国的沈洋老师共同研究二孩妈妈，几年间不仅完成了"二孩三部曲"论文，还延伸出一批媒体文章，项目也于 2021 年终于结项。期间我最终没有选择再生一个，而沈老师在纠结之后决定生育，晋升为"新手妈妈"；并且在蹚过疫情的数年后，添了第二个千金，荣升拥有两个女儿的"一等家庭"。


**我们记录下她们的故事**


细细数来，我们调查和研究过的家庭，已经达到 40 余个，访谈超过60次。在一次次碰撞交流中,我们与受访者一起讨论了生育的动因和时机,生育前后的期待和失望,初为人母的挑战和压力。每一次生育经历,以及当下自己和职业、和父母、和配偶、和孩子(们)的关系与联结状况,分享这一路上的成就与缺憾、欣慰与辛酸、痛苦与成长,和对未来的想象、对孩子们的教育理想、对年轻人的忠告建议。

英国作家蕾切尔·卡斯克在《成为母亲:一名知识女性的自白》中说,"母性是一座与外部世界隔离开来的围城""孩子的出生不仅将女人和男人区分开来,也将女人和女人区分开来"。[1]当中国社会郑重宣告三孩时代的来临,或许是时候打开围城,让更多人领略其中各色姿态、杂陈五味。生?不生?生几个?对这些问题不同的回答,固然会通往相异的人生,但作为占据人口半数的女性群体,我们相信思想交汇、情感交融是身为命运共同体建立联结的最好方式,也是异性恋家庭中与对方性别——孩子们的爸爸互动和沟通、理解与体谅的携手并进之路。

纵观当下的文化市场,涉及生育主题的作品,不是孕产胎教,就是亲子百科,知识生产看似源源不断,核心理念却完全是以孩子为中心的延展。似乎一旦进入为母通道,女性的身心价值便完全服务于孩子的福祉,除了孕育生养一个(或更多)好孩子,以孩子的价值代表自己的价值,她自己会遭遇什么、失去什么、选择什么、成就什么,都不重要。今天年轻女孩中蔓延恐婚恐育思潮、城市妈妈纷纷加入鸡娃大军,都和如此狭隘化、密集化、单一化的母职氛围有关。

在这本书中，我两凭借研究者的敏感性和使命感，力图对新时代下的母职做立体而充分地探讨。我们的研究聚焦于妈妈们如何理解和实践母亲角色，包括职场妈妈在工作与家庭间寻求平衡、全职妈妈的家庭回归之路，以及二孩妈妈再次成为母亲的故事等等。但我们也注意到，书中的妈妈们多来自城市中产或富裕阶层，拥有高学历和房产，这限制了我们对更广泛母亲群体的覆盖。我们遗憾未能展现更多普通母亲的境遇，同时意识到，当今母职的履行对我们笔下的妈妈都如此不易，那么对于更多不具备这些"优势"的女性来说，她们所面临的生命之重更是何其严峻。

在对生育女性的要求远远超过支持的转型时代，在家庭友好、妇女友好、生育友好文化还任重道远的阶段。我们一起探讨家庭与工作关系，反思两性角色与父母职差别，想象新型代际联结的模样，推动性别平等加速发展，希望为所有已为人父母与将为人父母的读者打开一个认识"生娃黑社会"的新视角。

生，还是不生？看完之后由你决定！

蒋莱

2021 年 7 月 11 日初稿

2024 年 4 月 24 日定稿

# 目  录

**第一章　生育决策** /001

　　第一节　生育需要考虑哪些因素？ /006

　　第二节　孩子跟谁姓？ /021


**第二章　为母让我回望——母女关系与生育观** /041

　　第一节　"成为和妈妈不一样的妈妈"

　　　　　　——高嘉萱和妈妈路女士的故事 /048

　　第二节　迷失在"追男宝"生育观下的两代母女 /070


**第三章　为母之路** /091

　　第一节　二孩妈妈 /093

　　第二节　三孩家庭 /115

　　第三节　单亲妈妈，孰难、孰易？ /139

**第四章　事业与家庭** /169

　　第一节　事业女性与全职爸爸 /174

　　第二节　同学夫妇，职场之路却渐行渐远 /197

　　第三节　成为全职妈妈 /222

　　第四节　从绝望主妇到成功微商 /247


附录（一）：沈老师的为母心路 /264

附录（二）：蒋老师的探究之旅 /292

注释 /298

第一章

**生育决策**

是否生育、何时生育是个很复杂的决策过程，这可以从伦理学、心理学、社会学、经济学等多学科角度去解读。仅以生育引发的伦理探讨为例：明知孩子生下之后很可能有生理缺陷，是否应该生下来？如果女性在长期受家暴的情况下，企图通过生育来缓和家庭关系，那么孩子出生后很可能会在脆弱的环境下成长，这样的生育决定是不是不道德？我们把一个生命带来世间，并没有也无法事先征得他的同意，把他带来世间意味着死亡是其终点，那么我们为人父母，从某种意义而言是不是道德上存在问题？

克里斯汀·奥弗罗在著作《为什么生孩子？伦理学的讨论》里提到，很多人觉得生育是自然而然的事情，而不生育则需要合理化自己的选择。奥弗罗觉得，正因为生育会永远改变自己的人生和孩子的人生，并且孩子的出世是个不可逆转的过程，因此这比大多数人生选择都更加重要，更需要审慎，需要去合理化。[2]确实，正因为想做负责任的母亲，也知道生育带来的巨大人生改变，所以才不会轻易做决定。

著名记者奥里亚娜·法拉奇写的自传式小说《给一个未出生孩子的信》中，女主角最纠结的点之一就是如何合理化把一个生命带到世间这件事情。她认识到世界的丑恶，但也会找借口，去合理化生命的诞生，随后又会质疑把一个生命带到这个世界是不是正确决定。她怕孩子以后会问："是谁赋予你权利，让我降临到这个世界？"[3] 无法否认，我们并非没有过法拉奇所描述的道德焦虑，也怕孩子未来会问我们这个问题。因为只有女性才能怀孕，这样的道德压力主要由女性在承受。

生育也是女性主义研究和家庭研究中经久不衰的话题。女性主义哲学家戴安娜·蒂金斯·迈耶斯强调女性在生育决策中应该有自主权。[4] 但在现实中很难区分女性的生育选择是否真的是遵从自己内心的选择。即使女性认为生育是她们的自主选择，也很难辨析这到底是女性在回顾生育决策过程中的自我合理化，还是女性把社会对于她们的期待内化于心，认为生育是她们应该做的事情。

近年来，我们陆续访谈了超过 40 位妈妈，其中以二孩妈妈为主。有的被访者认为生育是对家庭负责，而不生育显得"太自私"。这种观念在欧美也不罕见——生了孩子的认为不生孩子的女性"自私"，不生孩子的认为生孩子的是被男权社会洗脑了。我们需要承认的是，首先，生与不生的理由都有很多，如果我们真的能设身处地站在别人的角度考虑，可能会发现我们能共情她们生或者不生的理由。其次，虽然婚姻推迟和生育推迟是全球范围的趋势，但其实绝大多数女性的一生中少不了生儿育女这一部分。芬兰赫尔辛基大学分子医学研究所的博士后研究员刘傲行（音译）在其 2023 年领衔的研究中指出，全球范围看，女性的终身无孩率约为 20%。[5] 而在有着"普婚制"和"家本位"文化传统的中国社会，这个数值要低得多。中国人口与发展研究中心的庄亚儿和西安交通大学的姜全保等多位学者基于 2010 年和 2020 年的第六、第七两次人口普查数据，分析得到了中国女性终身无孩率的变化：2020年中国49岁女性的终身无孩率为5.16%，即每20名女性中有一人终身未育。[6]虽然我国的结婚率和生育率在近20年来呈下降趋势，但目前我国还是普婚普育的社会，女性终身无孩率远低于全球平均水平。

# 第一节　生育需要考虑哪些因素?

## 生育理由

西班牙学者布鲁纳·阿尔瓦雷斯在 2018 年发表的论文《西班牙的生育决策:关于异性恋夫妻如何选择生育的叙述》里提到,她的被访者在做生育决策时一般会考虑"生不生"以及"何时生"的问题。[7] 相比之下,我们的研究对象——生活在中国社会的 70 后、80 后女性,很少会纠结"生不生"的问题。是否生第一个孩子对她们而言是个不需要考虑的问题。很多人把生育自然化了,认为这是在顺从人的"天性",或者她们自称比较"传统","是否生孩子"在她们看来并不是一个值得深究的话题。

当 85 后、90 后的人群成为主流育龄群体和生育政策的目标对象的时代,越来越多的年轻人注重个体感受大于别人眼光,也不会被"生了孩子才是真正的女人"等世俗价值观捆绑,不认为生育是人生必选项,也不想为了家庭去牺牲个人发展的可能性。单身时,休闲时间完全受自己支配,越是体验过自由的快乐,就越觉得生孩子之后的生活少了很多可能性。日剧《家族的形式》里的永里大介说过："一旦体验了不结婚的自由，就很难放弃这样的轻松生活了吧。从某些角度看来，那些坚信着结婚就是终点的人说不定挺幸福的。明明在你结婚的那一瞬间就背上了离婚的风险。恋情总有一天会冷却，那之后剩下的就只有责任和烦恼。"大介的台词讲出了部分青年选择"不婚不育"的原因。虽然孩子丰富了父母的人生，带来独一无二的亲女亲子联结，但同时也会带来责任和烦恼。因此，越来越多未婚青年认为生育与否只是个人选择，而不是必须。

1970年代末出生的蒋莱老师，在生育一孩的决策中是没有纠结的，甚至觉得"早晚都要生，晚生不如早生"。而对于85后沈洋老师来说，是否生育是个值得权衡很久的问题。这种不同一方面来自学术训练的背景不同。作为性别研究专业的博士，沈洋对强制异性恋体制和性别不平等都持批判态度，对于女性在生育后的母职惩罚也早有耳闻，因此对生育并没有执念，觉得没有孩子的人生也很好，甚至更好。另一方面可能与出生年代和序列有关，作为85后独生女，她追求个人自由与个体成长，认为为孩子牺牲与妥协应该有个限度，认同性别平等的家务分工和职场分工，理解在性别不平等背景下高学历女性用脚投票选择不婚不育，由此也呼应了中国年轻人个体化与性别平等意识增长的趋势。

相较于生育一孩的理由，我们发现，决定生育二孩，更可能是深思熟虑的结果，需要更多地涉及夫妻和两代之间的协商，而女性在二孩生育决策中发挥了强大的能动性。在我们的样本中，将近一半的被访者主动提出要生二孩，只有两个家庭是丈夫首先提出的。

有四位被访者表示自己是意外怀孕，七位夫妇表示都想生二孩。有一个例外是被访者公公首先表示希望夫妻生二孩，因为他希望有孙子。

陈蓉在上海的调查显示，在有上海户籍的女性中，生二孩的女性集中于这样一个群体：年龄 30 至 39 岁，具有大专及以上学历，从事白领工作，家庭年收入 20 万及以上。[8] 目前国内学界很多研究集中于讨论二孩生育意愿，而众多研究发现，生育意愿与实际生育行为是有差别的。这一研究揭示了已生育二孩群体的人口学特质，而我们的研究则探究了她们生育的潜在与深层次的原因。在 0—3 岁机构育儿普遍缺失、传统家庭内部性别分工依旧盛行、女性既要"主外"又要"主内"的情况下，她们为什么会生二孩？

她们生二孩的理由包括：恐惧"失独"，即失去唯一的孩子；生两个对孩子身心发展有好处。也有部分被访者表示生二孩是自然而然的行为，没有理由。还有的表示生二孩是计划外的，是意外怀孕导致的。

不少被访者生二胎的主要原因是害怕"失独"。被访者颜文婷[1]表示，她丈夫参加了同事的追悼会，目睹了白发人送独生子的悲痛场景，回家后异常感慨。颜文婷和丈夫都被这件事情所触动，这成为她生二胎的直接原因。中国目前有 100 万左右的失独家庭，并且每年增加 7.6 万个家庭。失独父母承受身心煎熬。害怕失独的情绪可能只有在计划生育政策被严格执行的国家和地区才会普遍弥漫。在全面开放二孩之后，被访者生二孩的行为可以被看作是一种抵御

---

1　全书所提到的被访者均为化名。

日常风险和不确定性的家庭策略。

受访者普遍认为有兄弟姐妹的陪伴，对孩子的发展有好处。不少想生二孩的被访者认为一孩太孤单，独生子女容易有性格缺陷，一孩环境不利于孩子健全性格的养成，由此想生二孩。何悦是上海出生的第一代独生女，她的观点在被访者中比较有代表性：

> 因为我自己从小就觉得我要有个哥哥姐姐，从小就觉得一个人太孤单了，希望有个人能跟我一起，最起码有个人可以跟我一起商量……如果一个家庭只有一个孩子，他/她获得的关注过多，这对孩子的性格发展不好。生两个孩子对他们彼此都好……生了妹妹以后，哥哥的那种状态能看出来，（原本）想的什么东西都应该是我的，什么都以我为先、以我为中心的，这种情况在妹妹出生的时候是他要改变的。

然而，独生子女的性格是否没有多子女家庭的孩子"健全"，学界是存在争议的。有文献认为独生子女更加独立自主，更加有担当。此外，生了二孩之后由于父母处理不好两个孩子间的关系，而导致孩子出现心理问题的情况，也见诸报端。而被访者倾向于认为"独生子女性格容易有缺陷"的话语，很可能受到了独生子女政策背景下媒体对于独生子女性格讨论的影响。

有海外工作生活经历的三位被访者认为自己的二孩生育行为是自然而然的结果，多子女家庭才应该是常态，她们对于独生子女政策持批评态度。吴韶华曾在美国当访问学者。她表示：

人类历史上有兄弟姐妹是正常的一件事情，对吧？而且像我父母以前这一代就有很多兄弟姐妹：我爸有七个兄弟姐妹，我妈有五个，这对他们来说是很正常的，只不过是对独生子女这一代变成了一种反常而已。

胡明玉也表示：

因为我自己的经历（在中国也在美国待过），看到的大多家庭都不是一个孩子，所以我从来不觉得独生子女是一个很好的选择。但我觉得没办法，那是国策，大多数人没有这个机会生。但是从我的角度来说，生两个孩子或者更多的孩子是很正常的，我一直这么认为的。

她们的二孩生育行为暗含了对于一孩政策的不认同与挑战。

高学历被访者还认为，她们生二孩的理由可能与非高学历的女性不太一样——农村家庭生二孩甚至三孩可能会受到传统的男孩偏好与"传宗接代"文化影响，而上述被访者中没有一位流露出这些观念。生育理由是阶层化的，与学历和生活方式有关。"生两个孩子有助于两个孩子的性格完善"等观念与高学历女性所处的阶层有关。

至于意外怀孕，有些被访女性认为在"安全期"进行性生活可以避孕，结果怀孕了。显而易见，性交就会带来怀孕风险，最方便有效的避孕措施包括使用安全套和口服避孕药。"意外怀孕"很可能体现了权力关系的不对等，因为男性在性生活方面往往更主动，他们对于避孕与否似乎更有决定权；对于女性而言，男性戴套与否并不太影响女性的性体验，而男性会觉得"不戴套"更愉悦。因此"不戴套"更可能是男性主动提出，女性被动接受的。不想怀孕的时候做好安全措施，想怀孕就开始做好规划，这些都是性自主的体现。尽管我们的被访者主要是高学历女性，照理来说有着充足的避孕知识。知识是理论的，而性实践是互动的，"意外怀孕"似乎体现了女性在性关系中的不自主。

虽然多数被访女性是主动想生二孩，但也有很多女性是非自愿的。在意外怀孕之后的纠结，体现了理性和感性的纠缠，以及夫妻关系的微妙互动。比如李佳莉表示，二孩不是计划内的："我们两个的第一反应都是不要。"然而丈夫的想法很快发生变化，强烈坚持要二孩。明知以当时的家庭条件，生二孩会更辛苦，李佳莉却也不想为此影响家庭关系。在叙述生育二孩决策过程中，她不断谈起不要二孩是更"理性"的决策，"理性"反映的是她的偏好，但是考虑到不生二孩会影响夫妻关系，为了家庭和谐的全局考虑，她还是战胜了"理性"。李佳莉在叙述中还提到了婆媳矛盾。孩子生病，她觉得应该带去医院，老人不同意，认为去医院是折腾孩子：

> 老人很强势。我跟她讲道理就变成挑衅她的权威了。我老公也不善沟通，但是会直接给我表示：别说了，不准顶嘴。

虽然李佳莉的学历比丈夫高、职业发展比丈夫更好，但看上去婆家和丈夫更强势，"理性"决策是否还包括了不生二孩可以规避婆媳矛盾？她没有明说，我们只是猜测。

李佳莉在生育决策中的纠结反映了将妇女的身体置于谈判的中心。虽然被访者在他们的生育决策中发挥了能动性，但女性同时也是传统生育文化、人口政策和父权制的复制者和实践者。各种权力作用于女性，影响了她们对于身体的自我治理。李佳莉的生育决策过程反映了这种微妙的、冲突回避型的自我治理。通过自我治理，显性冲突得以化解，并转化为自我调适和个人内心的纠结和冲突。

生育决策包括很多非理性的因素，反映了社会和家庭的权力关系，无法从单纯的成本收益角度来分析。不然，对于大多数职场女性而言，明知会身材走样，会受到母职惩罚，甚至要花费上百万元育儿，而孩子成年后可能会远走高飞，为什么还前赴后继做一件吃力不讨好的事情？难道仅仅是为了生儿育女带来的虚无缥缈的心理满足感吗？

对于二孩生育决策，我们能够共情大多数不愿生的母亲，因为生育一孩的经历，已经让我们把日常生活中的大部分注意力都分配给了孩子。但同时，作为研究者和育龄女性，沈洋老师也共情到了被访者中已生育二孩的母亲，尤其在她自己有了孩子之后——两个孩子好做伴是她们最频繁提及的生育二孩的理由，这也是沈洋自己生二孩的最大动力。

随着生育政策的进一步放开和我们研究进展的深入，三孩妈妈开始进入我们的视野。我们有三位被访者生育了三孩，契机和理由各不相同。上海知青家庭独生女谷燕第二胎生了双胞胎，这大概是上海中产阶层最可能生育三孩的契机，也是少见的没有男孩偏好的生育三孩的契机。出生于湖北多子女家庭的林夕渴望自己也能生育多个孩子，她嫁给了二婚的上海富商，富商也希望找年轻、健康、貌美的女性为他多多繁衍后代，尤其是生儿子，于是两人一拍即合，五年内生了三孩。出生于江西南昌的张乐由于当地有普遍的男孩偏好，而她头两胎都是女孩，因此决心"追男孩"，生了三胎。

对于有执着的男孩偏好的家庭而言，计划生育政策并不构成阻碍。这三位被访者都是在 2020 年三孩政策开放前生育的三孩。除了谷燕符合全面二孩政策，林夕和张乐的家庭并不符合，她们都在生三孩前就做好了被罚款的经济和心理准备。根据《2022 年我国卫生健康事业发展统计公报》，我国 2022 年的出生人口性别比为111.1:100。[9] 2020 年三孩政策开放之后，出生性别比有所上升，这很可能是因为男孩偏好导致的。因为在 1980 年计划生育政策实施以来，出生人口性别比的明显规律就是随孩次递增。2015 年的人口普查数据显示，一孩的出生性别比为 109.8:100，二孩为113.3:100，而三孩的出生性别比高达 147.5:100。[10] 三孩政策放开后，有男孩偏好的家庭可以光明正大为了"追男孩"而生三胎，且无须受到计划生育政策的惩罚。


**生育时机**


受访的妈妈们基本都认为生一孩是自然而然的事情，这也反映在她们的生育时机方面——超过半数的被访者在生育一孩前没有采取避孕措施。小丹表示：

> 我性格比较保守，觉得自己结婚以后肯定会生孩子，因为我觉得这是我的一种责任，也是对家庭负责，我觉得如果不生的话可能这几年很自由，但很自私。对吧？说传宗接代这种话太封建了，我认为生男生女无所谓，但小孩子还是一个家庭的希望吧。

但也有部分被访者希望能够享受自由，或者因求学或工作计划而推迟生育时机。在金融行业工作的易佳生于 1982 年，她 2008 年结婚，2013 年才生育第一个孩子。她表示希望能在婚后享受没有孩子的自由时光，所以刻意推迟了生育时间：

> 我们就真的是玩够了，然后才来要小孩。我觉得就很 OK，我们虽然小孩生得晚，但是我们比很多人从容了很多。就憋了一口气，三年生了两个嘛，觉得也没有很累，整个节奏是自己掌控的……不管你从心理上面，还有经济上面，都会比匆匆忙忙要小孩要好很多。

胡明玉给出的推迟生育的原因令人耳目一新，她不光考虑了自己的事业发展，也在确认了丈夫在育儿上能够积极参与之后才决定生育。胡明玉 28 岁结婚，之后和丈夫一起去美国读书和工作，在美国读完硕士之后才生育第一个孩子，当时已经超过 34 岁，她表示：

> 我们俩结婚六年了我才有了老大，就是说（要确定）这个丈夫我能不能跟他生个孩子，我才生的这个孩子。

可以说，婚后六年是她对于丈夫的"考察期"。丈夫比较顾家，这给了她生育的信心。果然如她所料，在生完孩子后，丈夫的育儿参与很多，这也给了她生育二孩的信心。

胡明玉的经历与沈洋本人的生育决策形成映照，对于伴侣承担育儿责任有信心也是她愿意生孩子的原因之一。沈洋和伴侣在婚前婚后也经常讨论是否生育、何时生育的问题。伴侣的信号很明确：喜欢孩子，渴望成为父亲，愿意担负起育儿责任。沈洋这一边，虽然她也好奇成为母亲是一种什么体验，但对于女性而言，需要考虑的问题更多，做出生育决定通常比男性更谨慎，生育代价也更高。

在"生不生"这个问题上，沈洋夫妇达成一致，认为还是会试试看。在"何时生"的问题上，决定权主要在她，伴侣尊重她的决定，毕竟女性是生育主体。沈洋在 2016 年学成归国开始工作，2017 年结婚，当时已经超过 30 岁，但考虑到在教学和科研方面都处于摸索阶段，工作压力比较大，因此自认为还没有到适合生育的时机。等到工作三年后，她自感工作走上了正轨，预计能完成规定的科研和教学工作量之后，才决定生育，而那时她已经是高龄产妇。

沈洋在 34 岁开始备孕，也是因为考虑到医学上公认 35 岁之后属于高龄产妇，35 岁之后生育胎儿患唐氏综合征的比例骤升。在决定备孕前，她提前减轻了课时量，去三甲医院约了门诊，咨询备孕注意事项，然后开始补充叶酸。考虑到怀孕后一旦牙疼无法用药的话会比较尴尬，因此在备孕前她对发炎的牙齿进行了根管治疗。和易佳一样，她是在心理和经济上的生育准备都相对充分之后才决定生育。但是，在生育时机方面，现代都市女性普遍晚婚晚育，由于生理年龄的局限，并没有太长的时间可以拖延。

如前所述，生育二孩往往是深思熟虑的结果，因此二孩生育通常经过了精心规划。有部分被访者不得不进行规划，是因为在她们的家庭想生二孩时，单独二孩或者全面二孩政策尚未开放，她们面临着计划生育政策的局限。单独二孩政策即允许一方是独生子女的夫妇生育两个子女，于 2013 年年底实施。全面二孩政策 2016 年起实施，规定所有家庭都可以生育两个子女。她们有的选择等到符合政策要求时再生育二孩，有的选择出国生二孩。

徐小燕是我们生育多孩的被访者中唯一一个提到是受到长辈男孩偏好影响的。但由于她和丈夫都出生于多子女家庭，所以她选择等到全面二孩政策开放之后再生二孩。当被问及"怎么想到最近再生一个？"时，她表示：

> 一是政策允许。二是因为家里老人很希望再生一个。老人有重男轻女的想法，刚开始我觉得男孩女孩都一样的，但是老人有这个（生男孩）愿望。正好政策也开放了，就生一个吧，管他男孩女孩，给她生一个伴吧。

仇臻娅在生育二孩时并不符合国内的计划生育政策，但她争取了去美国访学的机会。她丈夫辞职跟她去美国，他们带上女儿一起，利用在美国访学的机会生了个男孩。何悦和她丈夫都是独生子女，他们虽然符合计划生育的政策，但她不希望两个孩子年龄差距有三年：

> 因为当时就觉得差三年的话，一个中考一个高考太烦，所以就往后推一年……既能交错上学，年龄又不会离得太近。

是否生、何时生二孩不光与主观偏好有关，还与经济条件、是否有生育支持体系等相对更加客观的因素有关。

## 生育条件

三孩政策发布之后，出现了不少调侃和戏谑的段子。其中一个段子提到："我不买三辆劳斯莱斯是因为劳斯莱斯限购吗？"——把孩子比作豪车，认为孩子是奢侈品，这反映了不断攀升的育儿成本。我们大多数被访者的经济水平在居住地都至少属于中产阶层，她们生一孩到三孩的条件具有很大共性，包括工作稳定、经济条件允许，这些都与被访者的高学历有关。大多数被访者都在事业单位或者公务员机构稳定就业，而这些工作通常都需要本科或研究生学历；高学历女性的配偶通常在学历和赚钱能力上与之旗鼓相当，使得家庭经济条件相对优越。超过 15 位被访者的家庭居住面积超过 170 平方米，超过一半的被访者在居住地拥有多套住房，至少一半拥有学区房。此外，在生育多孩的家庭中，越是出生序列靠后的被访者，她们或者丈夫的原生家庭家境就越优越。我们的 70 后、80 初被访者在结婚时父母的经济资助都比较有限，而 85 后被访者往往在结婚时父母已经准备好了房产，使她们没有后顾之忧。

在房价飞涨以及消费主义盛行的中国大城市，生二孩逐渐变成只有中产及以上家庭才负担得起的生活方式。卡斯腾发现，乐于对孩子进行投资成为建构香港中产阶级家庭身份认同的重要维度。[11] 在中国大陆也可以见到类似现象。在访谈时，我们感受到被访者们具有很高的协调家庭和工作的能力，当然她们得以兼顾工作和家庭，也离不开强大的代际支持和经济实力。在上海的被访者以 1970 年代末或者 1980 年代初出生的职业女性为主，即使经历了晚婚晚育，基本也在 2010 年前购房完婚，在婚后购买第二套或第三套住房——通常是为了孩子教育新购置的学区房——可以说，她们踏准了时代的节点。

受访的妈妈们毕业于中国 GDP 保持 10% 高增长的时代，又在住房收入比值相对合理的时候购房，在不限购的年代购买多套房，早已完成了很多 90 后和 00 后无法企及的资产积累。有的被访者的原生家庭无法提供经济支持，靠自己的积累购买首套房。现在想来，资产增值带来的获得感可能会强化她们生育二孩的动机。基于全市范围的问卷调研显示，在上海已生育二孩的户籍家庭以高学历高收入的为主。考虑到上海飙升的房价和高昂的教育成本，我们对这一结果并不奇怪。而对于很多90后和00后来说，在上海买房成为一种奢望，毋论生二孩三孩。不同年代年轻人面对的机遇和挑战不同。即使在2021年，上海房价还在以超乎想象的速度在增长，如今年轻人选择"不婚不育保平安"与"躺平"，背后透露出深深的无力感。从1970年代末到00后的育龄人群中，目前最有生育意愿和生育能力的，可能就是我们被访者这一代人。可以说，她们在都市多胎妈妈中很有代表性。

此外，生育二孩的一个重要条件是父母辈对于孙辈的抚育支持。父母帮助不光降低了她们的家务以及育儿成本，也保证了她们可以全职工作。例如，颜文婷的母亲是家庭育儿的主力。她在怀二孩前首先询问了母亲的意见，在她母亲表示愿意继续带二孩之后，她才放心地怀孕。隔代抚育的普遍性与目前在国内0—3岁的托育机构普遍缺失有关，也与独生子女政策有关。大多数被访家庭中至少夫妻有一方是独生子女。上一代对于独生子女的经济和情感支持从子女求学阶段延续到子女生育之后。但是多子女家庭的女儿可能得不到像独生子女那么多的父母关注。


## 写在结尾


避孕技术和生殖技术的发展，使得不生育、体外受精、代孕等等成为可能。"生，还是不生"这一过去很多人认为理所当然的事情，逐渐在接受社会和个体的拷问。生育对很多女性而言是人生中最大的转变事件。高考考得如何，无非是进入重点大学或者非重点大学的区别，结婚可以离婚，但孩子的出生是从无到有的本质区别，是缱绻一世的纠缠和牵挂，值得深思熟虑。但是，如果要等到完全准备好才生孩子，那很可能这辈子都不会生了。

从建构主义的视角来分析生育决策中的权力关系只是一个角度。生育涉及很多难以量化和言说的内容，比如自我实现、被需要的感觉、新的人生体验和身份认同。艾莉森·高普尼克在《孩子如何思考》中指出，大多数哲学思想都没能抓住这种由抚养孩子而产生的道德直觉，我们是因为照顾孩子所以才更爱他们。[12] 或许，是这种爱组成了人类社会生生不息的道德基础。养育孩子过程中存在利他主义和无私奉献的元素，近似于构成宗教体验中的爱与关怀。关爱孩子让我们至少能获得一点点圣徒般的体验。

阿兰·巴迪欧在《爱的多重奏》里提到，没有风险的爱就好比没有死亡的战争，是不可能的。[13] 恋爱、结婚、生育都是冒险，你敢不敢冒险？

## 第二节 孩子跟谁姓？

在全面二孩政策实施之前，对于孩子姓氏的协商往往发生在"独女户"家庭，女方家庭，尤其是女方父亲有传承姓氏和子嗣的需求，给女婿提供经济支持，以"招女婿"的方式实现女方家庭"传承香火"的目的。

随着 2016 年全面二孩政策的实施，育龄夫妻可以合法地生两个孩子，这使得"二孩跟谁姓"的话题搬上了家庭的谈判桌。此外，随着女性主义意识的崛起，越来越多女性开始接受"去夫留子"的观念，即生一个跟自己姓的孩子并独自抚养。有不少网红博主，比如 papi 酱，为自己打造了"独立女性"的人设，宣传即使在生育后仍然会把自己排在第一位，这就是为什么 papi 酱被爆出孩子随丈夫姓之后在网络上遭到攻击，因为网友认为这和她"独立女性"的人设不符。这件事引起了网络上有关"冠姓权"的讨论，说明有不少网友达成共识，孩子随父姓不再被认为是理所当然的事情了。

我国法律在孩子的冠姓权方面走在世界前列。1980 年《中华人民共和国婚姻法》第十六条第一次以法律形式规定了"子女可以随父姓，也可以随母姓"，而在 2021 年颁布的《民法典》第一千零一十五条表示"自然人应当随父姓或者母姓"。相比之下，现在还有不少国家和地区的习俗仍然期待女性在婚后改随夫姓，更不要说争取孩子的冠姓权了。例如，日本法律规定夫妻在登记结婚时，必须使用其中一方的姓氏。2015 年，日本最高法院首次对"夫妻同姓"是否合宪进行裁决，最终以 10：5 的结果宣判"夫妻同姓"符合宪法精神。而日本法务省 2019 年统计显示，超过 90% 的家庭都是妻子冠夫姓，这凸显了父权制的深远影响。

德尼兹·坎迪约蒂在其经典文章《与父权制的谈判》中谈到，中国属于经典父权制社会。 她认为经典父权制的特征是"父系继承 – 从夫居复合体"。[14] 从夫居是指婚后的居住模式，要求新娘与丈夫的原生家庭一起生活，父系继承指的是父系财产及象征符号的继承。东亚社会属于经典父权制。虽然从夫居逐渐被以夫妻和子代为主的核心家庭所取代，但是冠夫姓仍然象征着妻子从父家嫁到夫家，暗示妻子对自己的姓没有自主权，而是属于夫家的一分子，这反映了父系继承的延续。同理，孩子随夫姓象征着孩子是夫家的财产，延续着夫家的血脉，而母亲对其没有话语权。

在这一背景下，随母姓看上去是对父权制的挑战，但深究之后，我们发现事实并不必然如此，随母姓可能是对于父权制的延续，也可能是挑战。协商冠姓权涉及两个家庭的互动，涉及家庭内部的权力斗争，而不仅仅是夫妻两人的事情。因为孩子的冠姓权闹到夫妻离婚的情况，也频繁见诸报端。

早在一百多年前，我国的女性主义者何震就不满随父姓的传统，她把母亲的姓放在父亲的姓后面，把自己名字改为"何殷震"。这虽然对于母亲是一种认可，但还是延续了父权制。考虑到人只能有一个姓，到底跟谁姓才能称为平等，可能并不存在所谓"完美"的解决方法。

国内外有关孩子随母姓的学术文献很少。在那些已婚女性冠夫姓是根深蒂固的传统的国家，不会掀起有关孩子冠姓权的讨论。许琪用定量的研究方法分析了自 1986 年到 2005 年中国姓氏的变革与原因，发现随母姓的情况虽然仅占出生人口的 1.4%，但随时间推移呈现上升趋势。而随母姓更可能出现在母亲受教育程度较低，父亲社会地位低于母亲，母亲没有兄弟而父亲有兄弟的农村家庭。他认为随母姓是我国生育率下降背景下，家庭应对传宗接代需求的策略性选择。[15]

在对 40 余位母亲进行访谈时，按照惯例，我们都会问子女的姓氏情况，以及是否考虑过随母姓。有的被访者认为跟谁姓不重要；有的表示讨论过，但丈夫及夫家不肯，也就不了了之了。还有几位表示"跟谁姓都一样"——但是，跟谁姓真的一样吗？倘若妻子跟丈夫提出让孩子随母姓，有多少丈夫及其家人会同意？

我们的被访者中，有八例孩子随母姓的情况，其中七例是二孩随母姓，一例是一孩随母姓。虽然随母姓的样本不多，但其中包括了多种情况，既有文献提及的"传宗接代需求"这一父权制背景下的随母姓原因，也有已有文献未曾提及的原因。我们把这八例"孩子随母姓"的动因分为四种情况：第一种是父权制的延续，这种情况通常由强势的女方家庭提出；第二种是孝顺型，女儿希望通过这种行为来犒劳辛苦带孩子的外婆和外公；第三种是性别平等型，这也是最符合时代潮流的动因；第四种是一时冲动型，认为跟着母亲姓挺有意思，随口一提就成了定局。冠母姓通常由妻子家庭或者妻子提出，因为很少有男性会主动让渡自身利益，哪怕只是象征性利益。以下对于这四种类型一一展开讨论。

## 父权制动因

在网络上，有人在质疑随母姓的必要性时，会指出即使随母姓，也是随女方的父亲姓，因此仍然沿袭了父权制传统。确实，有女方的父亲希望后代能随自己姓而在女儿生育前对孩子的姓提出要求，这被我们归类为父权制动因，因为这通常是女方父亲想要延续自己作为一家之主的姓氏与血脉而提出的。在这种情况下，通常女方原生家庭的经济条件要远远优于男方家庭，并且女方家庭在子女抚养和经济支持上付出更多。虽然都是随母姓，但这与性别平等动因的内涵迥然不同。我们的被访者宋钰涵、颜文婷和姜凯蒂就属于这一类。

宋钰涵和丈夫是大学同学，但父母始终反对他们的婚姻，因为双方家庭背景差距太大。宋钰涵的父亲是某"985"高校热门专业的大学教授，而男方父母都是出租车司机。"我爸始终是看不起他们家的，主要是经济实力方面，只不过我一直在坚持。"老大是男孩，约定俗成地随父姓。儿子才一岁多时，宋钰涵意外怀上二胎。

"因为我爸爸比较强势，他总想生个孩子跟我们姓，所以二胎计划是早就有的，但没想到来得这么快。"本来打算想生二孩的时候再跟男方家庭商量二孩姓氏的事情，但是由于二孩"来得比较急"，所以立即提出来了，导致男方父母不是很开心。宋钰涵表示：

> 他们呢，也不知道是自卑还是怎样，总觉得什么事情都是我们家做主，心里就有点不爽吧。反正我爸那时候也挺严肃地跟我老公讲，也算是教育他吧。因为他第一个项目算是我老爸给介绍的，我老爸也有点像要挟一样的，说他这个样子一点也没有良心，都给他介绍项目什么的。他父母就感觉不答应这件事情，以后就再也不会管他们了。

即使宋钰涵在婚后主动给男方父母每个月三千元的家用补贴，即使她丈夫自己创业后的第一个项目是老丈人安排的，即使生完孩子之后的几年夫妻主要住在女方家里，即使在二孩出生后女方母亲还以小夫妻两人的名义买了房，但夫家还是对二孩随女方姓这件事是不情愿的。虽然夫家被迫接受了二孩随宋家姓，但一直耿耿于怀。宋钰涵表示：

> 那几年因为这件事情确实不太开心，反正这个疙瘩到现在其实还有的……他妈妈是本地人，非常传统，重男轻女很严重。我生了第一个儿子她就很开心，对我也特别好，现在就是感觉不一样了……因为跟他们姓的孩子他们就要带，第二个因为不

跟他们姓，他们就不带了。

试想一下，如果性别反转——男方家庭一直在经济上补贴女方家庭，女方的工作需要仰仗于男方，男方在婚后给媳妇买了房，并且一孩随女方姓，二孩才随男方姓——那么这样的男方家庭会被认为非常开明，对媳妇仁至义尽了。在这种情况下，如果女方家庭仍然有怨言，会被认为不知感恩。而在现实情况中，女方家庭希望自己女儿生的第二个孩子随女儿姓，却还需要对男方家庭在经济上、育儿安排上进行不对等的付出，某种意义上，这可以说是父权制背景下，由于女方提出了反传统的要求而进行的过度补偿。

宋钰涵的父亲希望女儿的后代能跟自己姓，希望自己的姓能被继承，这是典型的父权制观念。宋钰涵认为有必要满足父亲的愿望，是出于对父亲的顺从，也符合父权制下对父命的孝顺与遵从原则。无论是宋钰涵还是其夫家的原生家庭，都沿袭了父权制的实践，但两家的结合反而导致了非传统的后果。在这种情况下，随母姓并非象征着女性实力的崛起，更准确的解读是在两家人的权力关系中女方家庭处于优势而导致的。宋钰涵作为生育和养育的承担者，既需要满足父亲的心愿，又需要在双方原生家庭中斡旋以达到平衡，她在其中付出了大量的认知劳动和体力劳动，她的行为也符合父权制的利益。

颜文婷是我们的被访者中唯一一例一孩随母姓，二孩随父姓的家庭，并且随母姓是男方父亲主动提出的，这和上海本地人的习俗有关。本地人指的是祖辈都生活在上海的居民，通常祖辈居住在浦东、闵行、嘉定等郊区。本地人更加遵循父权制的传统，当家庭没有儿子继承父系姓氏时，"招女婿"的情况更普遍。颜文婷和她丈夫都是青浦本地人。颜文婷的外公外婆生了三个女儿，她母亲是按照当地习俗"招女婿"的，她自己随母姓，从小叫外公为"爷爷"。在她母亲也生了女儿的情况下，她"爷爷"对于孙女的孩子也能随自己姓的愿望非常强烈。颜文婷表示：

> 订婚双方父母见面的时候就表达了这个意愿。当时他们（丈夫）家处于特殊情况——家里面遭遇了一些事故，所以整个家庭的经济状况是非常糟糕的，婚房等等什么都没有准备……订婚时候我妈问："你们现在房子没有，什么也没有，你们打算怎么支持？以后孩子打算怎么弄？"然后我公公一听，他也了解到我们家的整个家庭背景，就在饭桌上提出来，第一个孩子如果是男孩的话就跟我们姓，第二个不论男女都跟他们姓……如果第一个生女儿的话跟他们姓，再生第二个不论男女都跟我们姓，就等于给我们多了一点（传承）男孩的机会。然后当时也挺搞笑的，就说跟谁姓就谁家来带，所以这样的情况下，我第一个生的是儿子，我妈就义不容辞、也挺高兴地来带这个孩子。

颜文婷表示，婚前约定好孩子随母姓的情况在青浦挺常见。在这样的氛围中，女方家庭随母姓的诉求可能更大，男方家庭面临的子女随母姓的污名化更小。

在受访家庭中，二孩随母姓的情况多见于两孩性别相同，或者第一胎是男孩、二胎是女孩的情况。如果第一胎是女孩随了父姓，而第二胎生了男孩，这种情况下男方家庭很少会同意男孩随母姓。姜凯蒂是我们的被访者中唯一一例第一胎是女孩随父姓，第二胎是男孩随母姓的情况。姜凯蒂是出生于上海的独生女，大学专科学历。她丈夫出生于东北小镇，在上海当理发师，没有读过大学，通过与她结婚拿到了上海户口。2007 年他们结婚时，两人各自收入都没过万，她丈夫收入比她低，但好在当时房价尚未飙升，两人靠着自己的积蓄和借债，拼凑了 12 万付了位于闵行区的新房首付。婚后，她丈夫投资理发店失败，血本无归，凯蒂成为家中经济支柱。夫妻双方的原生家庭都离异了，凯蒂父亲读过大学，家里也有多余住房可以收租；她丈夫的父母都各自重组了家庭，父母没法提供他经济支持。可以说，两人在社会经济地位上相差较为悬殊。

与宋钰涵的情况类似，在姜凯蒂家庭，孩子随女方姓是女方父亲首先提出的。与颜文婷的情况类似，他们在生一孩前就约定好了一胎如果是男孩就姓姜，如果是女孩就跟丈夫姓。结果第一胎是女孩。谈起父亲提出这一诉求的原因时，凯蒂表示：

> 没有跟他姓的孙子或者儿子，然后我爸爸其实有点想要有一个（跟他姓的后代），而且因为我爸爸还有一个哥哥，哥哥的儿子有点不争气，到现在还没结婚。我爸的意思是说我们姜家要断掉所有的血脉了，说不能断掉的。

凯蒂父亲跟她表达了有关孙辈姓氏安排的想法，凯蒂转达给丈夫，凯蒂的丈夫表示无所谓。但是，在二胎确定是男孩时，男方父亲有了其他想法。凯蒂表示：

> 他爸爸等我老二确定是男孩了，要生下来，要跟我们家姓了，然后他就跟我说，跟他们家姓比较好……后来我就直接丢了一句话给他："我爸爸能够出上海一套房，你们家能出我们上海一套房吗？"然后他就说，也无所谓的，跟谁姓都一样的，他说到了东北以后就叫他姓刘好了，无所谓的。万一我儿子以后到了东北，他要人家叫他刘某某。我儿子（长大后亲耳听到了）直接回他一句："我姓姜，我是跟妈妈姓的。"

姜凯蒂家庭对于孩子姓氏的协商很典型地反映了经济地位决定话语权。女方家庭在社会经济地位上的优势使她们在孙辈冠姓权的协商上占据主导权。姜凯蒂的公公与自己儿子很少联系，他们既没有多少情感联结，也没有经济来往，父亲在儿子生命中存在感很低。在这种情况下，公公提出孙子跟他姓的底气不足，在妥协之后又自我安慰地表示，至少到了东北孙子可以假装姓刘，维持自己表面的尊严，但被孙子撑了回去。

双方父亲都希望男性孙辈能跟自己姓，这体现了父权制的传承。姜凯蒂说，她父亲一直以来也有"男孩偏好"，曾经表示"上海的房子总归是留给姓姜的"，言下之意似乎是自己名下的产权房会留给外孙，而非外孙女。

## 孝顺型动因

孩子随母姓的独生女被访者家庭有个共性，就是无论在育儿还是经济方面，娘家给予的支持在绝对值上都很多，相对而言也通常比夫家更多。何悦家庭就是其中的典型代表。她毕业于上海的名牌高中和大学，毕业后考入某区级政府当公务员。她和丈夫都是上海人，研究生学历，也都是独生子女。她原生家庭的经济状况比丈夫的要好，婚后住在父母提供的房子里，距离娘家不远。大儿子出生后，由何悦母亲主带。二儿子出生后母亲表示带不动了，就请了娘家的亲戚来带。她丈夫在研究院工作，虽然收入比她高两三倍，但工作很忙，基本不着家。何悦跟我们说：

> 在大宝没出生前，老公说："要是生个儿子我可以教他很多。"然后你发现他一点不教，我就觉得很讨厌，现在也习惯了……我出差五天，就布置五天的作业，然后等我回来就我一个人检查，我老公说他不会。

我们所访谈的高学历家庭的夫妻，妻子在育儿分工方面仍然是主要的承担者，并没有因为高学历而带来反传统的变革。但在二胎跟谁姓的问题上，是何悦主动提出二孩姓何的，她表示：

> 我提出的，觉得姓何也挺好听的，孩子主要是我父母在操心，跟我姓也是对他们有个交代吧……也是觉得两个孩子一个

跟爸爸姓一个跟妈妈姓，挺有趣。

她的父母并不在意孩子的姓氏，之前也没跟二老商量过。是她在二孩快出生前，在讨论取名字的契机时提出了这个建议。当问及丈夫及公婆的反应时，她说：

一开始总归有点震惊的，但是取名这个事儿还是夫妻自己商量好就行了吧。后面我老公也慢慢接受了。（从震惊到接受）大概两个礼拜吧，跟他说了原因，他其实也还好，不是特别强调这个，后面就接受了。

看上去，何悦丈夫的父母对二孩随母姓并没有多少干预，是否随母姓主要取决于夫妻俩之间的协商。何悦的两个儿子主要都是女方家里在带，她认为孩子随她姓是给自己的父母一个交代，我们把这归为孝顺性动因。和性别平等动因不同的是，何悦并没有主动提及任何有关平等或者公平的元素；与父权制动因不同的是，孩子随母姓并不是为了延续女方家庭的血脉，也不是女方父亲主动提出的。除了贡献收入，何悦的丈夫基本不参与家庭事务。虽然他口头表示支持何悦的事业，但何悦清楚所谓的支持仅限于口头，"让他拿出实际行动改变是不可能的"。高学历女性的丈夫在这样的婚姻中明显是获益者——住在女方提供的房子里，只负责贡献精子和收入，其他什么事也不用管，第一个儿子还随自己姓，并且有高学历妻子负责高质量的育儿。在这种情况下，丈夫同意第二个儿子随母姓只是让渡了象征性权力，这样的权力让渡也改变不了实质性权力的分配，即何悦无力改变目前的性别分工不平等状态，她对丈夫在家庭事务上的不参与只能接受，别无他法。

## 性别平等动因

出于性别平等动因而提出二孩随母亲姓，通常是母亲本人提出的。吴韶华是 80 后独生女，上海人，资深媒体编辑，她认为自己是女性主义者。她生育的头胎是男孩，随父姓，二胎是女孩，随她姓。关于二孩随母姓，她的态度很干脆：

> 我觉得这是很正常的要求啊，而且因为我们双方都是独生子女嘛，我觉得这是蛮正常的一个要求，二胎就是跟我姓，不管他是男是女。

她在怀二胎时主动提出二孩跟她姓，丈夫同意了。她表示：

> 我丈夫没有任何问题，他父母我知道是有问题，然后被他顶住了，他成功顶住了我应该承受的压力。我们可能还有一点就是：第一胎是个男孩，然后已经跟他们姓了，对吧？好像比较棘手的问题是第一胎女的第二胎男的。同性别的还好，其实是先女后男会比较麻烦。

吴韶华的观点也印证了我们的观察。在我们的被访者中，只有姜凯蒂是"先女后男"并且男孩随母姓的情况，其余都是孩子同性别或者先男后女的情况。当问起吴韶华父母对二孩姓氏有什么偏好时，她表示：

> 没有，他们还蛮传统的，有时候我爸会觉得，为什么要跟你姓啊？他觉得这个好像也没有必要，但是我觉得再让第二个孩子跟我丈夫姓的话，我们吴家就要绝后了。因为我爸爸和他的哥哥，就是我伯伯，他们生的都是女儿，所以就是说我们下一代没有姓吴的了。这对于我来说不算什么理由，但是我觉得在他父母面前，可以跟他父母这么去解释。

吴韶华的父母对孩子的姓氏没有偏好，但她觉得"吴家要绝后了"可以作为说服丈夫家庭的理由。这一理由仍然暗含了父权制体系下对于男性姓氏传承的强调。虽然她并不认为传承父系姓氏很重要，但可以以此来说服深嵌于父权制体系内的长辈。

吴韶华家庭中对于孩子冠姓权的协商没有多少波澜。相比之下，李汪洋家的冠姓权之争显得一波三折。作为出生于东北的 70 后，李汪洋是我们本章唯一一个多子女家庭出生的女儿。和吴韶华父母一样，李汪洋父母从未提出过二孩姓李的诉求。她父母认为：

> 男孩是接户口本的，男孩子的姓肯定是跟着男方家的，女孩的话就算姓不变，感觉上还是嫁到其他人家里去。

李汪洋育有两个儿子。她丈夫出生于农村，丈夫还有一个妹妹。大儿子出生后主要由公婆抚育，老二出生后，公婆正在帮自己女儿带孩子，因此在孩子一岁前主要由育儿嫂抚育。老二出生后随她丈夫姓，但公婆并没有帮忙带孩子。她说：

> 后来和好朋友们讨论，好朋友们建议第二个孩子跟我姓……因为她们觉得老大已经跟老公姓了，老二跟自己的姓比较合理，就是觉得相对公平吧。后来和丈夫商量，虽然他不太愿意，但也最终同意老二改成随我姓。他主要是考虑到我想改，另外当时比较特殊，正好他妹妹的孩子需要照顾，他爸妈不照顾老二，丈夫比较为难，就改了。

虽然二宝改成随她姓，但她丈夫对这件事一直有心结，这让他不开心，经常会提及这件事。李汪洋表示，她丈夫是农村出身，思想比较保守，总是提及孩子随母姓在农村是会被笑话的。此外，她说：

> 小孩子也有疑问，哥哥弟弟都问为何他们的姓不同，我没想到合理的理由，不知道如何回答，这是我觉得承受压力的地方。孩子爸爸想改回他的姓，我觉得他开心对生活很重要，所以改姓，我是没意见，不过征询了派出所，说改过了就不能再改了。

她事后反省到，她丈夫希望二孩跟他姓是他"主权意识"的体现，"其实跟不跟我姓对我来说不太重要，只是当时头脑发热就改成跟我姓了"。

虽然李汪洋认为二孩跟自己姓更加公平，但她同时也受到了丈夫的压力。她对改姓这件事的评价是"头脑发热"，说明她回溯性地给予该事件以负面评价。她表示不知如何跟孩子解释二孩随母姓的事情，但其他二孩随母姓的被访者都认为这不是个问题。当吴韶华被问及："如果两个孩子不同姓，有的受访者不知道如何跟孩子解释，你是怎么觉得的呢？"吴韶华表示：

> 我觉得目前好像就没有这个困惑，孩子们的反应是："哦，你是跟爸爸姓的，我是跟妈妈姓的。"没有太多要解释的，（如果一定要解释）就说妈妈生了你呀，就直接这样说。我的儿子反而跑过来问我："为什么我不跟你姓？"然后我开玩笑说他要跟我姓可以啊，就是要去问问爸爸家愿不愿意，可以的话我肯定欢迎啊。

对比之下，李汪洋虽然在改姓这件事上践行了性别平等，但同时她也感受到来自父权制的压力，没有办法以"这样才公平"为由理直气壮地告诉儿子，因为丈夫和公婆并不认同这样的观念。由于无法再改回父姓，随母姓已经成为既定事实。李汪洋在第一次访谈中并没有提及孩子随母姓的事情，只是提到自己父母认为孩子理所当然应该随父姓。在我们的追访之下，她才透露了这段经历，说明她并不以二孩随母姓彰显了公平为豪，这件事反而给她带来了不少困扰。改姓事件或许会给她的家庭生活带来更多冲突，这体现了性别平等和父权制传统之间的张力和冲突。

## 随意型动因

对于我们大多数被访者而言，提出孩子随母姓往往是深思熟虑的结果，但也有例外的情况。严冰表示她没有考虑什么，"就是随便一提，就这样做了"。当被问及会不会觉得一个孩子随父姓，一个随母姓更公平时，她说：

就是觉得好玩，没什么公不公平。随便跟谁姓都一样。我们家觉得跟谁姓没那么重要。孩子是亲生的就行。

根据她的叙述，我们把她归为随意型。这一随意不仅体现在二孩跟谁姓上，还在于二孩的受孕过程。严冰表示二胎是意外怀孕，谈不上有什么"决策"。她说：

怀上也是个意外……我不想生的，家里除了我都要我生，理由大多是儿子好带，他们觉得孩子该有个伴，而且基本上他们也帮忙带了。因为我和我丈夫都是独生子女，他们觉得我俩太孤单了。

和宋钰涵、颜文婷以及何悦夫妇一样，严冰和丈夫也是上海80后"双独"夫妻，在结婚和育儿方面得到自己原生家庭的大力支持。严冰是空姐，她丈夫在汽车公司上班，收入相当，但靠自己无法负担购买婚房的首付。双方家庭在购买婚房时出资金额相近，婚房买在女方父母家附近，儿子出生后由女方父母主带。三年之后，女儿出生，严冰的儿子干脆就住到了严冰父母家，由她父母每天送去上学。放学后，严冰父母先把外孙接到严冰家，烧饭、吃饭、洗碗，晚上再把他带回自己家居住。周末有时夫妻俩会带孩子去爷爷奶奶家玩。严冰的公公婆婆原本住在上海火车站附近的"老破小"里，房子拆迁之后用分到的金额补贴他们的婚房首付，再拿剩余的钱在远郊买了套房自住。自住房距离严冰他们的婚房较远。而严冰是闵行本地人，父母在闵行区有几套房产，严冰原生家庭的经济情况比夫家要好。

　　虽然严冰自称在二孩的姓氏方面只是"随便一提"，但提出之后丈夫立即答应，这样的无须协商背后也反映了两家人在经济实力、育儿照料分配以及夫妻权力关系的现状。女方家庭对严冰夫妻付出了更多时间、精力和金钱，这样的付出使严冰得到了二孩随她姓的合理性。


## 写在结尾

　　费孝通在《生育制度》里提到，在人类社会中没有过双系并重的亲属体系。[16] 然而，我国不断变化的生育政策影响了家庭的育儿实践。学者沈毅和周雅静在南通的调研发现，在全面二孩政策开放后，夫妻双方都是 80 后独生子女的家庭呈现出"双系家庭主义"。女方原生家庭对小夫妻的经济付出是女方争取二孩姓氏的基础，从而达成了两孩姓氏一边一个的"并家婚"。[17] 有研究认为，"并家婚"所体现的双系家庭主义——在亲属称谓、夫妻居住安排、亲属关系维系、养老和财产继承中都呈现出双系兼顾的特征。[18] 基于在上海的访谈，我们发现，在上海的随母姓案例呈现出的情况无法简单用双系家庭主义来概括。更准确地来说，是母系家族为主的抚育模式——夫妻居住安排距离女方家庭更近，亲属联络和走动方面和女方家庭更为频繁，女方母亲和父亲是带孩子的主力。此外，由于被访独生女原生家庭的家境大多优于她们伴侣的原生家庭，因此在财产继承方面，可以预料的是，也是女方家庭会给小夫妻及孙辈留下更多财产。与过往研究发现不同的是，这样母系为主的抚养模式与曾经的"招女婿"不同，因为在居住安排上并非和女方父母长期同住，而是以夫妻 – 子女的一家四口核心家庭为主，祖辈在孙辈需要照料的特定阶段过来帮忙；此外，也并非像"招女婿"情况下多见的男方出身于多子女家庭、女方是独女家庭的组合。更多的是在独生子女政策影响下，两个"双独"家庭或"双独"夫妻双方的协商。随母姓的动因呈现出复杂性和多元性，虽然父权制动因与过去的"招女婿"动机一脉相承，但孝顺型、性别平等型和随意型动因都由育龄女性主动提出，这体现了年轻女性的主体性与能动性。

本章开头提到的 papi 酱事件反映了随父姓慢慢变得不再理所当

然，这是我国家庭变迁的缩影，也反映了家庭结构以及居住方式的日趋多元化，以及代际互动中的母系化倾向。随母姓看似是一个细微的切入点，但牵扯了经济关系、照料投入、亲孝心理和性别平等意识。这个问题被看到、被提出，就是性别平等认知和议题受到越来越多关注的体现。

# 第二章

# 为母让我回望——母女关系与生育观

2022 年，美国接连迎来了两部描述海外华人的电影，一部是科幻片《瞬息全宇宙》，另一部为动画片《青春变形记》。在影像艺术层面的讨论中，无论是剧情疯狂的平行宇宙转换，还是画风可爱的青春期成长故事，这两部叙事手法与核心思想迥异的电影都聚焦到了亚裔，并且特指华人家庭中的母女关系。

两部电影都算得上成功之作，《青春变形记》好评甚多，《瞬息全宇宙》更是大获全胜，拿奖拿到手软——被烂番茄评为 2022 年最佳奇幻 / 科幻电影榜首、全美最佳上映电影第二名，囊括奥斯卡金像奖七项大奖，并造就杨紫琼成为首位拿下奥斯卡最佳女主角奖项的亚裔演员。可惜的是，这两部电影都未能在中国大陆公映（《瞬息全宇宙》曾亮相于 2023 年的上海国际电影节），富有特色的华人家庭母女关系议题也未能在简体中文信息平台上引发讨论。

女性主义视角下，母女关系从来都不是一个简单的议题。美国心理学家、性学家南希·弗莱迪在她的代表作《我母亲 / 我自己》中写道："母女关系是女人生活中最重要的关系，诚实地审视这层关系只会给我们带来巨大的好处。"[19] 许欣宁则发现，东方文化传统中的父权文化观里，仅仅因为女性被视作孕育生命的容器，就将其塑造为遵循"万物之母"特质的"大母神"。在这个系统里，母亲是温柔贤淑、无私奉献、无畏万难、无欲无求、从父从子的模范妈妈；女儿，则由于会成为未来的母亲，而天然地与妈妈亲密无间。[20] 对此，印度学者阿加瓦尔的解释是，女性生育行为的另外一面，是孩子在母亲身边成长过程中形成自己的身份。到了一定年龄，儿子会放弃原有的身份，或是原有的儿子身份被母亲放弃；相反，女儿身份没有被放弃的理由，因此，母女之间的纽带被培养成为永久的连接。[21]

这种永久的连接，在坊间话语中，被轻巧地概括为"女儿是妈妈的小棉袄"，而在爸爸那边，女儿则获得了暧昧不清的"小情人"的称号。仅仅在字面意思上，"小棉袄"还是"小情人"，就意味着完全不同的意义和价值，相比起"小情人"所蕴含的异性间由性吸引带来的情感价值，"小棉袄"承载的功能要复杂得多：既好看又好穿，既贴心又保暖，在外有面子，在家有里子。不难看出，在母子、母女、父子、父女这四个亲子关系的维度中，母女关系被赋予的连接和回馈的期待是最高的，随之而来的是硬币的另一面：这种连接所带来的压迫和困扰也是最强烈的。

《瞬息全宇宙》反映出对立型的中式母女关系，母亲在要求女儿遵循传统价值观和道德准则方面持严厉态度，女儿则试图追求自我独立和自由；《青春变形记》则传递出女儿、母亲、外婆三代女性的共生关联，她们之间的"共生"，体现在期望和压力的"传承"上。正如上野千鹤子所言："所有女性一旦成为母亲，就会开始对孩子施压，她们既是压迫者，同时也是牺牲者。"[22] 如果说这些西方影视题材的认知难免存在表面化与刻板化的问题，那么身处中式环境下的作品的体认与批判则要直接得多。有趣的是，国内学界围绕母女关系的议题，90%以上亦是基于文学或影视作品的探讨。其中，"相爱相杀""爱恨交织""依赖与疏离""共情与断裂"等都是其间的常见语言。对此，山东艺术学院电影学专家王颖副教授，通过回应弗莱迪所说的"诚实地审视这层关系只会给我们带来巨大的好处"指出，弗莱迪所言的"诚实"主要是指要突破主流文化所潜移默化和约定成俗的观念，比如母女之间十全十美、理想化的爱——事实上这并不存在。突破某种惯性思维或者文化、社会观念的束缚，剥除掉附着于"母亲"和"女儿"身上那想当然的符号化的外壳，会发现母女关系正是复杂的人和人之间关系的一种，在一对同性别的、有着至亲血缘的女性之间，共生、分离、和解、传承，爱恨交织，穷尽着人性中的一切可能性。因此，母女关系成为现代电影至为偏爱的题材。[23]

然而，屏幕上的故事，并不能指点屏幕下的生活。大多数 70 后、80 后的中国女性，受着"小棉袄"的规训长大，走在一条默认有一天自己也会成为母亲的成长道路上。妈妈既是赋予她生命的来处，也是她必将踏入的未来，全心全意地爱妈妈，信任妈妈，听从妈妈，成为妈妈，是亲密无间的母女关系的应然状态。直到她面临选择专业、职业、发展地域，乃至择偶和越来越多的人生重大决策；直到她自己也为人母；直到妈妈的要求和她的愿望发生冲突；直到发现妈妈希望的她的人生并不是她想要的人生。在妈妈无微不至的爱与全然掌控的界限难以划清时，在孩子的自我意识与女儿角色无法协调时，母女关系痛楚而复杂的一面才被揭开。

有关我国母女关系的社会学和人类学讨论非常少，艾华的著作《性别的主体：中国城市中的母与女》属于为数不多的研究之一。艾华在书中提及，在传统中国社会，嫁出去的女儿相当于泼出去的水，无论是整个社会还是学术界，对于婆媳关系的关注远高于母女关系。因为在传统宗法家庭的正式结构中，在父系继承制和从夫居的婚姻制度下，女性与婆婆的关系被认为是女性生活中最重要的关系之一。这种对于宗法社会和父权制的过分关注，限制了对于母女和父女关系的学术讨论。[24]

艾华的研究发现，大多数女儿，无论其年龄和出生年代，都感到她们比自己母亲拥有更多的选择和更广阔的人生，而这些人生的可能性与中国剧变的社会和经济环境密不可分。然而，尽管声称与母亲不同，但女儿的自我认同是通过不断提及母亲以形成对比和参照来构建的。虽然女儿认为自己与母亲对于自我的理解不同，但她仍然与母亲紧密相连，作为其自我形成的条件。

触发我们在这一章对母女关系良多感慨的是两位80后妈妈——高嘉萱、吕小滢。最初把她俩归入同一个类型的契机，是她俩在各自所属圈层中，由于只生育一孩，而成为周围少数派的妈妈。一开始，我们好奇现代高学历女性为什么愿意生二孩，而在一个周围人都生二孩的环境下，"为什么不生"同样值得探究。但随着了解的深入，我们发现，生活在上海郊区某镇的高嘉萱和广东某四线城市的吕小滢，竟然有许多相似之处。譬如她们自幼都是家里懂事的乖女儿；学生时代都是学霸；在婚姻中都属于"上嫁"；还都在工作之后修读在职研究生学历。并且，在有了自己的小家后，她俩都自然地帮衬娘家、关照母亲，堪称是教科书级的"小棉袄"典范。

话题转到母亲，她们谈兴更甚，这才发现，她们的母亲走过的这辈子，浓缩了时代波澜对个人命运的反复拨弄，经历了跌宕起伏和许多戏剧性的变迁，非常辛劳，非常丰富，但也非常地悲催。当然，对那代人来说，这或许根本不是巧合，而是常态。但回望上一代妈妈的历程，细厘母女关系中的普遍与特殊、正常和反常，并进而探讨母女关系对新一代女性生育观的影响，也是今天母职概念演进和认知发展的应进之途。

# 第一节 "成为和妈妈不一样的妈妈"
## ——高嘉萱和妈妈路女士的故事

### "69届初中生"与母亲的三次婚姻

出生于1985年的高嘉萱是上海同龄人中少有的二孩家庭中的二孩，她有一个大自己5岁的哥哥嘉毅。嘉萱记事起，哥哥已经上学，母亲是那个年代少见的虎妈，对孩子的课业重视且严厉，一有空就抓着儿子检查作业、背课文。嘉毅脑子不差，但免不了有小男孩的调皮分心，嘉毅几遍没背下来的课文，一旁的小嘉萱聪慧敏记，只跟着听，不识字的课文就能滔滔不绝地讲出来。二孩家庭隐隐的竞争格局，某种意义上倒像是为嘉萱提供了早教环境。

嘉萱9岁那年，父亲因肝癌去世，高家瞬间坠入单亲二孩、孤儿寡母的境地，成为所有亲戚邻里同情的对象。有亲戚提出，家里经济情况太困难了，应该叫那个人担点责任、出点钱；也有的说，哥哥嘉毅不应该再姓高了，道理上不对，也不吉利；兄妹俩听得一头雾水、不明就里，母亲路女士这才第一次告诉两个孩子自己的过往和儿子嘉毅的身世，直说得三人抱头痛哭。三十年过去，那个画面历历在目，嘉萱一夜之间长大，不再是无忧无虑的小姑娘了。

母亲路女士是 1954 年生人，是家里的第三个女儿，除了两个姐姐，还有一个哥哥、一个妹妹。她念到初中毕业，发生了知识青年上山下乡运动。家里年龄合适的青年正好轮到她，没有特殊的理由，也并不受原生家庭特殊的重视和关照，路女士随大流地去了安徽农村插队，这一去，就是十年。

亚洲知名的金融家、投资人单伟建 2021 年出版的英文回忆录《走出戈壁》中提到："据估计，在'文化大革命'期间，约有 1600 万'知识青年'上山下乡，被送到偏远农村和边疆地区。我之所以把'知识青年'四个字打上引号，是因为这一批人绝大部分只上过小学或初中，知识十分有限，说是知识青年，实在是美其名曰。"[25]

嘉萱只知道，母亲当年去的是安徽一个很破的小县城。刚刚初中毕业、知识有限的路女士，最初就是在农村，展现出她的好强、聪明和能干。路女士样貌姣好，在农村也属于有知识的女青年，嘉萱表示，不知道妈妈是"怎么在艰苦环境下生存下来的"，但这段漫长时光，已足以推着她成家立业。嘉萱说：

> 因为我妈妈到了那边（在可以回来之前）以为会一直扎根在那儿。很多人在那儿结婚。她在公社里面属于有点学历的，那边老乡也觉得她很好，就让她做财务了。我妈妈整个职业生涯是从那个时候开始的——做财务，跟着师傅慢慢学。当地人给她介绍了一个还不错的青年公务员，他俩处得也不

错，就确定了关系。结果 1978 年就能回城市了，作为上海人肯定是想要回来的，和电视剧《孽债》里面一模一样。（妈妈）想要把男的带回来一起发展，甚至联系了这边的单位，法院、民航都联系了，说是可以一起回来。

但是那个时候人都不想流动，和后来 1990 年代是完全不一样的——大家都要来上海。当时那人就要留在当地，而且认为他的工作又这么好，他觉得不用来上海。

当时并不乏为了返城抛弃农村婚姻和孩子的例子。路女士并非绝情之人，也可能跟对方的感情并不坏，名誉上、面子上她都不想离婚，她反其道行之，在这个时期怀孕、生子。儿子嘉毅出生在上海的第八人民医院，那时她已决心带着孩子留在上海，甚至想着用儿子劝他生父来上海，结果还是失败了。最终，初为人母的路女士离婚返沪。"我记得我妈说，最后她是抱着孩子，在法庭上面，（她是）心很狠的那个人"。她深深记恨第一位丈夫，斩断联系，完全不要对方的抚养费。

1980 年代初的单身妈妈路女士，勤奋努力地生活，从顶替嘉萱外婆的餐饮店服务员职位开始，自修高中文凭，考取会计证，进入供销社，凭借做财务的专长，得到坐办公室的岗位。带着个儿子，自己条件不好，她再婚的丈夫年纪比她大好几岁，家境非常差，工作也很卑微，后面他们生了女儿嘉萱。好在第二任丈夫对妻子和孩子们都非常好，对嘉毅视若己出，亲戚街坊也都瞒得牢牢的，两个孩子都随他姓"高"。直到高爸爸病逝，嘉毅嘉萱才第一次知道两人是同母异父的兄妹，也终于明白为什么自己家有两个孩子，和同学朋友都不一样。之后嘉毅就改了姓，选择随母亲姓，改名叫路嘉毅。

第二段婚姻以丧偶告终，这对路女士打击很大，她未再考虑婚姻。1994年以后，她在安徽的前夫、嘉毅的生父曾来探望。那时，改革开放使上海发展迅速，对方甚至还想抛弃那边的家庭与路女士复合，被她所不齿。嘉萱回忆道：

> 那时候妈妈年纪还轻，才三四十岁，看以前的照片，我妈长得算可以的。人家来介绍对象，但我妈觉得她毕竟带了两个孩子。带着女儿，再找对象，她很担心会有继父女间那些乱七八糟的事情，她确实是为孩子考虑得更多。

直到嘉萱上大学，嘉毅已大学毕业并出来工作了，路女士才第三次结婚，对方是未婚未育的单身老年男性，有微薄的房产，和嘉萱生父一样，脾气特别好，是路女士能够驾驭的类型。1990年代中后期，中国住房制度改革过程中出现由住房福利化分配方式向住房商品化转变的过渡形态，许多家庭在那时以可承受的价格获得了私有房产。路女士用尽办法和门路，以有限的拆迁房资源，置换到一套方正的三居室，一家三口一人一间。新世纪初年，再婚后的路女士，又果断整合了现任丈夫老旧房产的拆迁钱款，在附近买了一套两房，并非常有远见地挑中了学区房。至此，她可以硬气地说："你们以后两套房子就一人一套。"

嘉萱从小爱读书、学习，中学时代看过不少 50 后作家的作品。她发现妈妈和著名作家王安忆同龄，而王安忆的成名作《69 届初中生》，讲述的是她们那代人波折坎坷的青年时代。以上海知青身份撰写回忆录《滚烫的泥土》作者之一，1970 年从上海南洋模范中学毕业后前往淮北农村插队落户的范康明，在《69 届初中生：知青运动中最特殊的知青》这篇论文中指出，相比其他届，69 届初中生是在 1968 年到 1978 年上山下乡运动中人数最多、在农村时间最长的"知青"群体。并且由于下乡前的文化程度最低，之后也较难从恢复高考制度的政策中受益，而成为中国体制变革中被淘汰最多的人群。[26] 虽然读书不多的妈妈并不知道"69 届初中生"这个一言难尽、意味深长的标签，但这代人的特性已深深渗入她的血液。高中时嘉萱的一篇作文获全国一等奖，她以母亲的经历为题材，书写母亲好强奋斗的人生道路和她对母亲的情感，记录下时代对母亲的烙印，也表达出自己对母亲的感恩情怀；但她还是没敢写出母亲真实的婚姻故事，只写下了她一个人带两个孩子的困难。

## 来报恩的二孩女儿

1990 年代的中国城市社会中，普遍的家庭结构是双职工带独生子女，一位母亲独自带了两个孩子，是非常罕见且特殊的情形，嘉萱家成了镇上出了名的特困家庭。她回忆：

以前老师都知道，我读书是从小学开始，后面就再也没有付过学费，并且还有助学金、奖学金。我妈养我这个女儿，我觉得我是来报恩的，我从小属于那种不花家里的钱，而且帮家里挣一些钱的孩子。当时会有一些资助，包括慈善基金会的，还有区电视台帮困结对的活动，当时企业捐助结对的对象，每次都有我。这都是从学校这种官方的体系里一层层报上去的。

　　困难是一方面，另一方面，嘉萱从小到大，都是典型的优等生。考试成绩经常是年级第一，各种比赛上都有突出表现，赢得奖项无数，而获得最多的就是"自强不息"奖。这两个因素叠加，学生时代的高嘉萱很是引人注目。

　　必须承认，路女士虽然"知识有限"，但一直有着超越阶层的远见和敏锐，在房产问题上是这样，对待孩子的教育也是这样。和镇上的本地人、亲戚街坊不同，她信奉知识改变命运，对孩子们的学业期待很高，也从不吝惜其中的花费。"万般皆下品，惟有读书高……书中自有颜如玉，书中自有黄金屋……她（妈妈）总是挂在嘴边，一点一点给我们去熏陶。她觉得她没有实现的梦想，她被上山下乡耽误了的，她要在小孩身上弥补。"嘉萱虽说是吃百家饭、穿百家衣长大的，对钱财倒不是太在乎，因为从来不缺零花钱，买书、买杂志、买磁带等文娱开支，母亲向来无条件支持。

　　可能是因为更重视男孩，也可能是为了向前夫争口气，路女士对儿子管得更多、更严格，嘉毅算是会读书的，但也没少因调皮粗心而挨母亲的打骂。亲戚们都不理解，看不懂，当面背后时有议论。

路女士的哥哥，即孩子们的舅舅很早发家致富，是镇上第一批开桑塔纳的有钱人，对路女士的教育理念十足不以为然，经常跟她说："读大学有什么用？重点中学有什么了不起？只要给钱都能进。儿子读个中专技校就可以了，早点出来工作，补贴家里。"路女士就不听，铆着劲要把两个孩子都送进大学。

在嘉萱看来，正是这般愈困难愈好强，愈压愈韧的处境，令母亲的强势和在三人小家中的控制欲不受限制地生长起来。嘉萱提到：

> 因为又做爹又做妈，她这个角色持续了这么多年，什么都要听她的，不听她是不行的，她要说了算的。家里面因为没有一个力量可以跟她对抗。我哥她"鸡"得猛，反而我是她经常挂在嘴边的一句话："有心栽花花不开，无心插柳柳成荫"，她觉得小姑娘好像没花什么心思。我哥也蛮聪明的，所以还是让我妈给"鸡"出成绩了。

两兄妹中学时代都是学霸，却都在高考中失手，数分之差，没考上第一志愿的"985"大学，但也是亲戚朋友里最拿得出手的。路嘉毅从上海大学毕业，后在一家不错的民企当工程师。然而没多久，风华正茂的嘉毅竟罹患重疾：一种慢性炎症疾病，在保险类别上属于罕见大病。虽无生命之忧，也不影响生育能力，但心气毕竟不同了，日常也要保养，不能受累。为此，条件很好的女朋友抛弃了他。几年后，经人介绍，他和另一个镇上的本地人家庭里的独生女开始谈婚论嫁。

路女士这时又显出她入世随众的一面——不能让儿子在人前抬不起头。她让儿子在两套房子中挑一套作为婚房，并配置了6万元的标准彩礼金，这笔钱说多不算多，但靠母亲一人的收入攒下，也不容易。儿媳妇的父母都是本地农民，有几间拆迁房，没有社保养老金。婚后，儿子和儿媳妇先是住在女方家的房子里，路女士做出姿态，将新买的两室房子作为给儿子的婚房，出租出去，租金补贴给儿子。

嘉毅在同龄人里算结婚晚。次年，嘉萱也准备成家了，对象是大学同学代宸，从学校恋爱到工作，嘉萱已经在某区财政局当了几年公务员，代宸在英国获得硕士学位，回到上海后，与朋友合伙创业，事业经营得有声有色，顺理成章地谋划买房结婚。代宸是北京人，父母颇有一些家底，虽说京沪两地门户并不悬殊，但双方父母都不赞成孩子找外地人——在地域鄙视链上，京沪双城的家长有一拼。历经爱情长跑，得不到长辈祝福，也没有得到爽快的资助，嘉萱和代宸的小家庭建设殊为辛苦，"主打一个独立不靠父母的人设"。当初路女士嘴上说一人一套房，实际上，她和嘉萱的继父住在那套三室的老房子，并没有多余的房产给女儿；然而彩礼的习俗仍是不可免的，路女士收了女儿女婿的6万元，又心疼女儿辛苦，返还给嘉萱3万。代宸父母那边，为了表明态度，也是给儿子施压，以打借条的方式给儿子资助了买房的首付款。彩礼的事，小两口担心北京公婆不理解，瞒住了代宸父母；首付打借条，小两口又怕路女士和"娶媳妇没房子怎么行"联系起来，没敢告诉她。"反正有很多会引发矛盾的事，我们都瞒着双方父母了，原生家庭在我们婚姻关系里充当阻力多，我们只能自己加点润滑剂了。"

兄妹俩前后结婚，两人的孩子也差不多同时出生，都是男孩。两年后，嫂子意外怀二胎，路女士很不满，上门建议他们不要生。嘉萱知道母亲又过度控制了，但这次没有用，嫂子娘家不反对多生，也没有路女士那么高标准的教育理念，觉得多子多福挺好的。而且他们对路女士只带外孙不带孙子早有芥蒂，果不其然，嘉毅的二孩，又是个男孩，出生后就直接放在路家由奶奶带。三个小光头，倒也是人丁兴旺，其乐融融。孰料嫂子又病了，得了尿毒症，缠绵病榻，还做了换肾手术。"我妈知道的时候真是崩溃了，怎么能这么苦，接二连三，对她命运打击也太大了，实在是一般人扛不住的。我觉得，我妈确实是特别坚强的一个人。"

嘉萱认为自己能做的，就是继续维持报恩的"人设"，不给母亲添麻烦，凡事靠自己的小家。她思前想后，对职业、育儿和孩子的教育道路进行了规划，不依赖母亲帮忙带孩子，也不占用娘家的资源，把学区房名额让给哥哥的两个孩子。当然，在做这些考虑的时候，她也不再接受母亲的意见和干涉。


## 两代人的鸡娃路

路女士的鸡娃作风，对两个孩子的影响相当深远，以至于后来对待自己孩子，他俩都是家长中鸡娃的主力。母亲不仅"鸡"学业，还"鸡"乐器，说起来很不可思议。他们家是出了名的特困户，在那个年代，她居然能培养两个孩子都学乐器。嘉毅学二胡，嘉萱学扬琴，这两种乐器都是当时流行的民乐。最初在少年宫学，免学费，需要家长花时间接送，也要花精力督促和练习。嘉毅小学毕业时，少年宫不再开免费班了，二胡老师认为男孩是个好苗子，可以去老师家里上小班，学费也是按私教的标准。母亲看看两个孩子，精力和金钱都不够，只好让嘉毅放弃二胡。到了嘉萱，她像是遗传了妈妈的好强和聪慧，争强好胜，样样出色，成绩一骑绝尘。一手扬琴也弹得远近闻名，在小学高年级就进入了镇上中学的民乐团，和大孩子们一起练习、演出。

嘉萱小升初的时候，赶上基础教育体制改革，公办中学不再区分重点，新成立的民办学校发展势头很猛，把原来公办重点学校里的很多老师都吸纳过去，学费也很昂贵，达到每学期 2000 元。那是 1997 年，上海市职工月平均工资 952 元。而在前一年的 1996 年，由于"上海经济体制改革的不断深化，各行业迫切需要适应市场需求，进行产业结构调整和破产兼并重组"[27]，全市下岗职工高达100 万，"4050"工程应运而生，嘉萱妈妈路女士又踩到时代节点，在 42 岁的年纪下岗。镇里看她情况特殊，出于解决她家温饱的考虑，给路女士安排了一个项目制的工作，可她做得不太顺利。后来，她又捡起财务的专长，兼职代理记账，到处找工打，以多获得一点收入。

于情于理，民办中学与高嘉萱没什么关联。但路女士的执拗和坚韧产生了"有志者事竟成"的神奇效果。嘉萱表示：

为我的前途着想，她就要择校，当时招生会就去了，去了以后找教导主任，说了这种特困的情况。我觉得我妈社交能力蛮可以的，她跟教导主任聊得很好，因为我太优秀了，各种奖状，包括区一级的奖……她说我又是某中学校级民乐队的成员。我还在小学高年级的时候，已经在他们中学的校民乐队里面了。所以教导主任就跟她说来参加第一届摇号，摇到号最好，可以把学费免掉，摇不到也能把我特招进来。

就这样，嘉萱免学费上了民办初中，后又保送到重点高中，成绩仍旧名列前茅，所有比赛仍旧拿第一。直到嘉萱自己成为母亲，开始投身10后的鸡娃大业，她才第一次醒悟到，学霸的诞生，可遇不可求。在她看来理所当然的认真细致、力争上游的品质，在儿子小代身上，却不是那么的"理所当然"。直到开始和身边人交流育儿话题，她才第一次知道，对于"这次为什么某某和某某都考得比你好？"这道每个家庭都遭遇过的灵魂之问，大多数孩子的回应，是并不惊人的相似："那有什么，还有某某没我考得好呢，还排在我后面呢！"像嘉萱这样，有内驱力，善于自己琢磨学业状况和学习方法，每一次都要考好，每一次都要获胜的"自鸡娃"，凤毛麟角。娃爸老代不是嘉萱这一类的学霸，却也用自己的方式，获得了海归硕士学历，而儿子小代就更加不是了。

嘉萱和代宸谈了七年恋爱，结婚之后又过了两年二人世界，29岁那年决定要孩子，和她周围85后的小伙伴比起来，生孩子算是比较早的。嘉萱觉得那是自己运气好，早早遇到了真爱，多年来两人的亲密关系质量很高，是真正的灵魂伴侣，能聊到一块儿也能玩到一块儿，没孩子的生活也没感到无聊。决定要孩子，则是真正想明白了，完全准备好了：

> 我们当时是觉得要有一个爱情的结晶。产生一个有你的基因也有我的基因的生命很奇妙。但生完到现在六年多了，就觉得这个体验也一般，这是我自私一点的想法。但其实对于孩子来说，我们也没有经过他的同意就把他带到这个世界上了。以前也看到豆瓣上有人说，有些孩子童年有阴影，会觉得我为什么不能选择就被带到这个世界上来了，如果遇到的好家庭，那当然好，但如果遇到没那么有责任心的父母怎么办？每个人都有生孩子的权力，我们不能说不负责任的父母就不能生了，只是说生孩子对孩子也是有一些不公平的。

一方面，嘉萱对生育行为是理性和清醒的，但另一方面，她自认为受母性驱动，把交织着爱、责任感和鸡娃雄心的情感强烈地投注到亲子关系中，很大程度上是来自自己的母亲——路女士的影响：全力以赴地培养孩子，高标准地鞭策孩子，对孩子的成功人生负有无限责任，而这种成功，必须也只能通过在竞争中胜出才能实现。

然而小代不是嘉萱，"路式鸡娃法"的进展显然很不顺利，娃爸代宸看得很清楚。我们问他：你觉得高嘉萱在教育孩子方面，焦虑吗？

代宸：我觉得，高嘉萱她，往好的地方讲，是在自我加压。比如有的事情（小代）明明超过了同龄人的小孩子，但是别人追上来了，她就非常着急、焦虑。估计是因为她自己小时候成绩比较好，对一些事情需要做出一定标准。

作者：那是不是一种学霸对自我的要求，然后转化为对孩子的要求？

代宸：对，应该是这种。高嘉萱有时候言语之中会透露一些，比如以前妈妈读书很厉害之类的。

作者：这样子会给到孩子压力吗？

代宸：我觉得不会。但是她会动气的，因为会难过，有时候（我）会实在听不下去。我跟高嘉萱很多年都没有争执了，这两年所有的争执基本上都是因为教育孩子的方法，因为我觉得她太凶了，我有时候也会犹豫，觉得可能是需要这样子，但有时候觉得这样的话，家庭氛围怎么能行？

像她陪孩子练琴的时候，我要么就出去倒个垃圾，要么就出去买个可乐。然后回来我就听听音频，把声音开到最大，在那儿用椭圆机。然后椭圆机完了我就去洗澡，尽量避免听到这些。

高嘉萱培养儿子的乐器是大提琴，相对冷门，器具昂贵且需要随孩子长大更换，私教费用、夏令营活动、演出、比赛等等，耗资相当不菲，这些都是物质上的开支，精神和情绪上的投入，更是日复一日、持续不断的。代宸不是那种"丧偶式育儿"家庭里的甩手爸爸，但像嘉萱那样付出，他做不到。嘉萱不埋怨丈夫，学霸的特

质，赋予了她对自我和对他人的高要求，也培养了她反思和学习的
能力。她表示：

> 当儿子练琴的时候有一些点过不去，我下意识发火的时候，
> 不知道每个妈妈是不是都有过这种感觉，突然觉得自己很像自
> 己的妈——控制不住的、歇斯底里的失控的刹那。那一刻我感
> 到很害怕。我就觉得要避免成为我妈那样子，会去反省我刚才
> 那样的做法是我没控制住。我觉得我妈带给我的影响是情绪控
> 制上的问题，基因上的那种脾气，对工作，包括很多事情上面
> 的要求比较高、负责任、死抠、较真。

怀着开放和持续学习的心态，嘉萱阅读了大量教育学、心理学
的书籍，也沉浸式地全面吸收了国内外当下主流的育儿知识和信息。
她越来越意识到，不能拿自己的成长经验去要求孩子，自己的经历
既不典型也不普遍。尤其是对待男孩子，无论在亲子连接，还是性
别维度上，她都需要更新和改进自己的认知、观念和方法。作为一
个早熟的人，为人母后她又经历了新的成熟过程。但是，小代同学
的大提琴，还是要好好学的，保留鸡娃本色的嘉萱努力形成了一套
有别于母亲的简单粗暴，看起来兼顾了科学、平等和友善，足以自
洽的教育方式。嘉萱表示：

> 我自己本身热爱音乐，从小学民乐长大，到我儿子，我觉
> 得他节奏感是有的，让他学一门乐器也是为了培养他性格中坚

毅的品质。希望他能长期坚持做一件事，从不会到会，让他有这样一个过程：原来这个东西我不会，只要我坚持练习，我都能学会。不过学音乐真的需要陪练，小孩子不会自发想练，需要父母陪到他热爱音乐，他自己悟到了才会愿意去练琴。我小时候学扬琴，也被我妈打过的，为了手型，认真练习那些事。

我自己比较懂音乐，很多训练都是从钢琴开始练习的，然后我自己比较喜欢小提琴，但还是让他自己选一个。刚开始你问他喜欢大提琴吗，他都会说喜欢，其实就是喜欢玩嘛，但到后面的阶段，他也会觉得枯燥，这个时候父母陪练也苦，孩子也苦。但我还是希望他学琴，这样有个特长，不希望他以后觉得别人都有特长只有自己没有，甚至说以后听到喜欢的歌可以自己演奏下来。

另外就是我觉得大家母子缘分一场，以后我很老了坐在摇椅上，他能拉一曲给我听，我觉得是非常满足的一件事。我有时候也会和他说，希望他满足我这个小小的愿望，当然还是更希望他享受音乐。等我百年以后，他来我的墓碑前，能够拉上一曲，是一种纪念，也是情感的表达。在这方面我想得开，不会说什么都是为了孩子，让他学琴其实也有我自己的私心在里面的。在他练得不开心的时候，我也会说能不能帮帮我，我想听，而不是用道德绑架，"我为了你，你必须练"，这样孩子也更容易接受。

## 理解但不顺从的爱

高嘉萱成熟后回望母女关系，意识到在高中写下感恩母亲的作文时，她已经暗生出反叛的情绪，反叛的表现是："谈恋爱很早，就跟我们班一个，也是学霸，相约着零志愿他填清华，我填北大，第一志愿都是交大，很稳的事情。现在觉得蛮傻的，其实还是叛逆，为了摆脱我妈的控制。"那个时候的高嘉萱还不知道，之后人生道路上的几次重要节点，她和母亲竟爆发了一次次冲突，母女关系成为对她困扰最大的难题。

冲突产生于母亲的矛盾心态，也与嘉萱越来越强烈的自我意识和独立精神有关。在择偶、择业、育儿这几件成年女性生活中的重要事件中，以嘉萱资深学霸的处世习惯，每次决策都是思前想后、深思熟虑、全面权衡的结果，但偏偏母亲每次都反对，每次都闹得伤筋动骨，两败俱伤。最终又因为无法斩断的血缘联系而不得不建立边界，共同学习新的相处方式。

### 择偶

在嘉萱看来，她和代宸情投意合，并且校园恋情的感情基础深厚，小伙子性格好，情商高，能力强，家境也不错，难道还不算完美佳侣？而在路女士看来，完全不是这么回事儿。嘉萱表示：

> 见到代宸，我妈承认他是一个很优秀的男孩子，各方面都很不错。但就因为他是外地的，她考虑到我以后，生了小孩没

有公婆照顾。她想得很远，因为她希望我最好找一个本地的、有好几套房子拆迁，能过去做少奶奶的。她希望我嫁得好，所谓嫁得好就是嫁到这样的家庭里。可是我们镇上本地人家庭，大多都不读书的，随便念个文凭，家里帮忙找个工作，有好几套拆迁房，躺平过日子。我妈是个异类。我怎么能看上那样的男孩子呢？

她就不同意，歇斯底里跟我吵，说不要活了，要跳楼。那个时候我也很犟，跟我妈去顶，真的是很顶。我当时跟她说你有一条命，我也有一条命，你拿这个东西要挟我是没有用的，你说你可以拿命来要挟，我也可以死，你可以死我也可以死！当时就可以顶到针尖对麦芒这种程度。


母亲的出发点可以理解，一心为女儿好的执念似乎也无可厚非，然而很难解释母亲的教育理念（万般皆下品，惟有读书高）和务实建议（择偶首要考虑对方家的房产数量）之间的逻辑不自洽。同样难以理解的是，对于一向靠谱且优秀的女儿，母亲为何那么不信任嘉萱的决策能力？或许连路女士自己也没有分清，母女斗争的核心究竟是她对嘉萱强烈的爱、无尽的责任感，还是她无法接受已成年的女儿不再听话顺从，造成权威感的失落心理所致。

### 职业道路

婚姻大事拦不住，随着嘉萱与代宸结婚、生子，不得不翻篇。不过，路女士要求嘉萱夫妇第一次买房和第二次的置换大房都必须选在娘家附近，方便她照顾，以此维持母女间紧密的联系。而母亲对嘉萱职业道路的影响及双方的冲突，也因此绵延了更长时间。

从小受母亲谆谆教导，嘉萱选择的职业路线是追求稳定、看似体面的"铁饭碗"工作，这也是母亲认为在婚嫁市场上最受欢迎的工作。2007年大学毕业后，她进了一家大型国企担任管培生，身边同学都不理解，因为那个年代外企的吸引力很大，薪资比国企高一大截。嘉萱英语特别好，大学时多次在英语竞赛中获奖，且她的工作能力也不错，为何不去外企赚高薪呢？管培生只做了半年，轮岗阶段，她在营业厅担任经理助理并从事柜面工作。"当时觉得其实是蛮辛苦的，没有升到经理级别，分配的活不是你想做的事。"薪资也没有太强吸引力，因此嘉萱试用期结束前就选择了离职，之后轻松考到政府机构下设的事业单位，几年后，又在同一个单位考取了公务员职位，升级为最稳定的公务员编制。

然而，体制内的职场经历，给高嘉萱的体验并不好：

> 这个工作就是一个螺丝钉，没给我带来什么成就感。我不会摆烂，做事认真就越做越多，而且吃力不讨好。
>
> 或许是一直以来学业上的"优越感"使然，我内心是无法苟同因实际利益而违背自己的价值观，去做一些顺应不良文化的事的。以前有局长，酒喝多了，会暗示说小高你工作不够主动，我就笑笑不说话，心想我要怎么主动。
>
> 我妈又矛盾了，一方面看到人家女儿工资很高，她会念叨，你看谁谁多有出息，她也希望我有出息。我说公务员能赚多少

钱。另一方面，我表达出工作上不开心的事情，她就说，你这么好的工作，混混就好了呀。问题是我不会混呀，是她从小教我，把自己事情做好。

2017 年，在踏入职场满十年之际，嘉萱决定辞职。代宸的公司经营得不错，他的年收入是嘉萱公务员工资的数倍，家庭经济上确实不缺她这份收入。小代进了幼儿园，无论是学琴还是其他兴趣和学习，家里都需要一个人全职投入。当然，最重要的是，嘉萱不想再忍受这份工作了。代宸理解和支持她，公婆也干脆地表示了赞同。代宸表示："现在培养孩子多卷啊，需要一整个人力，父母的作用是老人代替不了的。"唯独母亲那边，嘉萱压根不敢告诉她，想着能拖多久是多久。辞职后，她在教培机构做兼职英语老师，没课的时候在外闲逛，假装上班，拖到下班时间再回家，居然也瞒了两三年。结果是一次机缘巧合，寄到嘉萱老房子的社保信件被路女士无意私拆，才穿了帮。

如嘉萱所料，又是一番大吵。对母亲私拆自己的信件，嘉萱本是挺生气的，但在母亲的怒火面前，根本无法沟通。路女士不满女儿放弃原先那么好的工作，更愤怒嘉萱竟能一直瞒着她，这次母亲气到撂下狠话："死不瞑目！"几年过去了，路女士仍然一直挂在嘴上："这么好的工作不要了，现在又不上班！"母亲老说这个事情她过不去，嘉萱明白，瞒着母亲辞职，对母亲的打击很大。

## 育儿方式

在公共资源的培育下长大的高嘉萱，并不认可公立教育。小代的幼儿园她选择的是民办幼儿园，希望孩子过得开心些，另外园方的教育服务质量也高一些，孩子能在课内工作日学到一些东西，而不是平时什么都不教，周末忙于知识类的补习。小代升小学的时候，母亲家有学区房的资源，但嘉萱想到哥哥有两个孩子，更需要这个学区名额，便主动表示放弃。实际上，她已经想好了，让孩子从小学就开始走体制外的国际路线，不留后路，不卷高考，一门心思出国升学，至于什么时候出去，再看情况，但最迟本科必须出国读。她表示：

> 从小我就给孩子选好，我也比较赞同走国际路线。培养阅读、体育这些东西对孩子是科学的、好的。这条路线我们已经替他做主了，没有征求他的意见，可能也是洗脑式的，或者说我们家庭文化式的东西，让他觉得自己将来一定会出国读书。因为他太小了，一年级，根本没有那个概念，所以我们家长必须帮他做一个选择。两手抓就太累了，应试要抓，素质教育也要抓，所以我们就放弃了，专心出国。
>
> 有的家长总说，问孩子愿不愿意以后留学，这个决定只能家长来做，孩子懂什么呀。还有很多家长是把这个决定放最后，等到中考，甚至高考了，再去决定说我是高考还是出国。我就想，决定得越早，越轻松。

双语学校费用高昂，学费15万，加上学杂费、餐费、课外活动费等等，一年至少20多万，这还不包括小代学习大提琴的费用。路女士也感到太费钱了，周遭的亲戚甚至阴阳怪气——"你高嘉萱自己一直读书好，现在还不是做家庭主妇；孩子读那么贵的学校，纯属烧钱浪费"。嘉萱无所谓，正如时下盛行的年轻人"断亲"之说，谈不来的亲戚，何必来往。经济负担重，她不依靠母亲，母亲也没话讲。

但她全职在家后，体会到主妇的忙碌和辛苦，碎片化的时间让她没有自己的专属时间来实施自己的安排。她请了个钟点工每天来家做晚饭，外包一部分家务，腾出下午的时间给自己。这样一个小小的决定，却再一次引起母亲的勃然大怒，因为她觉得自己不再被需要了。嘉萱看得出来，母亲并不是真正喜欢小孩、享受带孩子的人，小代调皮起来，路女士会拿针吓唬他。母亲无法接受的是从女儿生活中越来越淡出，似乎她因此就会显得越来越不重要。

但嘉萱已经知道对自己来说重要的是什么，在自己也做了多年母亲之后，她决定把握住自己生活和家庭的核心。小代一路就读的民办学校，同学大都家境优渥，二孩家庭是常态，单孩家庭仅占20%；小代小时候也不是没吵过要个弟弟或妹妹，但嘉萱和代宸很一致，认为不能要二孩，因为多一个孩子就意味着降一个阶层，以他们的生育观，供两个孩子走国际教育路线的负担太重了。母亲塑造了她，但她要成为和妈妈不一样的妈妈。

## 写在结尾

其实在我们的研究历程中，并未太关注母女关系。我们的受访者大多围绕着城市身份、良好受教育程度以及体面就业这几个标签。在改革开放后国有企事业单位的托儿机构退场，而公共托育服务远远不能满足需求的情况下，她们生育和休完产假之后要上班，势必家里要有人帮忙全职带孩子。大多数情况下，这个帮忙的人是自己的母亲、孩子的外婆。这看起来也很合理，没有比母女之间更紧密的联结了，比婆婆好沟通，比外人（保姆）贴心，有得选，谁不想让母亲来帮自己呢？

然而当和嘉萱的交流中浮现出母女关系的议题时，我们都被触动到了，因为我们也都可以选择自己的母亲帮忙，却和嘉萱一样拒绝母亲过多渗透进自己生活。上一代50后的女性，如果培养出一个好学上进的女儿，多半自己也有着争强好胜的一面性格，而在饱受剥夺和起落的时代摧残下，她们的婚姻、职业、生命体验，很少是顺利和愉快的。情绪稳定、心态正常，实属不易；不好相与、时有龃龉，才是常态。对我们来说，母亲比婆婆难对付多了，因为婆媳间能够把握界限、控制距离，而母女关系则复杂得多。

高嘉萱最终在每一件人生大事上都违抗了母亲。本书的作者之一蒋莱为了不依赖母亲和婆婆带孩子，在职读博士期间把孩子送进了全托幼儿园。沈洋老师的两度生育都依靠外包服务，一一经历月子会所、月嫂、育儿嫂。我们当然无法斩断和母亲的联结，只能尽己所能地划出边界，最大限度地避免亲情伤害。

## 第二节　迷失在"追男宝"生育观下的两代母女

本章开篇已述及，广东姑娘吕小滢和上海姑娘高嘉萱有诸多相似之处，但最初让我们把她俩联系在一起的，是她们都只生育了一个男孩，在各自所处环境中属于非主流的类型。如果说，高嘉萱代表的是从母女关系的牵绊中觉醒，自主安排自己人生的当代母亲；吕小滢可以说受到地域文化的影响，在顺应社会塑造的过程中腾挪探索，在有限的空间中努力活出主体性。

### "男孩令我骄傲，女孩令我快乐"

考上上海某高校在职公共管理硕士研究生时，吕小滢已经 35 岁，踏上工作岗位十余年，孩子也已 11 岁。为了提升自己，她下了大决心在职进行深造。小滢是粤西北某三线城市区政府的年轻公务员，本来报考的是广东省委党校，那一年广东省的分数线太高了，她不想二战，经过筛选权衡，决定选择到上海求学。广东到上海的距离，高铁八个小时，飞机两个小时，再辗转到小滢所在地级市，每次来上海上课，时间和经济成本都不算少，可见她不仅决心大，动力足，经济能力也相当不错。

班里同学天南海北，有年轻未婚的，也有已经生育了两个孩子的"大龄学生"。吕小滢也想过生二孩，但由于丈夫不同意而无法付诸行动。某种意义上，她把少生孩子腾出的精力用于求学，虽然对此丈夫也不赞同，但这是她自己可以决定的。她没有理会丈夫和共同生活的婆家的反对，全力应考、自掏学费、攻读学位。小滢周围的亲戚朋友，生育二孩的居多数，连三孩都不少见，而她的表姐，不到40岁，已经生育了四个孩子。小滢表示：

> 表姐在机关单位做合同工（月薪3000元左右），丈夫做司机的。她前面生了两个男孩，想生个女孩，结果第三胎生了龙凤胎。我身边大多数，如果有一儿一女，很少想生三胎。但那些生三胎的家庭，好像也不是说和国家的三孩政策有多大关系，我个人认为是和传统观念有关啦，一是前面两胎是女孩，为了传宗接代，继续追三孩；二是少数人希望家大业大，多生一个；三是第二胎是双胞胎，所以有了三孩。

吕小滢代表的样本量虽小，反映的情况却和宏观统计数据是一致的。2022年，中国社会出现六十一年来的首次人口负增长，远早于此前有关机构预期的"十四五"末期或2028年前后，甚至获得"历史性拐点"之称。根据澎湃新闻的报道：

近期的生育政策大松绑固然起到一时之效，但未能力挽狂澜，生育形势仍未能得到扭转。**2016 年到 2022 年，全国人口出生率从 13.57‰ 下降 6.77‰，接近腰斩，下滑幅度之大、速度之快，超乎预期。**[28]

然而就在这大时代变迁的背景下，吕小滢所在的广东省逆势傲立、一枝独秀，连续五年位居第一生育大省，常住人口数量保持全国首位。2023 年 4 月，广东省统计局对外不无得意地表示：

> 广东出生人口继续领跑全国，人口城镇化水平继续稳定增长，新型城镇化持续高质量提升，劳动力抚养负担相对全国较低，人口发展将保持长期稳定。[29]

难怪吕小滢感觉身边生育率非常高，35 岁的她，只生了一个儿子，是绝对的少数。没生二孩的原因，主要是小滢的丈夫不想要二孩，在当地，小滢只能用"奇葩"来形容他。对于广东人为什么爱生，并不缺乏关注和研究。2021 年全国两会期间，全国人大代表、广东国鼎律师事务所主任朱列玉在接受媒体采访时表示，如果国家要试点放开三孩政策，他建议优先选择广东作为试点。只不过后来政策出得急，未经试点环节，就覆盖全国，结果的确在广东获得最积极的回应。

传统上认为，广东地域文化分为三个特色鲜明的板块：潮汕、客家、广府。潮汕地区从来都是以高生育率著称。蔡嘉婷等研究者在论文《潮汕文化对生育观念的影响》中对此作了分析：

> 潮汕地处"国角省尾"，是旧时中原流民主要流落之地。
> 而潮汕地少又有大量流民涌入，因此，人们为了争夺生存空间
> 建立了以血缘关系为纽带的宗族群落，共同抵御外敌。在这
> 种宗族文化的影响下，潮汕人非常重视子嗣的传承，为了家
> 族后继有人与自身家族的壮大，逐渐形成了"多子多福""生
> 孩须生男"的生育观念。[30]

根据《东方瞭望周刊》的报道，对于客家人的生育文化，除了
客家农民本身生育率高外，婚龄较早也是生育率高的重要原因。

> 客家人作为从古时中原流迁到广东、福建和浙江等地的汉
> 文化汉民族的分支，为了保持对入侵的反击与抗衡能力，除了
> 勤奋劳动外，生育是一种有效方法。"人多力量大"是客家人
> 在长期迁移生活中体会最深的东西，因此，客家人对妇女是很
> 尊敬的，我们去的村中都有母亲堂。[31]

吕小滢所在的四线城市位于粤西北，属于广府文化，也许是经
济处于欠发达区域，或者城镇化启动得比较晚，全省人均 GDP 水
平靠后，各方面都没什么存在感，更谈不上引起对当地生育文化的
关注了。曾经在街道办担任过妇联主席的小滢也没认真想过这个问
题，她的感受非常直接：

我们那边，生了一个女儿就不生的情况，是没有的。很多人都是第一胎是女儿，很明确，肯定还要生，只是可能等她大一些，读幼儿园了再生。如果再生一胎也是女儿，三胎也是会的，其实还是有"要生男孩"的生育文化。

我们这边常说，生男孩能带给我骄傲，生女孩能带给我快乐。因为女儿比较贴心，其实很多人都喜欢女儿，更懂事。可是生个男孩可以带给我骄傲，这是应付别人的，我觉得可以这样理解。


## 上一代母亲：拼了命只为生男孩


吕小滢出生于 1988 年，是家里三个孩子的老大。她认为"男孩令我骄傲，女孩令我快乐"这种观念是属于她这代人的生育观。她头胎得子，父母公婆都很高兴。虽然她很想再生个女儿令自己快乐，但丈夫不同意，她也不敢行动，她也不能确定二胎就能怀上女儿——广东地区为了生到男孩，在孩子出生前明里暗里实施出生性别选择的土法偏方（甚至旁门左道）不少，但都是为了生儿子，从未存在为了生女儿而选择胎儿性别的途径。尽管如此，小滢感到，比起自己的母亲和婆婆那代人，本地的生育观和生育文化已经有了很大的改变，或者说是进步。

吕小滢的母亲洪女士，出生于 1963 年，在农村长大，家里有七个兄弟姐妹，她排行老五，上面有哥哥、姐姐，下面还有弟弟。

和高嘉萱的母亲路女士有点相似，无论是孩次顺序，还是性别身份，她们在原生家庭的地位都比较边缘。高中毕业后，洪女士通过在供销社做领导的姑父帮忙，进了排灌站工作，又通过相亲，认识了家在城镇、在公路局工作的小滢的父亲，两人都隶属于国家单位，很快结了婚。小滢认为父母的婚姻谈不上有什么质量，就是一对遵循着男尊女卑格局的典型夫妇。父亲有大男子主义的作风，大事小事要做主；母亲勤快、贤惠，永远忙于努力赚钱和操持家务。一家三口都在的时候，沟通很少，坐一起吃饭一句话都不交流；后来有了弟弟，饭桌上才活跃起来。年轻的时候父母忙于生计，如今年纪大了，孩子们都离开了家，反而经常吵吵闹闹，需要小滢回来当和事佬，来处理老夫妻之间的矛盾。

洪女士的人生主题，就是必须生出一个男孩，她的人生历程完全围绕这个目标进行。小滢从小懂事，体贴父母，对母亲为了生儿子所经历的一切十分了解：

> 因为我又是大女儿，我真的觉得，自己属于比较懂事的，能体会到我妈妈的这种心情。我那时候已经体会到我妈妈为了生个男孩真的是很不容易，如果你生不出真的会被别人白眼的，特别在 1990 年代，那时候是非常严重的。

> 现在已经好很多了，我觉得从 2010 年开始，就没有这么强烈的感受了。以前是很严重的，我们身边的老人家真的经常跟我们说："你妈妈要生个弟弟，没个弟弟不行的。"我妈真的是拼了命去生的。

1994 年，洪女士生了二胎，又是个女孩，没有办法，必须接着生，二女儿小净只能送出去，寄养在亲戚家。之后几年，洪女士又怀孕过 3 次，因为不能再承担生出女儿的后果，于是和那时大多数人会采取的方式一样，通过 B 超检验孩子的性别，检查出来是女孩就做人流。因为那时的科技水平比较有限，她需要千方百计找熟悉的医生。小滢记得妈妈在怀孕四到五个月时才能确定胎儿的性别，再做流产，这对身体的伤害很大。但洪女士很少提及自己的感受，也几乎不和小滢交流这方面的话题。1998 年，洪女士终于生出了男孩，但也必须承担计划生育政策下的超生后果——在 35 岁时失去了排灌站这一公家单位的工作。

为了贴补家用，丢了工作的洪女士只能从事她力所能及的劳动来增加收入，她养鸡养鸭、种菜卖菜，天还没亮的凌晨四点就去菜地择菜，洗干净后挑到市场。如果不早点去，就占不到好的位置。冬天尤其艰苦，临近春节，菜特别好卖，母亲凌晨两三点就去市场了；卖菜回来，还要做家务，做饭，十分操劳。小滢的父亲拿着一份事业单位的工资，母亲这么起早贪黑地干活，赚到的钱在家庭收入里至多占四分之一，但母亲好强和吃苦耐劳的本色在这时显现无遗。她从不抱怨命运加诸她的磨难，任劳任怨，克勤克俭地生活，尽己所能地爱孩子。小滢早慧懂事，学习成绩一直很好。升学、择业、择偶这些事，她都自己琢磨或与闺蜜、朋友商量，母亲帮不上忙，也不会瞎指挥。对母亲，小滢也有一个观感逐渐变化的过程：

因为那时候还是小孩子，自尊心很强，就觉得，人家的妈妈那么体面，我妈妈就是挑着菜去卖。而且挑菜去卖，那个穿着打扮肯定也是很一般的。那时候我真的会有点嫌弃我妈。可是当自己有了家庭之后，就觉得我妈为我们真的付出很多。也不是说长大了，应该是当我到高中之后，我就和自己和解了。我就想，我妈那么辛苦，哪个做母亲的，不想打扮得漂漂亮亮嘛。妈妈是为了我们的生活，为了供我们读书，必须放弃所有。有爱美的心，却要去做这种辛苦的活。我就和自己和解了，能够大大方方地说，我妈就是种菜的，她卖菜养我们。

洪女士如果知道"报恩女儿"这个标签，一定不会否认，大女儿小滢是标准的来报恩的省心女儿。家里经济情况不算好，从没在小滢读书的事情上花过钱。她考上重点中学，但高考没考好，去了一所医学院学行政管理，又在实习的时候就被医院看中并希望留用。后来看到不少同学去考公务员，她抱着试试看的念头也参加了考试，没想到直接考上。2010年，那时在医院工作，工资大约是2000元至3000元，而新入职的公务员工资大约1000元，经过深思熟虑，小滢还是觉得在政府部门工作应该比医院的行政岗位更有前途，于是选择了公务员。

过去十几年是小滢所在的粤西北四线城市快速城镇化的时期，也是政府职能迅速增加和完善的阶段。她由乡镇的选调生晋升为区政府的副科级干部，收入增加到每月一万左右，另外还有3000多元的公积金福利。参考2022年当地平均薪资水平——非私营单位就业人员年平均工资9.8万元，私营单位就业人员年平均工资5.7

万元——吕小滢的经济收入相当不错。

她在乡镇科室工作时认识了后来的丈夫老金，他也是公务员，家庭背景很好。老金的父亲先是当干部，后来又经商，政治地位和经济条件都优越。在选择媳妇时，老金家有自己的标准，既要看学历和工作，也要看"八字"合不合。小滢说：

> 他（老金）之前是有拍过拖，当时也快到谈婚论嫁时候，我公婆拿双方八字去看，算命先生说两个八字相冲，不适合结婚，所以就分开了。
>
> 我们谈婚论嫁时候，我没有感受到两家家庭背景的差距，因为我公婆是比较随和、没有架子的长辈。我妈妈会觉得有点高攀，我爸就没有。
>
> 我公婆对媳妇要求就是不要太矮，说是矮会遗传到下一代，还有就是八字要合。公婆对我的外貌、身高（162厘米）还是很满意的，尤其是别人都夸她孙子比同龄的孩子高，她就会特别自豪。再就是我有一份公务员的工作，也很加分。

对洪女士来说，最大的心愿就是女儿头一胎顺利生个男孩，小滢怀孕后，母亲烧香拜佛，并且找算命先生测算。2012年时，全面二孩政策尚未放开，如果第一胎没生到男孩，为了追生男宝，小滢也有可能面临失去公务员岗位的风险。公婆嘴上说"男孩女孩都一样"，但心里的期待却是"男宝"。婆婆来自一个生了四个女孩、没生出男孩的娘家，曾饱受白眼，直到自己生了两个儿子，才扬眉吐气；公公传统而有权威，拥有众多房产，掌管家中经济大权，对金家的继承人又怎会不看重。只有母亲洪女士把这份关切和焦虑挂在嘴上。小滢说：

> 我还记得生娃的那天。因为当时我丈夫在乡镇里面工作，在值班。晚上感觉到规律性疼痛，我就慢慢收拾住院的行李，等到凌晨三四点，打电话给家人说，估计要生了。我爸妈来到楼下，公公婆婆也急忙起床，四个老人家送我去医院。
>
> 也没把老金叫回来，他从乡镇过来，三四十公里吧，我想那么远、那么晚了，担心行车不安全。就想说，唉，反正还没出生呢，就来到医院看一下情况再说吧。
>
> 就一直是我妈和婆婆陪着我，我妈一直在念佛，到我进产房，前面几个产妇都是生女的，我妈还在担心，今天这个时辰个个都生女孩，我滢滢会不会也是生女孩啊。我妈不想我再吃一遍她吃过的苦。

一得到"男宝"，小滢被两边家庭如珠如宝地供奉起来。她住在公婆家的五层楼自建房里，小滢的娘家在她工作后经济情况有所改善，也在自家土地上盖了自建房，除了自住，还能出租。月子里，小滢受到母亲和婆婆无微不至的照顾。婆婆特别注重饮食调理，给她煲汤、煲中药，每天在一楼煮好月子餐，然后送到五楼，看着小滢吃完后再收下楼。洪女士白天也会来看望女儿，并搭手帮忙，婆婆和母亲配合默契，俨然成了老闺蜜。

公婆考虑周到，小滢生产前，便请好了住家保姆，反正房子大，住得下。那时候当地还没有月子中心或月嫂服务，保姆李阿姨当时的工资是每月 1800 元，她在金家工作了十一年，到 2023 年时工资才涨到每 2300 元。所以小滢的孩子有婆婆、母亲和保姆三人帮着一起带，她一点也没觉得养育孩子辛苦，丈夫老金更是什么都不用管。所有共同生活的开销，包括保姆费，都由公公一力承担，小滢夫妇的工资留着自己消费。有了孙子后，对于小滢夫妇要不要生二孩，长辈都没意见，即使生了也能帮着一起养。但老金不愿意生，觉得累，小滢认为他就是懒，既不必做家务，也不用陪孩子玩，周末又常常出去打牌、钓鱼。她说："我们这里男人都这样。"

## 寄养出去的多余女儿

2014 年，比小滢小六岁的妹妹小净也生了孩子。如果以小滢为标准，小净就是一个不省心的女儿的典型——她被寄养到农村期间，只完成了初中学业。农村学习氛围不好，养育她的外婆和舅舅对她的教育关注不够，小净不想读书了，十五六岁时就去广州一个亲戚经营的工厂里打工。后来小滢借助公公的人脉，介绍妹妹到本地镇上一家大酒楼做收银员，妹妹也回到父母家生活。

然而没多久，她认识了酒楼厨房里的一个小师傅，年纪比她还小一岁，两人没到法定结婚年龄就生活在一起了。父母和小滢都对他们的关系持反对态度，主要因为男方家境很差，父母以赌博为生。

可小净说他俩性格相投，跟他在一起很开心。小净很快怀孕并生下了一个男孩。尽管她的婚姻不如小滢那么风光，父母倒也没多计较，洪女士像对待小滢一样很尽心地照顾小净的月子。但很快，小净和孩子父亲就分手了，她也不要孩子，而是将其交由男方的父母抚养。分手后不久，小净又交了新的男友。她的工作也是靠姐姐介绍的，她成了乡镇的合同工，每月工资才一两千元。

小净读书不多，成年后和亲生父母生活在一起时也几乎没有交流。小滢小时候就带过妹妹，妹妹被送出去寄养时，她已经完全记事，对此印象很深。虽然妹妹幼年生活的农村家庭经济情况不错，但小滢无法否认，很大程度上，正是由于被寄养的经历，妹妹的人生才会和自己如此不同。对此，小滢写了一篇题为《回忆》的小作文描述往昔。


## 回　忆

　　妈妈怀我妹妹是在我们自己家住的，生产之后，为了躲避居住地的计生检查，也为了不被邻居知道，就去我三舅家（也是在城里）生活了一段时间。这段时间，爸爸照顾我，我们晚上有空就去三舅家看妈妈和妹妹。每次探望完毕，要回家了，我就哭，因为又要和妈妈和妹妹分开了。妈妈偶尔也会回家一次，妈妈要回去那边，我也是哭着不舍得妈妈回去。几个月后，妹妹就被送去第一个亲戚家寄养，这个亲戚是我奶奶的亲弟弟，距我们家两公里路程，在城区的。他们很喜欢我妹妹，当她是孙女一样。我爸妈每个月给适当的抚养费用，具体金额不记得了。我妈回家住了，照常去排灌站上班。

之所以要送去第二处亲戚家，是因为第二处亲戚是我妈妈的亲哥（我的二舅），他育有一儿一女，女儿大概在15岁时候患病离世，所以想要一个女儿。那年应该是1997年，当时妹妹就3岁，我9岁。突然某一天，爸爸妈妈和我说，要送妹妹给舅舅抚养。到时你带着你妹妹去舅舅家，等她安稳下来，睡着了，你就悄悄地离开……

我知道舅舅在农村，还挺远的，听了内心一颤：为什么要送那么远？因为妹妹从小就白白胖胖，很可爱的，我很喜欢这个妹妹，知道这样的安排，我是很不舍的。寄养的第一处亲戚家在城区，和我们不远，可以经常过去看妹妹。如果去舅舅家，我们可能很久都不会去一次，毕竟当时交通不发达，去一趟也要四五十分钟。而且我妹妹还那么小，面对陌生的家人，她能适应突如其来的改变吗？

终于到了要送去二舅家的那一天，爸爸是单位的司机，他驾驶一辆单位的五十铃汽车，到亲戚家接上了妹妹，打包好了行李，我还记得那亲戚夫妇都嚎啕大哭，毕竟在他们家住了两年，特别有感情，他们对妹妹很好的，全家都很喜欢这个小不点。妹妹大概还不懂事，天真地跟着我上了车，以为带她出去玩。

到了舅舅家，妹妹到处张望，对周边的环境充满了好奇。二舅家是在农村开杂货店的，大大小小的玩具、零食啥都有，妹妹也挺开心的。我带着妹妹在二舅家住了两天，这两天，我内心是很煎熬的，每天看着她天真烂漫的样子，她完全不知道以后就要留在农村生活了，我觉得妹妹很可怜。我每天都很不开心，特别是在冲凉时候，一想到以后妹妹就要留在农村生活，我就忍不住哭出声来。

两天后的一个下午，爸爸来接我回家了。当时妹妹还在睡午觉，胖嘟嘟的、红彤彤的脸蛋特别可爱，睡得特别香。我拿好行李，摸摸她的脸蛋，强忍着泪水，跟爸爸回家了。外婆、二舅他们都说，我们以后会好好照顾她的，当自己的亲女儿来养。

回家的路上，我一直闷闷不乐，乃至回到家之后有一段时间情绪低落，特别想念我的妹妹。爸爸妈妈大概是被当时的政策所逼，也不得不作出这样的决定，孩子有人抚养了，饭碗也保住了，生活还得继续下去。


把亲生子女送给他人寄养，这已有违伦常。送到一家对孩子很好的家庭，却因为亲戚间面子的关系和经济上的原因，又送给另外一家，实在匪夷所思。更残酷的是，成年人完全不隐藏他们在这么做时对待孩子的残酷态度。妹妹小净清晰地了解她在不同家庭的流转，因为亲生父母过年时还会带她去探望她的第一个寄养家庭，并教她感恩，简直好比不停地返回到犯罪现场，让受害者一遍遍重温受害的经过。然而，小滢对父母怨恨不起来。前后两个亲戚抚养妹妹的性质不一样：第一个家庭是委托抚养，爸妈每个月给钱；第二个家庭，即二舅家，等于送一个女儿给他，爸妈不用给抚养费。二舅在农村做商店生意，经济条件比父母还宽裕，小净所有物质需求都能得到满足。洪女士觉得二女儿的生活还不错，也算是善待她了。小滢反复提到，当地太多这样的情况了，有些家庭生了几个女儿，也会因为养不起或者子女太多，就将女儿送人，甚至现在家里的保姆李阿姨，也有一个多余的、被寄养出去的女儿。

35岁那年，洪女士如愿生了儿子，完成使命，丢了工作，成为菜农。她的小儿子和姐姐小滢一样，在父母身边长大，学习上也很让父母省心，一路读重点中学、大学，毕业后也考上了公务员，有了一份体面的职业。其实爸妈并没有在孩子们的学业、前途上费多少心。表面上，小滢姐弟也不是因为生活在父母身边才努力学习和考公成功的，但小滢不敢想，如果她和小净出生顺序换一下，自己是不是还能获得现在的幸福生活。

那么，终于生出男孩，甚至自己的两个女儿也都生了男孩，洪女士的生活有没有变得骄傲和如意呢？似乎未必。早已迷失在"追男宝"的盲从下，洪女士这一代女性，并不能把个人的生活挫败、女儿小净的失范行为与畸形的生育观联系起来。

对工作和家庭都草率处之的小净最近还沾染了网贷问题，糊里糊涂地贷款，又糊里糊涂地消费，前前后后加起来欠款十万元。吕爸爸担心利息越来越高，内心也感到对小女儿有亏欠，咬咬牙拿出大部分积蓄替小净还掉欠款。节俭成性的洪女士对此怒不可遏，既心疼钱，又不满30岁的小净的不懂事，以致两老的矛盾不断升级。

## 这一代母亲，变了吗？

当地的上一代的母亲普遍认为，不生出男孩是不行的。洪女士是个热心、勤快的人，亲戚、邻里需要帮忙时，她从来不辞辛劳。她在花钱方面非常节省，其他方面则不计较得失，几乎没有什么要求。

小滢的婆婆也是在农村长大的，不讲究吃穿，只是一心一意把孩子们照料好。虽然她生了两个男孩，却也会常常怀念曾经怀上的第三胎，那个在七八个月大时，因在乡下干活时不慎流产的孩子，据说也是个男孩，她是很想生下来的。

到了吕小滢这一代，她明白，不生出男孩还是不行的，只是把多余的女儿送人寄养的情形不再有了。一方面是因为大家普遍富裕了，多生几个养得起，还有人表示喜欢女儿，认为她们贴心懂事，能带给父母快乐；另一方面，也是国家法律法规的完善，以前花钱就能买的收养证，现在不能随便办理了。

而妹妹小净，稀里糊涂当了母亲，她不喜欢小孩，也没有母职感的束缚，轻易就放弃了母亲的身份。

小滢其实是很喜欢孩子的。她认为父母对她最大的影响就是使得她家庭观念强，她对妹妹和弟弟一直都很关心。他们遇到什么问题，也会第一时间找她倾诉。她也想过万一头胎不是男孩，她一定会接着生的，哪怕为此失去工作。而且，她也享受和孩子在一起，渴望亲自教育好自己的下一代，骨子里希望做好一个妈妈。不过丈夫老金坚决拒绝生二孩，小滢不敢擅自做主，严格做好避孕措施，谨防意外怀孕。不多生孩子腾出的精力，小滢用在了鸡娃和"鸡"自己上。孩子上了幼儿园后，她认为要教他学东西了，下班后和周末都亲自带孩子，给孩子报了很多兴趣班，孩子上学后也认真督促其学业。现在小升初比高考还激烈，重点中学凭分数考，机关干部也没有优惠政策，小滢对把儿子"鸡进"重点中学这个目标，焦虑得很。自己的工作方面，眼见着领导的要求越来越高，新进的年轻人学历越来越卷，她决定考研提升自己，也怀着给孩子树立一个榜样的念头。如果说两代人的进步表现在哪里，母亲的 35 岁，生出了第三孩的男孩，小滢的 35 岁，考取了研究生。但全家人只有她重视教育，丈夫和婆婆都不赞成她鸡娃、鸡自己，认为这样太辛苦、没必要。父母虽然支持她，但能提供的帮助也有限。全家人都不急，只有小滢一个人一边急一边"鸡"。

但小滢身边很多人，还在为生出男孩营营役役地努力：

> 你看嘛，像是我现在单位的领导，她是 1976 年的，今年 47 岁了，她第一个孩子是女儿，政策没放开的时候，就不能生。后来也是在全面放开二胎之后，她在 2018 年的时候才生下了第二胎，就是个男孩。她生的时候已经 42 岁了，真的很拼，然后工作上也很拼。

> 我的朋友，农村长大，生了两个女儿，第二个因为胎盘前置，不适宜顺产，所以是剖腹产手术，然后就要等三年才能怀孕，结果她冒着生命危险顺产，大出血，要抢救。幸好最终挺过来了，她就是为了"拼儿子"。

现在身边的人吧，她们会爱女儿，可是也会继续追求生儿子，女儿和儿子一样宝贝，不过儿子更多是完成长辈的期望吧。如果生了两胎都是女儿，为了"追男宝"，做人工选择的情况越来越多了，按规定是不可以选择性别的，但也总有对策的嘛。不是在受精时确定性别，而是医生会帮服务对象人工授精，繁殖几个胚胎，然后选择健康的男性胚胎移植到母体，有选择双胞胎男的，两个至少可以保证一个活的，两个成活就更好。费用很高，要花几十万元，肯定是为了生儿子。

我们有很多同事都是做人工的，她们很多因为已经40多岁了，终于等到政策放开了，但自然生产很难。其实做人工，女的很受罪，我记得她们是每天要去打针，打催卵针，促排卵。我就觉得蛮受罪的，但在我们这里真的很正常，不只是花钱，还要承受很多痛苦。

## 写在结尾

从某个角度来说，小滢的母亲洪女士与高嘉萱的母亲路女士，是完全不同的母亲。洪女士并不干涉女儿们的人生，也没有过多的期望——女儿们能生出男孩就足够了。然而两代人的牵连羁绊又深深刻画出母女关系在女儿人生中持久深远的作用。小滢和小净姐妹俩，成了完全不同的两个妈妈，而探寻她们意识深处的行为根源，都有母亲的影响。

挪威奥斯陆大学社会人类学系名誉教授西格纳·豪厄尔在其名著《外国人的亲情：全球视野下的跨国收养》中，系统探讨了全球性地发生在贫穷国家与富裕国家之间的跨国收养现象。[32] 她发现中国的跨国收养始于20世纪90年代初，并迅速发展，至21世纪初，中国是除俄罗斯之外被领养儿童最多的国家。许多儿童被遗弃的最常见原因，是自1978年起实行的独生子女政策加之中国家庭对男孩的强烈偏爱，导致大量女婴被遗弃。书中提到，父权制得到儒家思想的支持，在中国人的思想中根深蒂固，家庭中没有儿子被视为不幸。一个典型的弃婴是一个健康的新生女孩，她有一个或多个姐姐，没有哥哥，而父母想要一个儿子。研究者认为，很难确定中国被遗弃儿童的准确数量，官方估计从10万到16万不等，实际应该更严重。[33]

被寄养出去的二女儿小净，是否会被算入被遗弃儿童的统计中，已不得而知；小净被寄养的家庭较为富裕，是否就足以弥补不在母亲和手足身边长大的缺憾，更是一个复杂的心理学难题。如今，收养行为受法律严格管制，已不再普遍。但同一个家庭内，"追男宝"后兄弟姐妹之间的处境是否平等，来自长辈的关注、资源、投资和支持的程度能否均衡，仍存在巨大迷思。毕竟，在很多情况下，这并非钱的问题，而是爱的问题。

洪女士认为小净在工作上的不稳定以及亲密关系上的失败都怪小净自己，而没有反省她作为母亲，早年把女儿随意送人，把女儿当作连接亲戚间情感和利益的工具有什么问题。不负责任的父母带给孩子的负面影响是深远的，正如网络上流传的那句话——"为人父母居然不用经过考试，真是太可怕了"。

小滢在自述中合理化父母把二女儿送走的行为："爸爸妈妈大概是被当时的政策所逼。"父母对妹妹的放弃，对小滢和妹妹都造成了伤害。但小滢为父母找借口，认为这是国家政策的原因，认为父母自己也是迫不得已。作为孝顺的女儿，她不忍心责怪父母，因为这是她的父母，她没办法客观地看待父母对于妹妹的放弃，只有这样解读才能继续保持她和父母的和睦关系。作为受过高等教育、事业上有所追求的现代女性，小滢对于当地重男轻女的文化似乎并没有反思。亲情掩盖了部分女性被损害的事实。

青年作家蒋方舟在她的《母女与女儿：无限人生书单第 16 季》音频课的导语中说道：

> 母亲也是一个关于爱的话题，因为母爱是我们人生当中接受的第一份爱。这种爱奠定了我们一生当中对爱的态度和感受。我发现我面对下一代的态度，其实取决于我和上一代的相处，也就是说，取决于我自己所经历的母女关系。而我和我母亲的相处方式，其实又是由她和她母亲的相处所决定的。
>
> 有这样一种说法，真正触发女性对父权制的厌恶的，并非是那个专制的父亲，而是忧愁不决、矛盾纠结的母亲。女性主义针对的与其说是男性，不如说是那个顺从的受害者、那个我们身体里的内在敌人，那个我们从小就目睹的受害者：母亲。
>
> 母亲是我们不想成为的女人。[34]

无论是广东的洪女士，还是第三章中江西的张乐，这样的母亲，都是女性身份下父权制坚定的维护者，而这也正是男权社会难以撼动的原因之一。

我国三胎出生性别比例畸形，主要是选择性堕胎的结果。但由于试管技术的发展，使得胚胎在培育阶段就使选择性别成为可能。由于女性是生育的主体，无论运用何种性别筛选手段，受苦的都是女性——虽然有的女性并不觉得苦。她们把生儿子当作事业，即使丢了工作，即使拿女儿来交换，仍然在所不惜。洪女士全身心地认同男尊女卑的观念，既是父权制的受害者，也是共谋者。

第三章

**为母之路**

# 第一节　二孩妈妈

仿佛一夜之间，中国社会踏入了多孩时代，当然，这是参照人类历史上少有的、长达三十余年的计划生育政策而言。

虽然计划生育政策在学术界文献芜杂、评价参差，在公众中非议不断，甚至常常谈之色变，但纵观其三十余年的实施周期，只是在很小范围和有限的条件下等同于独生子女政策。我们的研究发现，受计划生育政策影响最强烈、实施"一孩制"最严格的家庭主要集中于城市、良好受教育背景、公有制单位、体面就业这几个标签下的育龄女性，对她们来说，"超生"代价巨大。[35] 换言之，过去三十多年的广袤中国大地上，二孩乃至多孩在各个地域、阶层、职业类别的女性生命中并非罕事。因此不难想象，从2011年放开"双独二孩"——2013年启动单独二孩——2016年全面二孩政策落地，在政策叙事和舆论关切中引发一波波热议的二孩话题，真正相关的政策目标其实只是很少一部分群体，那就是有着良好学历背景并在城市中体面就业的女性。同时也不难解释，为什么这十余年陆陆续续放开的二孩政策效果始终远远低于预期，除了2016年出生人口

1786 万，达到自 2000 年以来人口出生单年度的最高值，一定程度上显现政策效应。之后每一年人口出生率都在加速下降，2020 年出生人口 1200 万，创下四十年历史最低，并直接"催生"出 2021 年的三孩政策，但毕竟政策目标人群的基数就很有限，二孩已不多，又何来三孩？难怪当下社会对开放三胎的整体效果普遍存在质疑，呼吁全面放开的呼声越来越大。而在人口格局的宏观思考之外，又是哪些动因和力量可以促动这些受政策影响的少数育龄女性（愿意）生育二孩，甚至更多？

## 政策鼓励谁多生？

计划生育政策的历史表明，生于 1970 年代后半期到 1980 年代前半期的这代中国人，包括本书的两位作者，作为独生子女，是最为典型的、在计划生育政策影响下出生的一代人，也是被计划生育政策塑造其生育观念的一代人。如今来看，她们是空前绝后的一代人。

然而，标准的独生子女——"家中唯一的孩子"为何又是少数群体？实际上，考虑到独生子女政策在农村家庭推行的切实困难，国家早在 1984 年就对计划生育政策灵活地做出了部分调整，在农村地区推行"一孩半"政策，即生育的第一个孩子是女孩的农村家庭，可以生第二个孩子。同时规定各级地方政府可以依据实际情况制定适合本地区的计生政策。因此，尽管 1990 年以后，我国执行了更加严格的计划生育政策，并于 2001 年通过了《人口与计划生育法》，但从地方到中央，政策实则一直是有松动的。除了各地不同强度的超生罚款（后更名为"社会抚养费"）规定，早在新世纪初零星的双独二孩政策（即夫妻双方都为独生子女可生育两个孩子）就开始出现了。2011 年，全国各地全面实施双独二孩；2013 年启动单独二孩；2016 年全面二孩政策落地，至此，独生子女政策彻底退出历史舞台；2021 年，中国社会迎来三孩政策时代。

回望政策历程，单独二孩和全面二孩政策影响的基本上是曾经必须严格执行一孩政策的城市正规就业、就业以公有制单位为主体的妇女；而更为广大的农村妇女、非正规就业女性或非公有制单位就业女性，本身就未受到严格的独生子女政策约束，她们一直都有一定的生育二孩空间。而恰恰是符合城市人口、相对来说受过较为良好的教育、公有制单位和体面就业这几个标签下的育龄女性，二孩政策放开前，"超生"二胎对她们来讲意味着巨大代价。二孩政策放开后，她们就是政府鼓励增加生育、提升人口质量的政策目标人群。

地处东部沿海超一线大城市，我们的研究就是从这样一批当代都市二孩妈妈开始的。


## 典型都市二孩妈妈什么样？

午休时间，抿了一口国内中产热衷的星巴克咖啡后，陈菁蓉悠闲地来了一句："我就是典型啊。"

出生于 1980 年的菁蓉是上海某市级机关资深主任科员。第一次访谈她时，她的两个孩子，大的 8 岁，小的 2 岁半。一个刚上小学，她已经开启了鸡娃之路；另一个还没上幼儿园，正处于难带的时候，每天出门前和到家后，菁蓉都紧张得像打仗，只有中午休息时间是她难得的个人时间。菁蓉很乐意来单位附近这家顾客络绎不绝的星巴克坐坐，一方面，喧闹人声让人找到在上海寸土寸金昂贵地段上班的存在感，这是在办公室一个个小隔间内的压抑气氛下几乎被遗忘的；另一方面，每天精心打造出的神采奕奕的装束和妆容，只有在人多的场合似乎才没有浪费。

虽然菁蓉和丈夫都出自独生子女家庭，早在双独二孩时代，他们就享有生二孩的资格，但菁蓉生第一个孩子时已经 29 岁。时年，上海女性的平均初育年龄在 26 岁左右，近十年过去了，这个时间点推迟到 30.29 岁。[36] 如果说她生第一个孩子时已经心智成熟，并且在经济上和心理上都有着比大多数人更为充分的准备，那么生二孩更是一个经过深思熟虑的决定。在菁蓉看来，"买奢侈品不如养小孩有意义"，一个孩子健康、成人、成才，一路上风险不小。从经济学的角度来说，也是生两个比较好，鸡蛋不能都放在一个篮子里。根据她的观察，她了解到身边的女公务员，选择生二孩的比例在 10% 左右，相对较低。她认为不愿意生的，主要是怕苦、怕累、矫情、不能干。

菁蓉的认知，和我们的研究发现以及统计数据提供的信息，既有一致也有不同。一致的地方是，逐渐放开的二孩政策效果始终远远低于预期。2020 年全国出生率仅为 8.52‰，跌破 1%，总人口数首次出现负增长。但与此同时，作为主力生育人群的80后，生二孩的意愿是最高的，可以说该生、能生二孩的，已经都生了。生育率数据持续下滑，是由于应该接棒的90后推迟婚育，甚至造成了一孩的出生率低于二孩。而二孩政策效果不彰，则是政策期待的生育人群——城市职业女性——响应程度太低。

与菁蓉所见不太相符的则是，绝对数据上二孩生育率并不高的女公务员，已经在相对层面上居于多数，其他各行各业女性的二孩生育率更低。在招募访谈对象时，我们最容易找到的二孩妈妈就是女公务员，以至于考虑到职业特性的多样性，我们不得不有意识地去寻找其他行业的二孩妈妈。而最终获得的样本群，有着明显的共性，那就是她们大都从事着一份世俗眼光下十分体面的工作。

或许在陈菁蓉这样的女性看来，典型都市二孩妈妈是如她一般的新时代职场母亲——既能干，又肯干，一手抓工作，一手抓孩子们，即使疲于应付，也要努力趋近拥有一切。而经过对数十位二孩妈妈的调研，我们认为当代都市二孩妈妈的典型性，在于她们作为中产阶层所拥有的社会资本和文化资本。通过这一由法国社会学家皮埃尔·布迪厄创立的文化再生产概念，我们可以看到二孩妈妈们借助不同场域下资本形式的转化，在生育这项核心活动中所具有的权力和相应需要承担的责任。

## 工作，安稳体面

除了陈菁蓉这样的女公务员，我们访谈过的都市二孩妈妈还有医生、事业单位行政干部、大学老师、国企中层干部、科研机构的研究人员，或是外企高管、自行创业者和在读的博士等。从职业类别来看，体制内居多，体制外的则大多已上升到管理层，职位体面且稳定。

对陈菁蓉来说，考入公职部门，成为国家公务员是一件顺理成章的事。从小在军区大院长大，环境单纯、家境优渥，父亲是军区干部，母亲在银行工作，作为家中唯一的掌上明珠，菁蓉的起点算得上赢得一手好牌。不过她大学考得一般，去了南京某"211"大学的一个冷门专业。一般人看来，能够考上"211"大学，足够光耀门楣，但在名校云集、高等教育资源丰厚的六朝古都南京，这个结果只能算差强人意。好的一面是，菁蓉在相对于她的才智略显"低配"的大学里很是出挑，一路担任学生干部，成为学生党员，在大学这个从学生向社会人孵化的培养皿中获得了十足的自信心和进取心。本科毕业时，她已经考上当地军校的研究生，但家人商量许久，认为她进入军队系统后未来还是会面临退伍转业的选择，到那时她父亲已经退休，帮不上忙，倒不如现在能找到好工作的话就直接工作。什么才是好工作呢？她爸妈的意见很一致：进体制，找一个稳定的岗位。她顺利考上了上海市级机关某部门。在江苏人心目中，去往上海发展是一个光鲜的职业方向。

十几年前上海的公务员待遇是有竞争力的。以房价为代表，整个城市一派蓬勃之姿，各行业收入上升很快。但随着社会管理机制的完善和细化，公务员的隐性福利收入减少，同时房价却僵持在高位，导致公务员的相对收入水平不升反降。2015年多家媒体关注到公务员离职现象，相关报道包括:《公务员辞职调查，一线城市厅官离职频现》(21世纪经济报道，2015年8月5日),《上海半年内多名厅官离职，公务员下海潮来临?》(中国青年报，2015年7月28日),《为何离职公务员受到如此青睐?》(检察日报，2015年4月28日),《警惕离职公务员手中"人脉"成"腐脉"》(新华每日电讯，2015年4月27日)等。第一次访谈陈菁蓉是在2017年9月，她告诉我们，目前的工作环境中，女性比男性多，因男性中年、中层公务员眼看该职业发展前景不佳，已经离开公务员的队伍，当然这也因为他们有更好的去向;尽管如此，该工作环境中的氛围仍然是去性别化的，而公务员的工资待遇则越来越缺乏竞争力。

　　菁蓉没动过离职的念头，她想升职、提级，希望能够"向前一步"。如今公务员很可能是职位最稳定的工作了，业内流行一句话:"只要不想当领导，谁都不能领导你。"菁蓉生两个孩子时，都休了六个月产假，比法定产假多出两个月。她的孩子们上的机关全托幼儿园也是公务员的行业福利。然而，这行业性特征的另一面，就是上升空间的可控性不在自己手里，机关里能人太多，机遇需要天时地利，而在这样传统氛围浓郁的单位里，女性的发展终究还是更困难些。根据2012年11月15日由上海市妇女学学会、上海女性人才研究中心和上海第二工业大学联合举办的"创意·创新·创业——上海女性人才发展研讨会"上披露的数据，2010年上海市公务员中女性占 1/4，其中正局级干部占 12.8%，正处级干部占 16.7%，而当年全市新录用的公务员中女性比例已达到 50.9%。在一个部门的多个岗位都转悠过的菁蓉，直到 40 岁出头才终于争取到一个"下基层"的机会——去上海郊区某乡镇担任两年的驻村指导员，为职业履历完善做最后冲刺。考虑到性别和年龄因素，留给她折腾的空间已经不多了。

山东姑娘方晶琳生长在多子女家庭，妹妹小她 5 岁，弟弟小她 7 岁。代际上，80 后的她和 90 后的妹妹弟弟像差着一代；实际上，她作为长女帮了父母不少忙，记忆中弟弟就是她抱在手里带出去玩。这种原生家庭背景让晶琳自然地认为，一个家庭应该不只有一个孩子，并且陪伴、照料弟妹的经历也让她对教育学产生了兴趣。本科毕业后，她到上海读教育学研究生，之后在一所高校担任辅导员，享受事业单位行政人员编制。她的工作环境，同事学历层次高，并且还有寒暑假。虽然收入一般，但已足够令普通上班族女性羡慕了。然而，晶琳婚后生了第一个孩子后，这份工作的弊端开始暴露出来。休足产前产后假在大学里不是问题，只是开始上班后，学生活动经常安排在晚上；并且关心大学生思想、心理、安全等方面的任务也越来越重，令晶琳感到工作强度太大，难以兼顾好家庭和孩子。因此，她跳槽到离家很近的一家教育科研机构，身份转变为事业单位科研人员，上下班时间非常规律，工作任务通常都需要一段时间的积累且有着固定周期，直接压力比辅导员小得多。两年后，她决定生二胎。对此，双方父母不发表意见，而作为独生子的丈夫不太理解但也没反对。二孩出生后家中人手严重短缺，已经 33 岁的她明显感到精力不济、情绪不稳，生活一度陷入混乱。

进入职场十年，方晶琳的两份工作都符合稳定、体面的标签，但逐渐清晰的职业生涯方向，似乎都在为她的二孩妈妈理想做铺垫。她特别满意现在工作的一个原因，是单位属于教育研究行业，身边同事不仅是专业研究者，而且出于职业性质也都十分重视子女的教育。她认为，这样的氛围对教育好自己的孩子们是非常有利的。尽管近年来博士已经成为单位人员的主体，工作上有继续提高学历的压力，但在目前两个孩子都还小的情况下，她根本无暇考虑此事。看到两个孩子在一块互相陪伴，习惯了他们手足之间的共生关系，她还挺欣慰的。例如，6 岁的老大放学路上要买牛奶喝，会自然而然地提出买两个，他也不说另一瓶是给弟弟的，大家心照不宣。


## 娘家，出钱出力


原生家庭在都市职业母亲的二孩养育经历里扮演着特别重要的角色。

2018 年 10 月 18 日，新华网发表文章《"隔代抚养"新焦虑：姥姥带娃成"主力"，奶奶去哪了？》，该文指出，进入二孩时代，城市家庭中盛行姥姥带孩子的现象。[37] 其实在上海这样的都市，女方父母帮忙、支持小家庭带孩子早已是主流模式。在上海，姥姥的称谓是外婆，民间流行的段子是："妈妈生，外婆养，丈夫回家就上网，爷爷奶奶来欣赏。"

陈菁蓉的父亲是军队退休干部，养老待遇高，在上海配有宽敞的福利房。结婚和生老大橙子时，菁蓉的小家庭就和父母住在一起。她的丈夫是她在上海工作后别人介绍的老乡，经营着一家化工制品货代公司。菁蓉一直认为，结婚的时候没要求丈夫买婚房，相当于她给对方创业提供的第一桶金。菁蓉的父母没养过男孩，女儿生了个外孙，老人比小夫妻还高兴。而且橙子是个能吃能长、好养好带的孩子，外公外婆越看越完美，越带越喜欢。

随着孩子渐渐长大，菁蓉和父母在教育理念上的差异逐渐显现。第一次做母亲，菁蓉有想法，也有要求，她本就是个自我要求高的人，工作后还在职进修了研究生学历，对教育自己的孩子越来越有主见。所谓"老大照书养，老二照猪养"，菁蓉现在觉得很有道理，但当时就是忍不住处处高标准、严要求。可是做过领导的外公外婆也有权威风范，女儿一讲孩子哪儿有问题，老两口立即跳出来跟女儿吵；女儿问外孙日常学了、做了什么，外公都会抢着帮孩子回答。在这个祖孙三代的家庭里，菁蓉作为母亲的权威很难树立。

"大女主"脾气渐长的菁蓉，下决心改变现状。一个是为了和父母分开，装修了本打算用于投资的、地处浦东郊区的 200 平方米联排别墅，小家庭搬过去，日常生活、育儿都自己来，哪怕为此每天进城上班需驱车 30 公里。另一个是看上了另一项行业福利：孩子可以送市级机关下设的全托幼儿园，这样一来，就完全不需要依靠父母了。橙子在全托幼儿园里适应得很好，那段时间丈夫的公司也经营得不错，菁蓉感到生活平稳、顺利，对未来抱有希望，并且别墅的空间宽裕，菁蓉计划再次怀孕，扩大家庭规模。另外，她认为行业福利也应该用足，包括产假、稳定岗位和全托幼儿园。

没想到的是，二宝出生后体弱、难带，三天两头跑医院。在婆婆过来帮忙带到 3 岁后，菁蓉虽万般不舍，还是送二子（二宝的小名）去了机关下设的全托幼儿园。丈夫经营的化工制品货代公司受 2015 年天津滨海港口危化品爆炸事故影响，陷入困境，家庭经济状况大受影响。2020 年夏天，橙子即将小升初，二子也面临幼升小的问题，菁蓉掂量着，如今即使一般中层干部也搞不定孩子入学，学区房对二孩家庭是刚需。时值上海学区房形势风云变幻之前，她掏空股票市场的投资收益，并背上一百余万元的贷款，大部分资金还是来自亲爹妈的资助，最终"豪掷"五百多万购入中心城区 38 平方米的学区房，两个孩子读书的这块石头才算放下。

方晶琳老家在农村，父母都是农民，在经济上并不能提供什么支持。听她说她的祖辈往上数也算知识分子，她的爷爷做过老师，但出身于大地主家庭，在混乱年代饱受折磨。她听爷爷说过，整个家族比较大，在那个年代，家里很多人被活埋或是死在监狱里。她的父辈被剥夺了受教育的资格，最大的遗憾就是读书没读够。与网友调侃的逢年过节最怕的就是被亲戚们围绕催婚、收入、前途等问题发出的"灵魂拷问"不同，在晶琳家里，大家聊的都是跟学业有关的话题：

从小到大，家里所有人都在一起，我们的家庭大聚会的时候都会问你（在）哪里发展，什么学校，什么工作，就潜移默化的。所以基本上到我这一辈，我们家（族）里人所有的孩子基本上都是在外面，都是通过读书出来的。

从小，晶琳的父母就鼓励和支持孩子们多读书。如今晶琳的妹妹和弟弟也都通过读书升学，在上海就业生活。生了老大后，母亲来帮忙带孩子，晶琳感到老人很辛苦，加之自己每天要跑到郊区的大学上班，太远了，她才想办法换工作到家附近。晶琳想生二孩，理想的状态是老大长大到可以轻松放手些，再来计划二胎。但晶琳已接近高龄产妇的年龄，母亲也快 60 岁了，时间不容她多纠结，老大 4 岁时她生了老二，又是个男孩。公婆和父亲都不适应上海的生活，不能久待，而丈夫在这个节骨眼又被外派到海外工作。只有母亲，从不叫苦喊累地陪着她和孩子们。现在家里请了全职阿姨，晶琳回家用不着做什么家务，但她还是感觉到了二孩带来的育儿时间、精力上的投入成倍增加。日常生活中，她的压力很大，就害怕有环节掉链子，影响家庭顺利运转。所谓掉链子，包括但不限于阿姨要回老家或是阿姨和母亲起了矛盾。

在我们第一批访谈的职场二孩妈妈中，40% 和女方家人住在一起，25% 和男方家人同住，15% 两边老人轮流上岗带娃，其余则依靠住家保姆。同时，她们本身是独生女的占比 55%。可以说，原生家庭的意义对于这批 75—85 后女性来讲一直都很重要，因为她们生活在一个家庭性别观念转变、认真对待和重视培养女孩的时代，许多女性成年前就得到家庭的有力投资，父母的重视也帮助她们形成自信、敢于追求梦想的积极型人格。而来自父母的支持和帮助，往往会延续到她们结婚生子的人生新阶段。几乎所有的二孩妈妈在生育决策中都有明确的主体性，大都较早（早于发现怀上第二个孩子时）就产生了"一个家庭有两个孩子比较理想"的想法，但很有意思的是，不少妈妈的二孩决策会与母亲商量讨论，在得到母亲的支持后，才会着手实施。

颜文婷在一所高校的党委办公室任职。她和丈夫都是上海本地郊县人，订婚的时候，男方父母提到他们没能力提供房子，文婷母亲就说，要不就按照当地的习俗：生的第一个孩子，如果是男孩就随女方姓，第二个孩子随男方姓；如果生的是女孩，第一个就随男方姓，第二个孩子都随女方姓。文婷说："这个做法不叫'招女婿'，现在南方农村在淡化'招女婿'的概念。我们青浦流行'两家并一家'。"后来，小两口自己买了房子，也顺其自然地生了大宝，因为是儿子，所以就随妈妈姓。她丈夫在大宝出生后考虑到经济上有压力，生活可能没有这么轻松了，所以并不是很想生二宝，也无所谓孩子跟谁姓。但因为恐惧"失独"，文婷动了生二胎的念头，她觉得最主要是得到了母亲的支持。她母亲愿意带孩子，喜欢孩子，并且从来没有抱怨过。如果她母亲不愿意带的话，她是不会生二胎的。她丈夫的父母还一直在老家打工，在育儿方面帮不上忙。虽然订婚时说好跟谁家姓就谁家来带，但实际上做不到，她也不想让两个孩子分开在两个家庭生活。

## 娃爸，存在感有点弱

这批都市职场二孩妈妈的另一个特点是总体学历水平高。超过半数家庭中，妻子的最高学历高于丈夫，其中不乏工作后、结婚后，甚至生育后再去攻读研究生学历的。在被访者家庭中，只有10%的丈夫学历高于妻子。不过谈到对家庭的经济贡献，劳动收入的结构性性别差距在她们身上也有所体现。除少数高薪者外，大多数属于工薪阶层的高学历女性里，近一半的人其配偶收入高于其本人，有的甚至高达数十倍。

BOSS直聘研究院自2016年起每年发布《中国职场性别薪酬差异报告》。数年来，中国城镇就业女性的薪酬水平始终在男性的80%左右，以70%的区间为主，从未突破85%。调查显示，教育是唯一帮助女性缩小薪酬差异的特征指标，每多读一年书，女性平均薪酬可提高5.1%。[38] 或许这也可以解释，为什么都市中的职业女性会有比较强的在职学习动力。

这样一种经济、社会地位关系影响到家庭地位关系，表现在都市二孩家庭中，孩子的父亲似乎除了多赚点钱，其他方面的存在感都不太强，学历高、能力强、有追求的孩子母亲才是"里里外外一把手"。

何悦研究生毕业时考上了村镇政府部门，生好两个孩子后，主动参加选调，进入区政府的核心部门，工作忙了不少，但从事建筑设计工作的丈夫还是辛苦得多，出差非常频繁，不出差的时候也酒局不断，平常晚上能8点到家就不错了。两边老人承担了白天所有的照料工作，何悦下班后的常态就是"一拖二"：一个人带两个孩子。她表示：

> 家里的事，都是我说了算。因为我丈夫实在是没有时间去管家里，所以显得是我大权在握一样，但是他是因为实在没时间。下班回家跟孩子们一块，我像老大，他俩是老二、老三，我带着他们玩，小伙伴一样。带一个孩子时没法这样玩，只能大人跟着孩子转。就算周末，丈夫也带得不多，（这可能是他）性格原因吧，就是跟孩子待在一起，他不会说想着家里面得干什么事。
>
> 买学区房这事，是我跟我妈一起看、一起决策的。我想两个孩子嘛，买一套学区房是很划算的。这件事我丈夫既没出钱，也没出力。

我们的研究发现，学区房是二孩家庭的"刚需"。陈菁蓉买学区房的过程简直称得上戏剧性。房子在市中心的黄金地段，是1990年的住房，位于高层，装修也不错。原来的住户是一对老夫妻，因为心脏不好爬不动高楼而出售房子。同时边上还有另一户买家，这家儿媳妇在该小区附近的医院工作，看中小区位置方便。中介一个个电话来催，菁蓉根本来不及多想。她谈道：

> 买房子是一直都有规划的，肯定要买（学区）房的。8月份他（丈夫）赚了一点钱，然后我就开始到中介那里说要买房

子，因为一直在看，看了很多，一直说买不起。然后到了8月份，正好这套房子空出来，我股票也赚了钱。那天我记得非常清楚，是暑假我带着娃在外面玩时，中介打电话给我，他说你快来，有一套房子出来了。我说我带着两个娃，要不先把娃送回家再来。中介说不行，来不及的，已经有人在等着了。我就打电话给我丈夫，说现在有这么一个情况，他说你去看好了。我说你来吗？他说："我在上课，我来不了，你定吧。"因为说实话，就这种价位没什么挑的，你够钱就可以了，而且我们一定要买带房产证的，不会买那种什么八平方米挂户口，我还是要能住一住的。我丈夫就是这个脾气，他不是很纠结的那种。然后我就带着两个娃，还没吃中饭，当时就让两个娃在旁边超市里买点面包，我就坐在那里谈。谈下来，签完合同以后，我给我丈夫打电话说我一分钱都还不下来，他说那买到就可以了。当场付了20万定金。房子我们都没去看过，我就看了一下视频，也发给我丈夫看。

大到买房决策，小到衣食住行，以及孩子们入托入学、与老师打交道、管孩子的作业、学业、兴趣班，基本上都是妈妈们在操心。上海有"老婆管钱"的地方文化传统，而一个家庭的日常运转，哪件事又和钱无关！看起来大权在握的女主人实际上也承担了主要的家庭事务责任，这同时是一种消耗巨大心力的情感劳动。

和二孩妈妈们交流时，我们常会忍不住慨叹一句"你可真是既主内，又内外！"，这是句在我们女性主义视角下看来颇为"政治不正确"的描述，因为它暗含的前提就是约定俗成、不言自明的异性恋家庭的两性分工格局：男主外，女主内。美国著名社会学家阿莉·拉塞尔·霍克希尔德的家庭社会学名著《职场妈妈不下班》中写道，职场妈妈被塑造成一手抱着孩子，一手挎着手提包的完美女性，其背后含义是她需要承担工作场所和家庭生活中的两份工作才能实现平衡，比起男性或未婚育的女性，她每年至少须多付出一个月的无偿劳动。[39] 随着教育理念和育儿文化的发展，今天的多孩养育方式早就不再是"多生一个多添双筷子"的粗放模式，每个受访妈妈都承认，生育二孩后自己在时间、金钱和精力上增加的投入，远远不止翻倍，而是翻了很多倍。与此同时，丈夫的变化并不太大，在工作和家庭中的时间、精力分配也和一孩时代差不多，能够不出轨、多赚钱，扮演好家庭经济支柱角色，就是二孩妈妈眼里的合格丈夫。这和近来在西方国家出现的现象——由于配偶参与度的增加，女性的生育意愿有所提升——有着非常大的差别。

## 日子，累且快乐着

如果当初大儿子橙子像弟弟二子那么体弱多病，菁蓉是既不舍得，也不放心送娃上全托幼儿园的。但二子生来就不是家中唯一，对他的安排要考虑橙子的感受，他是很喜欢弟弟，可一碗水端平也是二孩家庭的必选项。而且和大多数家庭中的二孩一样，稍大点后，二子就显露出情绪能力强、善于表达、情感丰富的特点。甜言蜜语哄逗全家人（主要是老母亲）开心不在话下，对必须住在幼儿园里这件事，他也竭尽所能地表达出抗拒之情。之前橙子上的是系统内最好的全托幼儿园，要选拔，选的是不吵不闹、适应力强的孩子。幼儿园活动多、展示多，要求孩子们学很多东西，经常参加表演。爱哭的二子没考上哥哥的"母园"，去了次一级的幼儿园，还是整整哭了一个学期。每周一早上送进园时，都是一番涕泪交加大战，边哭边念叨："妈妈我怕黑""妈妈我晚上害怕""想妈妈""想吃妈妈做的饭"……每每令菁蓉心酸不已：

> 他很会讲，他比老大会表达自己。所以我就特别难受，弄得人心情很差。那段时间也曾经想过是不是要辞职。我经常送完他以后，要在车里哭完一场才能上班。但是我还是坚持送了三年。

如今得益于学区房的优势，二子升上了哥哥读过的公立好小学。菁蓉回过神来才注意到，刚刚进入青春期的橙子猛然拔高了一大截，性格也变叛逆了，即便休息日再想带孩子们出去玩，橙子都是一副"敬谢不敏"的臭脸。作为11岁的孩子，橙子已经两次和妈妈吵架后离家出走，第一次在地铁站里坐了一晚上，第二次学聪明了，自己乘地铁去外公外婆家。菁蓉只觉又好气又好笑，不过高壮的大男孩在都市里遭遇风险的概率极低，夫妻俩也不着急，认为"碰到问题让他自己想办法解决，早点接受生活的毒打，不是坏事"。

丈夫的化工制品货代公司不景气，又因为他有体育专长，所以就去注册了一个运动培训公司。赶上"双减"政策打击学科培训，倒给体育培训带来了"风口"。只是这样一来，他越发成天忙工作：周一到周四做原公司的业务，周五到周日忙新公司的培训业务，在家也是微信和 QQ 信息不断，两人几乎没有二人世界的相处时光。第一次与菁蓉见面，我问她丈夫做什么家务，她的回答是他周末会做两顿饭。不过看她的朋友圈，周末至少会在外玩一天，都是她带着两个孩子，孩子父亲不参加。疫情前的寒暑假，她也会千方百计、或远或近地带孩子们出门旅游一趟。这里面有她自己就爱玩的缘故，也有丈夫不感兴趣的缘故，但丈夫以前有空的时候会自己出去钓一整天鱼，开了两家公司后，这点小爱好也变得难得了。2021年 9 月第二次见到菁蓉，对同样的问题，她这次的回答是，晚上洗衣机洗好衣服，他管晾衣服。"因为我要早上 6 点起来做早饭的，临睡前不能动作太大，很容易失眠睡不好。他睡得比我晚，他就把衣服给晾了。"夫妇两人长期分房分床，早已完全没有性行为，没有卿卿我我，没有身体接触。我们对此很诧异：这不会影响亲密关系吗？而对我们的诧异，菁蓉显得不以为然：

沟通？有事情微信说啊。

夫妻生活？都太累了，没有那个兴致，没有欲望。

自慰？会啊，到这个年纪了，哪些方式让你最舒服，自己都知道。找他？大家都很累。

夫妻关系？我们现在是无限责任合伙公司，不可能拆伙的，没有任何其他想法，关系非常稳固。

和二孩有关吗？有啊，多太多事了，每天都很累，吵架的力气都没有。二孩家庭很多都这样，很正常。我有个同事也是二孩妈妈，其实她已经很辛苦了，晚上要辅导两个孩子读书，你知道我们中午可以休息的，她中午从来不休息，别人在休息，她在打电脑写文章。然后就是她希望下班后能够不加班，但是这也很难升（职）。我俩关系很好，有的时候我俩忙起来会说：不行了。我说我今天真炸了，晚上要赶紧睡觉。她说我忙到现在我得赶紧去喝一杯啤酒，要不然我就睡不着。我特别理解她，她在家干活也是主力，她找的丈夫是东北人，比我丈夫还要不会做事。

将配偶视为承担无限责任的合伙人，二孩妈妈菁蓉并不认为这代表了夫妻间的情深义重。关于二孩影响双方关系的表现，她说得最多的是："二孩使夫妻吵架变少了，因为没时间、没力气，也没必要。"如果说只有一个孩子，两人过不下去还有分开的可能，那么二孩让离婚这个选择彻底不存在了。但夫妻间怎么会不吵架，吵架时或是吵架后，菁蓉经常会想对儿子们说，哪一天她要是死了，就把她的骨灰撒到海里，她不要和他们爸爸在一个墓里。

夫妻之间没有二人世界几乎是每个二胎家庭的常规状态。除了菁蓉，即使像方晶琳这样喜欢孩子，也自以为富有育儿经验的二孩妈妈，还是低估了二孩带来的挑战：

一直要到生二胎前后，才开始觉得这件事可能不是我们想象中那么简单，不像看到别人家生出来那么和谐。因为有很多实实在在的事情摆在这里，又要照顾老大，又要照顾老二……我后来反省，那段时间我丈夫的公司快解散了，他的压力其实是很大的。我呢，生二孩的时候已经年纪偏大了，三十三岁就觉得自己精力跟不上，感觉产后也是有点抑郁的。

现在基本上不可能有二人世界，这个事情我觉得必须承认，也要接受。有两个孩子之后不是老大就是老二，二人世界是不太可能了，但是慢慢地接受了我们就是以家庭中的角色来出现。

所以，生二孩还是要理性。不能随大流，人家生二胎你也生二胎，我觉得真是大忌。生出来以后鸡飞狗跳，没有人帮你带，或者说你的工作不允许，或者说经济方面的支持不够，都是需要考虑清楚的。


二孩出生后，晶琳的丈夫换了公司，不久后被外派到新加坡工作。经过一段时间的反思和调整，晶琳的状态也渐渐改善，对丈夫的态度宽容了很多，对孩子的教育理念也淡定了很多。她把这种改变称为"纠偏"，认为如果没有生二孩，可能不会发现自己身上的问题。而与丈夫的两国分居，反而加深了彼此间的纽带，两人都觉得家庭很重要。如今晶琳就盼着丈夫早点回来。

## 写在结尾

高于大众水平的社会资本，赋予了这些都市二孩妈妈们资源、特权和信心，去追求二孩、家庭与职业的平衡。表面上，她们的生活似乎鲜有跌宕起伏的经历或曲折离奇的情节。这可能是因为她们有较强的人生规划能力，机智或幸运地避开了女性成长道路上各种各样的坑。当然，也可能只是因为好强、要面子，有苦也不说。但我们还是可以看出，在今天这个强调密集化育儿、放大母职，却未充分建立养育支持的时代下，二孩妈妈之路，有着诸多不易。

# 第二节　三孩家庭

## 三孩妈妈，三种形态

2021年6月，中共中央、国务院联合发布了《关于优化生育政策促进人口长期均衡发展的决定》，实施一对夫妻可以生育三个子女的政策。前文提到的网络讨论中，把孩子比作劳斯莱斯，暗示孩子在当今社会属于奢侈品，反映了生育需要强大的经济支撑。此外，该讨论还透露出生不生三孩和是否有限制生育的政策关系不大。换言之，如果有足够经济实力，可以随便生。这一点确实符合我们的观察，在我们的被访者中有三位三孩妈妈，虽然看上去她们的三孩生育行为与时俱进，符合国家的号召，但其决策都与全面三孩政策的放开无关。

在全面二孩政策出台后的2017年，我国一孩出生占比达42%，二孩出生占比达51%。[40] 在三孩政策出台后，2022年出生人口956万人，其中一孩占比达46.1%，二孩占比达38.9%，三孩及以上占比达15.0%。[41] 虽然生育三孩的比例近年来有所上升，但占总出生人口的比例较小。目前有关三孩家庭的数据有限，尚无法形成对三孩家庭的全面画像。尽管如此，我们可以推测，生育三孩需要较强的经济实力，并且生育三孩的家庭很有可能存在男孩偏好。基于 2020 年第七次人口普查的数据，我国一孩出生人口性别比为113.17，二孩出生人口性别比为 106.78，三孩出生人口性别比为132.93。[42] 虽然三孩的出生人口性别比与 2000 年的 160.3 相比有所回落，但还是能体现出明显的男孩偏好。[43]

为"追男孩"而生三孩具有典型性，但上海的被访者家庭中没有因为单纯的男孩偏好而选择生三个孩子的情况。三孩妈妈被访者中，谷燕是出生于上海知青家庭的独生女，生三孩是因为第二胎是双胞胎；林夕出生于湖南城市的多子女家庭，嫁给上海富商。虽然富商有男孩偏好，但夫妻双方同时又偏好多生多育，所以婚前就对生三个孩子达成了一致。于是我们把目光投向了江西，找到了单纯为了"追男孩"而生三胎的案例——出生于南昌农村家庭的张乐，不生到男孩不罢休。这三个家庭的经济状况都较好，这也符合我们对于城市三孩家庭的想象。接下来，我们会逐次探讨这三位母亲的生育经历、职场经历以及家庭互动。

## 上海中产三孩家庭

谷燕是独生女，1984 年出生于无锡。她的父亲是上海知青，早年去江苏插队落户，又在那里结婚生女。谷燕拥有研究生学历，毕业于上海某一本院校的文科专业。她研究生毕业后便进入了教育培训行业，在同一家公司一做就是十几年，目前职位是总监级别。谷燕二胎意外怀了双胞胎，因此两胎就生了三孩。她的教育水平、收入和职业轨迹和我们的二孩妈妈被访者相似，但在某些方面和另外两位三孩妈妈有明显区别。

2007年，谷燕开始读研，之后经人介绍认识了比她大五岁的丈夫。2008年，两人结婚，并买了一套两室的婚房。2010年，谷燕生孩子、毕业，然后就业，她的人生按部就班，顺风顺水。在那个年代的女研究生中，拥有稳定男友并选择在读研的时候结婚是很自然的现象。她表示："因为当时读研究生的时候，我就给自己设定好了，我要在研究生毕业的时候就把婚结了，孩子生好。比如说要到2010年毕业了，我再去找工作，然后人家会担心你结了婚马上要生孩子了，对吧？会有很多顾虑，所以我想读书期间也不是很忙，我就觉得这是可以同步进行的。"

女儿出生后主要由谷燕的母亲在照料，夫妻两人很少做家务。谷燕丈夫出生于多子女家庭，他父母在帮他弟弟带孩子，无暇顾及这对小夫妻。在全面二孩政策放开后没多久，正在读幼儿园的女儿表示不少同学的家长都生了二孩，她也希望自己能有个妹妹或者弟弟。谷燕同丈夫以及自己母亲沟通之后，他们都支持家里再有一个小孩。在决定怀二孩之后，他们在2015年置换了一套三房的学区房，既可以满足女儿的入学需求，也可以让未来的二宝享受好的教育资源。她回忆起刚怀孕时去医院做检查的情形：

当时怀孕时去做 B 超，医生跟我说：你先别走，你等会要把这个报告拿给医生看。我就有点被吓到了，我在想我是有什么问题吗。医生说我是双胞胎。其实当时我也有一些顾虑的，因为双胞胎如果生两个儿子是不是也很烦，对吧？如果你生两个女儿也不好，是吧？因为我丈夫是福建人，福建人总归还是有点重男轻女的思想的。

谷燕在怀孕四个月时得知怀的是一对龙凤胎。虽然她表示"如果两个都是女儿，或者两个都是儿子的情况肯定也会要的"，但龙凤胎仍然是最好的结果。谷燕表示因为怀的是双胞胎，"生孩子的过程太曲折，太痛苦了"。在怀孕六七个月时，医生说有一个胚胎羊水过多，建议减胎。她又去其他医院看专家门诊，医生认为无需减胎，她这才松口气。

随着胎儿越来越大，排尿和睡觉等日常行为开始变得异常困难和痛苦。从怀孕七八个月开始，由于胎儿太大，堵住了她的尿管，她无法正常排尿。"当时的感受是很痛苦的，很想上厕所，但是上不出来，就这种感觉，后来半夜里到医院里面，然后就给我插导尿管什么的，插了一个星期。"谷燕的尿道在这次恢复之后又堵过一次，她说怀孕严重影响了她的日常生活。

随着肚子越来越大，睡觉对于谷燕来说也变成一桩痛苦的事：

如果躺下来就不能呼吸，你想想看，一个十几斤重的东西压在你肚子上，根本就呼吸不了，睡觉特别痛苦。所以我到最后的阶段，每天晚上先坐在沙发上，因为你只有坐在沙发上那一刻是最舒服的。然后熬到12点多实在很困了，就是先平躺着睡一会儿，一会儿压得难受了，你就侧过来；过一会儿，因为整个的重量是压在你一条腿上的，腿会麻，麻了以后你就再换。那个时候还要经常上厕所，一夜要起来好几次，反正几乎睡不了。

怀孕八个多月时谷燕仍坚持上班，在公司楼下走台阶时还摔了一跤，幸好没事。当问及为何还要坚持上班时，她表示：

> 因为白天你走动，你跟人讲话，你觉得时间很快就过去了；可到了晚上好难熬，睡觉又不太能睡。所以我宁愿去上班，你会觉得一天很快就过去了，你待在家里就觉得太无聊了，没事情做。

谷燕好不容易盼到剖腹产手术，顺利"卸货"。但在剖腹产手术之后，"整个人很虚弱，拿筷子都没力气，也恢复了蛮久，可能两个月左右才稍微好一点"。

对于三个孩子，谷燕都坚持母乳喂养。当时她喂到老大大概六七个月的时候。而喂养双胞胎的过程异常辛苦——"喂好一个，又要开始喂另一个"，但她坚持喂到孩子十四个月。在孩子出生之后，由于晚上需要喂夜奶，于是她和阿姨带着两个婴儿睡一间，丈夫单独睡一间。在停止母乳喂养之后，两个孩子跟她母亲睡一间，老大自己睡一间。谷燕表示她之所以生二胎是"因为有一个能干的妈。要是没有妈妈的支撑，我不会生的……她因为心疼我，替我做了本应该要我做的事情，对吧？本来应该我自己做这些抚养孩子的所有的事情。"这句"替我做了本应该要我做的事情"反映了谷燕的性别意识，即认为育儿应该由母亲来承担。

在生完双胞胎之后，谷燕的母亲仍是带孩子的主力。但光凭她母亲一人照顾不了双胞胎，所以谷燕生好以后又请了月嫂，并在双胞胎满月后换成了育儿嫂，直到孩子两岁多，谷燕给双胞胎报了托管班，照顾压力减轻了很多。之后她把住家的育儿嫂换成了不住家的全职白班阿姨，以做家务为主。在访谈时得知，谷燕家老二和老三已读小学，老大在读初中。她母亲也已回江苏老家，家里的照护主力变成了全职阿姨。

作为无意中生了三个孩子的中产家庭，谷燕和我们另外两位有优越经济条件的三孩妈妈不同，谷燕家庭的经济条件不算非常宽裕。虽然家庭年收入过百万，但谷燕家庭在上海只有一套房。两人在得知二胎怀的是双胞胎之后，都感受到了经济压力，但他们表示顺其自然，只能努力工作。当问起未来的财产如何分配时，她表示目前没想那么多，但"应该还是会比较公平的，不会说男孩子就会多给一点，女孩子少给一点"。

谷燕丈夫在孩子出生后单独睡一间房，也无需夜起喂奶，只是有空时陪孩子玩乐。育儿的责任主要由谷燕承担。她通常早上7点起床忙孩子，把他们都送去学校后再吃早饭，大约8点半左右出发上班。如果晚上有课程或者活动，就八九点回家；没活动的话6点回家。她通常每周工作六天，休息一天。谷燕在工作上的表现获得了上司的肯定，在生完双胞胎之后的 2019 年晋升到总监。如果事业再想进阶，需要开拓外地业务，这涉及频繁出差。她认为自己现阶段还是需要以家庭为重，对升职加薪没有期待。但如果孩子都读了寄宿制高中，她还是希望自己事业上能够有所精进。她表示："人肯定是往上走的，肯定是希望自己的能力得到体现的。"

谷燕在工作场合不太会聊家庭和孩子，"一般人家不问我，我也不太会去说，我觉得没有必要"。虽然有三个孩子，但谷燕在日常生活中不会刻意凸显其母亲身份。她希望能在工作中保持专业性，也不喜欢单纯以母亲身份和其他妈妈们社交。虽然她加入了小区的妈妈群，但她觉得群里讨论用什么婴儿霜，小朋友打呼噜怎么办等话题很无聊。老大用下来的好的婴儿用品她会继续用，不会花太多时间去讨论母婴用品的使用与购买。但同时，谷燕很重视子女教育。大女儿从三岁开始学英文，之后还陆续学了钢琴、演讲、跳舞、画画。她表示大女儿"琴棋书画都会，有灵气"，大女儿现在在私立初中担任大队长；双胞胎弟弟妹妹上的是私立幼儿园，所以课外没有报太多兴趣班。她表示报兴趣班不会跟丈夫商量，就告诉他一声，他来付钱。

她希望子女小时候学业成绩中等偏上，在学历上至少要读到研究生。另外，她无法接受孩子不育不婚，也相信她的小孩不会这样。

谷燕自己是随母姓，她认为自己的父母在孩子姓氏方面"很开明"。在得知自己怀了双胞胎之后，她也跟丈夫流露过希望孩子随她姓的想法。但是她的丈夫出身于福建农村，"比较传统"，认为两个孩子姓氏不一样，别人会认为很奇怪。"然后我一听这话大概就知道了，对吧？肯定不太乐意，所以我想那就算了，也就不要讲了，你讲了不就是为了这个事情产生家庭矛盾嘛，不太好。"谷燕通过"不要讲了"这样的自我治理来规避家庭矛盾，把冠姓权让渡给了丈夫。虽然谷燕和她丈夫收入差不多，她娘家又是育儿的绝对主力，丈夫育儿投入很少，但丈夫还是得到了孩子的冠姓权。

谷燕认为在生了双胞胎之后，丈夫对于育儿的艰辛有所认识，因此会主动参与带孩子。但她后来又说到，丈夫在带孩子方面没有耐心，他想在女儿面前展示权威，但是女儿会嫌他烦，父女俩会因此起争执。她认为丈夫在跟孩子沟通方面有问题，因此她只能亲力亲为，这导致她没有自己的休闲时间。"我白天是在公司，晚上回家就是陪孩子，我唯一能有的时间就是十点以后的时间，因为小孩都睡了。"

谷燕和丈夫差不多在晚上十点以后能单独说上十句话，会交流谁来买菜、买什么菜，"就头一天你就告诉他我们第二天吃什么，然后他去买就可以了"——听上去，制定菜式还是她，丈夫只是负责购买。她表示，虽然希望丈夫能承担更多，但又觉得他和孩子的沟通能力不行，也就逐渐放弃了对他的期待，但随后她又表示他"是个蛮典型的丈夫"——家务做得少，周末会陪陪娃，休闲时间在家看手机，很少跟朋友聚会。她觉得她丈夫"也算还好"——不抽烟，不赌博，没有恶习。谷燕对丈夫的期待在我们的二孩妈妈被访者中很常见。不少妻子在生完孩子后期待自己丈夫有所改变，但发现事与愿违后，为了避免和丈夫的冲突，就降低了期待。"不抽烟不赌博就挺好的"——这样的要求看上去和没有受过多少教育的农村妇女对自己丈夫的要求相似。城市 70 后、80 后中产女性生育多孩的原因和丈夫在育儿中的投入程度无甚关联,这可能和她们成长的环境和年代有关。根据我们观察,生于 1970 与 1980 年代、在 2010 年前结婚的女性更可能会认同婚姻和生育是必须,更能忍受性别不平等的婚姻以及男主外、女既主内又主外的模式。

## 为"追男孩"而生三胎的江西经商家庭

基于第七次全国人口普查数据,江西省的三孩出生性别比高于全国平均,为 158.22。[44] 三孩的出生性别比中男女比例非常失衡。来自江西的被访者张乐具有一定代表性,她头两胎生的是女儿,为了生男孩才生的三胎。虽然张乐生于 1987 年,但她对于生男孩的执着和广东粤西部的吕小滢母亲洪女士那辈人如出一辙。只不过洪女士因经济资源有限且受到计划生育政策的限制,无奈之下把小滢的妹妹寄送到亲戚家。相比之下,张乐家境宽裕,有条件生到男孩为止,并能给所有子女都提供尽心尽责的抚育和教育。

张乐出生于南昌郊区的某古镇,父母在镇上经营供销社,育有她和弟弟两人。她表示母亲也"重男轻女",她自己"骨子里也有一点点传统"。张乐和丈夫徐亮都出生在这一古镇,同龄,学历都止于中专。徐亮也出生于经商家庭,父母头脑活络,敢闯敢拼,早年跟着温州人到欧洲去谋生,赚来第一桶金之后,在江西经商,产业丰厚。双方家庭都知根知底，熟门熟路。在双方父母的撮合下，他们开始恋爱。张乐在 21 岁时就怀孕了，当时徐亮还没有到法定结婚年龄，直到生完第二个孩子他们才领结婚证。而婚前出生的孩子一开始都挂在了公婆的户口下。

张乐在怀二胎时打算去"照 B 超"，当时公婆不让她去，说是生完这个就不生了。但她坚持要去了解胎儿性别。二胎照出来是个女孩，她说：

> 我觉得好失落。生儿子还是一项任务，至少在我自己这里。我公公婆婆不叫我生，那还是因为他们心里知道我自己也这么着急了。如果我要是不生，我觉得他（们）也会叫我去生，肯定要叫。因为他（们）也是乡下的人，都这么传统的。因为我比他们还着急，所以他们才不催我。

张乐表示她并不算喜欢孩子，"我不像别人那么喜欢孩子，因为我比较容易急躁，没有什么耐心"。但生男孩是她必须完成的任务。她 2008 年生了老大，2011 年生了老二，2013 年生老三，和我们另外一位三孩妈妈被访者林夕一样，也是五年生三个孩子。她这样解释三个孩子之间的时间间隔："因为我婆婆生了两个孩子，我生了两个孩子，我就想着我早点生完，她可以早点帮我带孩子了，对不对？"

张乐的公婆生了两个儿子，徐亮是大儿子。随着公公生意越做越大，公婆帮他们在南昌中心城区买了学区房，并和他们一起居住在市区的大平层里。在徐亮结婚时，他的弟弟徐光尚未结婚。张乐考虑到一旦徐光结婚，婆婆还需要给徐光带孩子，所以希望自己能尽早"完成任务"，以便让婆婆有时间专心带自己的孩子。在张乐的家庭安排中，由婆家带孩子、生男孩、随夫居、从父姓等传统的父权制安排仍然是顺理成章的事情，这和我们第一章"孩子跟谁姓"里提到的家庭居住安排形成鲜明对比。

张乐在访谈时一直强调乡下和城市的不同。包括：

> 我们乡下那边是那样的，是要生一个男孩子，可能你们大城市没有这种观念，但是乡下有吧，我前面头胎生了两个女孩子，要不然我哪里会生三个。

"城乡有别"是张乐给自己"追男孩"找的借口，但这一借口在徐亮这里不成立。虽然同样出生于古镇，徐亮却并没有男孩偏好，在恋爱时甚至表示一个孩子都不想生。张乐说：

> 是我一个人要生，我为了生这个孩子跟徐亮还吵架，刚生完三胎的那个时候也会吵。那时候婆婆给我们带小孩，到了礼拜六、礼拜天的时候，她叫我们自己带小孩，我丈夫就说要不是生这么多的话，礼拜六、礼拜天用得着带孩子吗？现在是玩又玩不了。

但张乐表示，如果老三也是女儿的话，她还是会再生，一直生到男孩为止。但如果第一个孩子就是男孩的话，"有可能老二都不生"。当问及未来家庭财产怎么分配时，她说："有时候开玩笑提过，两个女儿一半儿子一半，这也接近三个人平分了。"张乐对于"平分"的理解和一般意义上的均等分不同，她理解的平等与公平就是儿子分一半，其余的由女儿们均分。虽然她对女儿的教育也很重视，但她承认"心里是要偏爱老三一点，但是行动上没有表现得更喜欢他"。她对此的解释是，老大和老二主要是婆婆带的，老三她带得更多，因此心里会偏爱一点。但在我们看来，她最初跟随丈夫去东北发展只带着儿子，在访谈过程中多次提了儿子的全名，没有提过女儿的名字，这些都反映了在行动上对于儿子的偏爱，而这种偏爱很可能与重男轻女的观念有关。

男权社会的维系离不开男女合力的参与。女性也可以是男权社会的坚定维护者，有时候甚至表现得更为极端。在"追男孩"这件事上，张乐比家庭其他成员更加热忱。尽管这对性别平等有所损害，但这跟张乐自己的切身利益有关，生男孩有助于巩固她在父权家庭中的地位。

在职业方面，张乐中专毕业后曾经担任过营业员和列车员。在和徐亮恋爱并怀孕之后，她就辞职了。生完第一个孩子后，她在徐亮舅舅的公司担任出纳员。生完第三个孩子后，张乐请了半年的产假在家哺乳，之后又上了一年半的班。2015年左右，徐亮前往哈尔滨做生意，张乐带着正在读幼儿园的老三一起去了哈尔滨。后来因为没有赚到钱，他们又回到了南昌。2020年，张乐和朋友在南昌合伙开了一家童装店，但亏损了几万元，当年就关了店铺。之后，徐亮又去了沈阳做生意，张乐带着老三随迁到沈阳，在徐亮公司担任财务。

江西省的高考竞争激烈，被认为是"地狱模式"，而张乐的三个孩子的学业成绩都不理想。尤其是老大，尽管从早学到晚，但成绩还是不行。徐亮选择去沈阳发展，主要是考虑到东北地区的高考竞争压力远低于江西，他因此计划在东北定居，把孩子户口迁过来，以便在高考时能有更多、更好的选择。此外，他们也希望能在东北好好赚钱。在访谈时，老大面临中考，老二面临小升初，老三还在读小学，他们准备带着三个孩子一起去沈阳读书，等到老三高考结束再回南昌。

在南昌时，张乐闲暇时会去美容院；在沈阳时，她会和朋友一起散步去买菜。她平时不看书，也不订阅育儿公众号，有空就刷刷抖音。张乐认为女性虽然应该以家庭为主，但是她其实并不愿意当全职妈妈。"哪怕你事业上不是那么成功，但是你得有自己的事情做，这样就不会跟我一样这么无聊，去找一些事情来打发时间，对吧？"

张乐认为自己吃了读书不好的亏，没有一技之长，找不到好的工作，所以希望自己的孩子都能读到本科。她从小给孩子报名参加了钢琴、古筝、声乐、绘画、舞蹈等各种兴趣班，在教育投入上，并没有因为男孩偏好而减少对女儿的关注。

张乐表示她没有时间陪孩子上兴趣班，只负责选班和接送。她说：

我每天就跟打仗一样，特别是礼拜六礼拜天，因为孩子们有好多课要上。一个星期光老大一个人要上七节课，然后我家老二一周也有六节课……从小兴趣班我就没有让她们停过。比如老大老二之前学舞蹈学了几年，考了几级，然后后面又是钢琴，然后画画，反正什么该学的都学……儿子跟着去东北之后学了编程，学了声乐，还学了吉他和篮球，每周固定也有四节课。我刚去的时候，是每周要找家教到家里来给他补课，每周补三节课。后面他自己觉得好烦，他说妈妈我就没有休息的，一天到晚上课。后面我就把他课停掉了。

张乐希望孩子在尝试了这么多兴趣班之后能知道自己喜欢什么，但又认为孩子没有太多主见，便忍不住给孩子规划未来。"一个女孩子将来当个老师又有寒暑假，又双休，还挺好的。我丈夫的意思也是说能那样最好了。反正实在不行的话，你学了琴、学了画画又没考上老师，你就自己去开个琴行，开个画室也行，对吧？"

徐亮不管孩子兴趣班的事情。张乐也没有关注过丈夫是不是在班级家长群里。她觉得："他哪怕在里面可能也跟没在一样，是不是？学校要有什么事情的话，那都是我去对接的。"不过张乐说徐亮周末休息的时候会带孩子。

张乐对两人的夫妻感情评价很高。她认为他们夫妻：

属于那种把对方可能看得比小孩重的……我们两个人关系这么多年一直都还蛮好的，好像大吵架什么的都没有，说明青梅竹马是有道理的……我丈夫对我很好，他人还挺好的，我丈夫脾气也是有点躁，但是他就是不对我躁……就是有任何事情发生了，他都无条件地跟我站在一起，比较会包容我脾气暴躁的时候。我那个时候一个人在南昌带小孩，他在外面，然后他就会比较体谅我的辛苦，我也会觉得他工作压力好大，就是相互都蛮体谅的那种，所以感情一直还挺好的。

在沈阳，张乐每天早上6点多起来做早餐、送孩子上学。"我记得三个小孩不同的上课时间，我早上起来，我也不要他起来做。有时候他早上跟我一起起来，我都说他工作压力大，要让他多睡一下。"张乐和其丈夫在亲密关系中很少有冲突，这是因为他们无论从观念上还是实践上都认同并且遵循着传统"男主外、女主内"的性别分工模式。

但有意思的是，张乐在家里拥有很大的话语权，家庭的大小决策都由她来做主。张乐表示：

他连家里赚了多少钱也不知道，反正所有的账都在我这里，他不知道具体赚多少钱……包括买哪里的房子也好，反正都是我看了，我说买就买，我说不买就不买。经济这种大事情上面的这种决定，都是我。说白了，我丈夫在家里可能就是工作赚钱，然后大事小事他也不操心。

徐亮不喜欢做家务，张乐也不会要求他做。"我丈夫除了做饭，他家务事不做的。他不喜欢做家务事，就喜欢做饭这个事情，别的洗碗什么的，他不做的，晒衣服都不晒。"从做菜这件事可以看出，徐亮有权利选择做他喜欢的事情，选择只做附加值最高的核心工作——炒菜——而洗菜、洗碗等都不做。他有不做家务、不操心家庭经济事务和孩子教育的豁免权。虽然看上去张乐的家庭地位很高，买房等主要家庭经济决策都由她在执行，但这实际上是徐亮让渡的权力。

## 嫁入豪门的三孩妈妈

林夕的家庭是我们所有被访者中家境最好的。她的丈夫生于1950年代，在1990年代初开始发家致富。在那个上海人均月收入两三百元的年代，他月收入已有七八十万——用着价值八万八千元一支的大哥大，开着桑塔纳轿车，就像电视剧《繁花》里的宝总那般风光。林夕丈夫早年实现了财富积累和增值，目前是某上市公司的老总。林夕出生于湖南某城镇，本科毕业后来到上海，在上海某国企工作时，经人介绍认识了现在的丈夫。两人相识时，丈夫已经功成名就，他的择偶标准非常清晰——女方年龄在30岁以内；属牛、属鸡或者属龙；八字要合；相貌与身材要好；身高要在1米65以上；本科学历；有正经工作；不能来自单亲家庭。林夕在找对象之前也在Excel表格里列出了自己的条件——要求男性身高不能低于1米75；有房有车；年收入达到一定标准；不抽烟不喝酒；不染发。他们彼此都满足了对方的择偶要求，可以说，他们的结合是精准匹配的结果。

林夕出生于多子女家庭，她有个妹妹。她认为父亲从小偏心妹妹，渴望得到一个像父亲般的男人的疼爱，希望找到一个"像偶像一样可以崇拜的男人"，而当时的男友成熟、有能力、多金，满足了她对男性所有的幻想。她坦言，她的丈夫"很有能力和资源，会让你觉得很舒服"。林夕工作稳定，收入也不错，但她觉得自己不适合办公室的氛围，作为外地人无法融入上海人的文化。她在恋爱第二年辞掉了这份她父母觉得很理想的工作，但她并没有觉得太可惜。

**结婚生育：一拍即合，四年三胎**

林夕的邻居家有三个小孩，她觉得他们从小三个孩子在一起生活很热闹，这让她感到很羡慕。年轻时，她在广州生活过，接触了不少三世、四世同堂的大家庭，这些经历让她从小就向往大家庭的生活。因此，在恋爱时，她向丈夫提出了"第一个五年计划"，即希望在结婚后的五年内生三个孩子。她的丈夫虽是二婚，但膝下无儿子，所以他想有个儿子传宗接代，继承家业，因此希望儿子越多越好。两人一拍即合，恋爱三年后，于2013年结婚。林夕从2013年12月到2017年8月依次生了两个儿子和一个女儿，在不到四年的时间里生了三个孩子，提前完成了他们的"五年计划"。

林夕表示，她的丈夫非常传统且有些"迷信"，三个孩子都是他根据算命师傅算出的子女最佳出生年月倒推出最佳怀孕日期怀上的。林夕表示：

> 这几个孩子都要和我们的生肖合：属蛇的、属猴的、属鸡的，都是算好的。所以我们这个才叫计划生育。我是倒推的，我计划要生三个孩子：我第三个什么时候生，第二个什么时候生，第一个什么时候生，生的月份也要算好，因为这个月份关系到生辰八字。所以计划表做好后，我按照流程走的，但都能够如愿。（他）为什么还要找年轻的，要找生育能力好或者没生育过的，就是这个原因——你的土壤要好，如果你的身体不好，你没法受孕。

孩子的名字也都是算命师傅取的，每个孩子的生辰八字也都算过。林夕回忆起来，她觉得丈夫：

> 在找我的时候，其实他的定位已经非常清晰了，他是婚姻的主导者，他需要一个人帮他繁衍和生育，所以他设定了一个条件，找到符合的人选，其实有点像公司定岗定职，你知道吗？

在生第一个孩子时，林夕的羊水先破，她在医院躺着不能动，生了三天两夜才生出来。硬膜外麻醉对她效果不大，她仍然感觉到疼痛。在怀老大和老二时，她整个孕期都在经历孕吐。生老二时，胎儿压迫到坐骨神经，无论是躺着还是走路都感到疼痛。虽然生育的过程很辛苦，但这些都不影响她生三胎的决心。她说：

我觉得女人有的时候是这样子的，痛完了之后、生完之后我就能走了，我觉得还好，也就那样，疼痛的记忆马上消散了，会觉得我还不错，我这都能挺过来，我觉得我挺好的。当时会有这种感觉，而且身体也是蛮好的，还有一个重要原因，我觉得可能是情感上的。当你发现你肚子里的肉生出来是一个活生生的人的时候，这种母性的伟大或者是母性的自我催眠，我觉得比较重要——你觉得你孕育了一个生命，你觉得自己好了不起，你有了一个宝宝，你觉得这些疼痛都是值得的，这是我觉得女性在生育孩子以后一个很大的精神力量的支持。

　　2013 年，他们结婚时，全面二孩政策尚未开放，林夕夫妻双方都出生于多子女家庭，超生违反了计划生育政策。但对于财力雄厚的林夕丈夫来说，计划生育政策的影响微乎其微。他们原本也考虑过去美国生子。但林夕 2012 年去美国考察时亲历了持枪事件，考虑到怀胎十月后她只能独自一人在美国待产，这使她担心自己的人身安全问题，因此她还是选择在上海怀孕生育。他们已经提前做好了每多生一胎罚款七十万"社会抚养费"的准备，但在给老二和老三办理户口时，办事人员并没有提及罚款，户口顺利办好。不过，因为超生，林夕自己迟迟无法在上海落户。

　　第一个孩子诞生时，林夕家里雇了两个保姆：一位专门照顾孩子，一位负责照顾大人的生活起居。孩子出生后，先是请了月嫂，随后林夕让自己的亲戚来家里照顾孩子，一直到 2020 年 4 月份，亲戚才回老家。随着孩子和家庭帮手的数量越来越多，位于徐汇滨江的大平层逐渐住不下，于是他们搬到了松江的别墅。可以说，林夕在婚后头七年是生育者、全职妈妈和家庭管家，她在育儿方面也不断自我学习，希望能培养孩子爱的能力及企业接班人所需的技能。

**育儿：抓大放小，培养孩子爱的能力**

自 2020 年我们认识林夕以来，她家一直有三位住家保姆和两位住家家庭教师。家庭教师教孩子英语、数学，周末陪孩子上辅导班，林夕的时间相对来说比较自由。林夕把家务和子女教育外包，她来负责筛选相对好的教育资源，负责培养子女的兴趣爱好、生活技能，以及维系亲子关系的良性互动。她表示：

> 我注重的是情感的链接，如何跟孩子之间有更多的爱。我在他身上投入更多的是感情，我想让他觉得妈妈跟他的感情比较好，或者是带给他更多的共情，更多理解，让他觉得温暖，让他能够感受到被人爱，感受到这种真正的爱和尊重，我觉得这是我作为母亲最重要的一个任务。

林夕在五年内生了三个孩子，一开始沉浸在惊喜之中，认为孩子只要健康快乐就行，完全没意识到还需要规矩和知识的灌输。等到孩子上幼儿园之后，老师经常投诉，说孩子行为规范有问题，于是她开始去学习一些育儿和心理学方面的课程，包括去参加"正面管教"的线下课程，还看了很多育儿的书。她认为三个小孩构成了一个小社会：

老大因为是长子，刚出生时很霸道，觉得什么都是我的；老二在出生后，前面本来就有个哥哥了，他自己心里清楚打也打不过，争也争不过，没办法，他只能以其他的方式去求助，所以他就会求助大人，求助老三。老三是个女儿，从小她爸就说了："你们两个是男生，老三是妹妹，你们谁敢动手我揍谁。"她最小，所以她是"碰哭精"，一碰就哭的。我女儿觉得反正爸爸也说了不许欺负她，老三觉得什么都是她的。所以三个人是个小社会。老二因为在夹缝中求生存，所以情商是比较高的，他不会哭、不会吵、不会闹，他就笑嘻嘻的，所有保姆都喜欢他。

学了育儿知识后，林夕认为"大的让小的"或者"男生应该让女生"的观念不对。她觉得谁先拿到谁就先玩、先吃，这和她丈夫的观点有分歧。

林夕丈夫比她大三四十岁，她不禁会考虑丈夫离世之后如何维系和三个孩子之间的关系。她认为：

我更多地考虑：第一，不给孩子添麻烦。我自己能够生活得很好，保持身心健康；第二，我有足够的经济能力支撑起我能过体面的、有尊严的养老生活。我不靠孩子支持我，也不靠孩子去给我养老，我觉得孩子是用来爱的；第三，我觉得孩子的人生和我完全是独立的、分开的。以后你喜欢的话你来见我，趁现在我觉得好好的，对孩子们言语上也好，感情上也好，好好投入，以后还能够亲亲抱抱，可以经常多交流。如果我现在不投入的话，以后我儿子有了自己的家庭，有了自己的媳妇，说句难听的可能他都不睬我。那个时候我的心理落差就会比较大，所以我就觉得我现在的投入是存钱罐，存的是我的感情，存的是我对孩子的爱。

林夕对于儿子和女儿的培养有不同的侧重点。她希望能侧重对儿子财商和思维方面的培养，这也是她在当全职太太七年后出去工作的原因之一（详见第四章）。她认为：

工作一方面是为了我自己，另外一方面是为了长远（打算）。我的儿子如果在（丈夫）善终后能拿到一部分财产，而我在他的人生过程当中，我能做些什么影响到他——我的投资经验，或者是我做生意的经验，以及跟人的接触当中，处理问题的情况当中，我所学到的一些东西，我可以传达给他。因为我思维方式的转变是可以部分影响与塑造到我的孩子的。有可能以后他最终要面对如何料理他父亲的财产，这一点是他必须学的。从小如果在财商的教育方面我能够稍微给他一些提点，或者是我能够渗透一些给他，他在学习的时候可能花更少时间，他能够更早有这种思维的话，我觉得真的比较好，我唯一要做的就是让他的下限能够高一点。

林夕认为自己和女儿的联结更深，希望能在女儿的成长道路上以过来人身份给予指导：

女儿我在想我以后住她家里，主要的原因是一般我们现在的观念都是以后生了孩子，外婆会帮她照顾一下孩子，料理一下家。婚姻是很现实的……所以我想在她刚刚结婚或者在生育的过程当中，能够给到她更多的精神上的支持，能够帮她理清楚婚姻当中的一些思路，或者引导她去做她想要做的自己。在她成熟的路上，我希望能够给到她一点点的帮助。因为她最终得成为一个独立的女性，要去面对这些：如何去照顾孩子、如何去经营婚姻、如何去平衡她自己作为母亲和作为她自己的关系，因为每个人都必须处理好这个关系。

林夕的孩子们读的是家附近的私立幼儿园，小学读的只是家门口的普通公立小学，她没有给孩子择校。她原本计划在 2020 年带孩子出国读书，但由于疫情，重新调整了计划。目前希望等老三 10 岁之后，等三个孩子的自理能力和安全意识都更好之后再一起出国。趁着目前还不需要陪孩子出国读书，她想利用这几年规划好出国后她的事业如何维系，如何让自己不与行业脱节。

## 写在结尾

尽管国家鼓励一个家庭生育三个子女，但生育三孩的家庭毕竟是少数。实施了三十年的计划生育政策不仅促使出生人口大幅减少，也改变了大众的理想子女数。不同研究都发现，目前我国育龄人数的理想子女数在 2 个及以下，低于 2.1 的生育更替水平。而在像中国这样的极低生育水平的国家，实际生育数量通常低于理想子女数量。在这一背景下，生育三孩的家庭比较少见，却值得关注。

虽然我们的三孩妈妈被访者在成长环境、教育程度、职业轨迹和家庭背景等方面有明显区别，但这三个家庭的共性就是丈夫基本不做家务，也很少参与育儿。在这一点上，她们和我们的其他被访家庭没有什么区别。谷燕让我们了解到，怀双胞胎的过程是如此艰辛；张乐和林夕都在相当年轻时完成生育三个孩子，虽然对孕育经历及她们身体的影响轻描淡写，但同为女性，我们能够感同身受这个历程中的不易，也对她们面临"丧偶式育儿"的共同遭遇颇有些愤愤不平。

此外，她们和其他被访母亲一样，对子女的教育很上心，但侧重点有所不同——没有读过大学的南昌妈妈张乐期待孩子都能读大学，但由于不知道如何提升孩子学业水平，她对于子女教育似乎更焦虑。中产妈妈谷燕是从事教育培训行业的职业女性，她期待孩子能读到研究生，并且对于孩子的教育更有心得，对于自身工作和家庭的把握更游刃有余。嫁入豪门的林夕更注重与孩子的亲子联结，培养儿子们的财商，关注女儿的自我成长。对子女教育的不同期待很可能与当地的教育竞争激烈程度、母亲的受教育程度，以及家庭的经济水平有关。

## 第三节　单亲妈妈，孰难、孰易？

民政部数据显示，我国离婚率从 1984 年的 0.39‰升至 2019 年的 3.4‰，2019 年一年全国离婚夫妻超过 470 万对。[45]2021 年 1 月 1 日起施行的《中华人民共和国民法典》设置了三十日离婚冷静期。"目的是更好地给感情未彻底破裂的夫妻设置一个缓冲带，让双方有一个冷静思考的空间，在挽救婚姻上做最后努力，以解决夫妻因一时冲动，办理离婚后又后悔不及。"[46] 根据《中国婚姻家庭报告 2023 版》，2020 年全国离婚率下降至 3.1‰，与疫情有关，2021 年离婚率进一步下降至 2.0‰，则与离婚冷静期的实施有关。然而，亦有媒体报道，2022 年，全国办理结婚登记 683.5 万对，离婚 210.0 万对。相较而言，2023 年全国结婚登记数止跌回升，增加了 84.5 万对，较上一年增长 12.36%；离婚增加了 48.3 万对，较上一年增长 28.23%。[47] 虽然我们难以获得近两年的离婚率准确数据，但无法否认，新中国成立以来，当下的离婚率是处于历史高位的。

70% 以上离异家庭子女由女方抚养。据 2018 年中国婚姻家庭研究会《十城市单亲妈妈生活状况及需求调研报告》的保守推算，目前全国包括离异和丧偶在内的独抚母亲超过 2000 万。[48] 诸多迹象表明，单亲妈妈面临家庭变故与纠纷、经济、子女抚育、职业发展、社会歧视偏见等多重困境与挑战。

第二章中，高嘉萱的母亲路女士，是一位三十年前的单亲妈妈，小嘉萱身上最突出的标签就是贫困家庭子女。然而，多年过去，单亲妈妈家庭的数量呈几何级数增长，但社会对单亲妈妈的认知仍然集中于将其作为弱势群体的救助型维度上，而在经济、职业、抚养、心理和婚恋等等围绕女性处境的综合维度上，社会的关注都相当有限。在公益机构北京"一个母亲"心理健康服务中心主办的活动上，北京大学社会学系副教授张春泥认为："我国在针对单亲家庭的社会保障方面相对薄弱和缺乏，社会对单亲家庭仍有偏见。""一个母亲"项目总监刘蕾则指出："独抚群体规模庞大但长期被忽视，群体特点为隐蔽、分散、忙碌、有耻感。"[49]

独抚母亲的概念由"一个母亲"组织提出的，旨在取代通常使用的"单亲妈妈"的称呼，该概念不以婚姻状态存在与否为标准，而是更为注重母亲独自抚养孩子的生活状态。这一节里，读者将见到两位妈妈：童悦是一位离异多年的单身独抚母亲，而张文清虽尚未离婚，却亦是标准的独抚母亲。她们的故事提示我们，单亲家庭的出现是经济和社会发展的正常产物，并不是异常的家庭形态。对于这个女性群体，无论是学术研究、政策关怀，还是法律保障、社会支持，都需要被更多地看到和重视。

## 离婚完成时的故事

2022 年春夏之交的上海封控一幕，对千家万户的日常生活状态都造成了巨大的冲击和影响。

70 后单亲妈妈童悦离婚已逾七年。作为完整经历了疫情年代的"高三狗"，她的儿子在即将迎来第二次模考的前夕，于 4 月 17 日突发高烧。自 3 月 12 日最后一天上学以来，除了小区集体核酸，儿子一直足不出户。学校的网课、自习（开着电脑摄像头）和作业安排从早上 7 点到晚上 10 点，安排得密不透风。娘俩心里着急，每隔一个小时做一次抗原，结果都是阴性（直到大半年后，所有人才搞明白，刚感染时抗原是测不出的；而症状消失后许多天，体内还会携带病毒"尸体"，此时核酸、抗原测来测去结果都是阳性）。童悦一边照料孩子，一边心中默默盘算着是不是要做最坏的打算——复读。她居家办公，和同事们交流多方信息与门路，同时还要跟班主任请假说孩子交不了作业。4 月 18 日，儿子继续发烧，全楼做了单人单管核酸检测；4 月 19 日，核酸结果还是待复核，抗原检测已经明显呈阳性，童悦开始想办法找关系去条件好一点的隔离酒店或方舱医院，而儿子却已退烧了。4 月 20 日，儿子恢复上网课，同时收到居委通知，一律拉去方舱，"没有商量余地"。童悦自己一直呈阴性，只能作为"密接"在家隔离。在这一天天的慌乱、不安和不确定性下，她不得不故作镇定地参加团购，如常生活，安抚高考生的情绪。

孩子的父亲在孩子的生活中缺席已久，甚至从 2022 年 1 月——

孩子满 18 岁后就没有支付过抚养费（而之前抚养费则一直被用来支付童悦带孩子在学校附近租房的租金）。前夫从关心唯一的孙子的父母处听闻消息后，气势汹汹打来电话，指责童悦怎么让孩子感染了，是不是她在社区做志愿者带回的病毒，接着还不着边际地要求她一同陪孩子进方舱。童悦气极反笑，再一次庆幸，还好离婚了。

**婚姻，匆匆而入**

2001 年，童悦大学毕业后开始找工作，恰好在招聘会上偶遇高中母校来招应届生，招聘人员就是她曾经的老师。老师们对她这个乖巧、懂事且成绩好的校友印象深刻，力邀她前来应聘。童悦学的是法学，读的是师范类高校里的非师范专业，尽管学校在教育界负有盛名，但在法律界根基不深，她不少同学去考公务员，或跟着师范类专业的同学去中学做政治老师。

童悦是知青子女，她的母亲从上海到常州插队劳动，并嫁给了苏南农村家庭出身的父亲，两人都是高中学历的普通工人。和很多那个年代的知青二代一样，童悦一开始就知道他们未来会"回"到上海。她出生后就生活在上海的外公外婆家。童悦妈妈去插队，娘家人对她似乎都略怀愧疚，因此对童悦更是宠爱有加。她在上海的落户和读书都没有遇到什么障碍。当年红遍上海滩的电视剧《孽债》和《十六岁的花季》里，知青子女在上海亲戚家庭里受委屈、看脸色的情节，其实是相当有群众基础、反映社会现实的。童悦也听闻过邻居家有相似的情况，但这些离她的生活都很遥远。

外祖父母家有着深厚的书香传统，舅舅和阿姨们也都有不错的学历，后来的发展都挺好。祖父母家那边，奶奶有些重男轻女，而伯伯、叔叔和姑姑们则抓住了改革开放后"大江大河"的时代机遇，勇于下海从商，曾经赚了不少钱。直到三年疫情的冲击，他们的生意才戛然而止，那是后话。因此，在童悦的青少年时代，原生家庭在经济和社会地位上都没有优势，妈妈只是教导她努力学习，成绩好就会有出息。亲戚们虽关心照顾她，但在学业和就业的规划上，少有建议。

懵懵懂懂的童悦想着不要错过任何一个机会。尽管没有任何师范方面的训练和准备，她还是去母校参加了面试。面试需要说课，她说了10分钟就说不下去了，心想自己的表现肯定不行。可坐在讲台下面的两位她昔日的班主任却不放她走，问的都是和专业无关的问题，比如家里的情况、有没有男朋友之类的。不久后，高中班主任打来电话，童悦还在兴奋地期待，以为是得到了工作机会，谁料老师是来做媒的，要给童悦介绍一个男孩子。这个男孩是童悦高中时教过她语文的罗老师家的公子——罗宏。罗老师夫妇都是中学特级教师，罗宏比童悦大三岁，长得一表人才。虽然他读的是普通大学，但专业是当时十分热门的计算机专业，现在已在某大型国企工作。满脑子想着找工作的童悦此时并无恋爱的打算，但驳不过老师的面子，也找不到拒绝的理由，便答应了见面。

这是一场一见钟情的相亲。罗宏虽然个子不算很高——1米73，但也算与1米65的童悦相配。他皮肤白净，头发略带金色，看起来很是洋派帅气，而且能言善道，反应机敏，令几乎没有情感经验的童悦毫无招架之力。后来她才知道，罗宏曾经有一个既漂亮又精明的女朋友，2000年时就建议他们家去漕宝路买别墅。罗宏和父母分住在徐家汇交通便利地段的两梯五户的高层住宅里，各自的两居室也是在同一楼层。这在当时算得上很不错的居住条件，他们没领会到为什么要去漕宝路那么偏的地方买别墅。女友眼光独到、野心勃勃，两人交往不久后，女孩选择出国发展，和罗宏分了手。罗老师便张罗起了给儿子介绍对象的大事。童悦回忆道：

> 当时给他介绍的人挺多的。前婆婆是很喜欢我的，他们觉得我是他们看着长大，知根知底的，觉得我很老实，家世清白。他们做老师的，认为一般规规矩矩的人家出来就可以了，而且我还是好学生。前婆婆是个很直爽的人，她后来什么都跟我讲，她说介绍的时候问过罗宏：一个是我，条件是这样子的；还有一个女生，家里条件非常好，老爸是国企老总。她问罗宏，你要不要看看条件再决定见哪一个？他当时说两个都见。但他第一个见的是我，见了我之后他就不想再去见那个女孩了。前婆婆还跟他讲，你要考虑清楚，因为那个是家里条件很好的，你是说就放弃了？他就说他看准了，不去见了。后来他还带我去参加了那个女生的婚礼，还告诉我当时他们是要给他介绍她的，她家里条件非常好……其实他一直很看重这些东西，他觉得他选了我，他亏了，我爸妈都只是工薪阶层的退休工人。

在童悦身边的女同学看来，罗宏简直是一位从天而降的"白马王子"。童悦所在的大学女生比例占绝对多数，校园恋情严重受制于在校生性别不平衡问题，找男朋友是件难事。在那个千禧年之交的时代，女大学生中存在一种倾向，即许多人可能希望在毕业前找到伴侣，或者至少在某种程度上拥有一段稳定的恋情。这种观念在一些人中可能被视为主流。童悦见过一些自身条件相当优秀的女同学，找对象的焦虑一年年加强，临近毕业抓住"黄昏恋"的尾巴，仓促谈了个不靠谱的男友，甚至一毕业就匆匆忙忙结婚，未来带给自己的是无穷无尽的麻烦。但在当时，几乎没有对恋爱结婚这样一种主流话语的质疑。父母只是一味让童悦认真学习，身边的长辈也从没有与她讨论过恋爱、婚姻、择偶方面的问题。罗宏凌厉的攻势没有给涉世尚浅、对他心里各种小算盘一无所知的童悦任何犹豫的机会。

一方面，是他展现出一种"霸总"式的男友风格，用不同号码打童悦的 BP 机，让摸不着头脑的童悦不得不回电；堵在童悦去实习单位的上班路上；迅速渗透进童悦生活的全部，包括在童悦的大学毕业照现场全程陪伴，"隆重登场"，向童悦所有的社会关系宣告他对她的"主权"等等。这对小情侣出众的外形和闪闪发光的甜蜜姿态让童悦密集收获了一波同性友人的羡慕眼光，满足了她当时对爱情的全部想象。

另一方面，罗宏出挑的长相、体面的工作、知识分子的家庭背景，再加上现成的婚房，令童悦的娘家亲戚完全提不出意见，除了小阿姨告诫童悦别太早结婚之外，这是一门所有人都赞成的婚事。

### 为母，形若丧偶

多年后回顾这段像琼瑶小说一般看似无比顺利、必定通往幸福结局的结婚过程，童悦脑子里跳出一个她幼年爱看的动画片名《没头脑与不高兴》——"我是没头脑啦，什么都不懂、没多想，他呢，很快就不高兴了"。

两人领证后没多久，童悦意外怀孕。那时，她刚进入一家大型科研单位担任行政人员，工作两三年，生孩子似乎有点早，但二十四五岁的年纪也正是 2000 年初期城市女性的平均初育年龄。"早点生好呀，身材恢复得快，老人身体也还不错，能帮忙带，反正一胎生完再拼工作，没有后顾之忧了！"这是童悦周围过来人的主流意见。又一次，她找不到拒绝的理由，顺理成章地筹备起婚礼，准备做妈妈。

那时候罗宏也才 28 岁。这对同为独生子女的小夫妻，在双方家长的簇拥和帮助下，对建立家庭与为人父母将会对自己的生活带来多大的影响，都没顾得上多想。剖腹产手术后，童悦生下个八斤多的大胖小子，据说和罗宏小时候长得一模一样，婆婆越看越乐，喜上眉梢。依照传统习俗，媳妇坐月子应该由男方家照顾，但当时作为特级教师的公公婆婆都还没退休（后来退休了又获得返聘资格，基本上没带过孙子）。于是，月子期间两老掏钱请了当时还很稀罕的月嫂，月工资 1600 元，一请就是两个月，非常慷慨。2004 年上海市职工平均工资是 2033 元，童悦在事业单位拿不到这个数字，罗宏在大国企，名义上高一些，但也有限。那个年代吸引大学生的是外企，月工资能抵上工人父母半年的薪资。因此，月嫂 1600 元的月薪不便宜，这令童悦印象很深。

当时和现在一样，是一段生育低谷时期，也是生育政策的调整期。《2019 上海统计年鉴》中提到，1990—2018 年上海户籍人口的出生率从 10.25‰下降到 6.70‰。1995—2003 年上海户籍人口出生率呈断崖式下跌，出生率最低的是 2003 年，仅 4.28‰，之后便稳步回升；下一次的大幅下跌发生在消化了二孩政策后的 2017—2018 年。[50]2001 年颁布的《上海市城镇生育保险办法》是童悦享受到的生育福利，生育医疗费用和产假期间的工资由生育保险金给予补贴。2003 年 12 月 31 号上海制定《人口与计划生育条例》，作为面向新世纪、新时代的生育支持政策体系，该条例不仅为晚育妇女增加晚育假 30 天，还首次提出配偶可以享受 3 天护理假（即俗称的父亲育儿假）。可惜新规于 2004 年 4 月 15 日正式实施，1 月生产的童悦完美错过——罗宏也没享受过父亲育儿假，而童悦在孩子满月后不多久，就被缺人手的单位叫去上班。月嫂离开后，童悦妈妈来沪带外孙。

带孩子非常累。童悦在单位正值被当骨干使用的年龄，领导已经不太高兴，认为她年纪轻轻就当妈，耽误工作。加班是家常便饭，她能坚持的就是晚上自己带孩子睡。实在感到吃力，童悦妈妈会把外孙带到童悦外婆家。外婆还不太老，能够搭把手，童悦这时才明白人家说的"家有一老如有一宝"，家有小小孩，帮忙的老人不嫌多。而童悦的婆婆是位爽直、爱玩但不沾家务的职业女性。她喜欢逗孙子玩，但碰到孩子肚子饿了、拉屎、拉尿或疲倦吵闹时，就把孩子送回来，往童悦或是童悦妈妈手上塞。在最辛苦的小婴儿阶段，童悦只觉得每天都昏昏沉沉，上班忙忙碌碌，像打仗一样；回家后，她既心疼妈妈累了一天，也想和孩子好好亲密，但孩子睡觉不安分，她也休息不好。或许从那时开始，她和罗宏的关系就有所改变。白天说不上几句话，晚上夫妻生活的体验更是糟糕——孩子就在一旁，她的胸部还在涌出奶水。也是在那时，童悦才充分认识到罗宏外向爱玩的天性，老婆孩子热炕头的生活并不是当时的他想要的。

她一直难忘两件小事。一次是孩子很小时，有一天不舒服，在吵闹，家里就他们一家三口。刚巧罗宏有个朋友从北方来上海出差，他晚上要出门陪朋友，童悦希望他别去，一起帮忙照料孩子，罗宏则坚持要去，并说有什么事可以去找住同一层楼的婆婆。另一次，童悦洗衣服时看到罗宏衣兜里有两张深夜场的电影票根。她问罗宏，他回答说是和同性朋友一起去看的。童悦虽然不信，却也没有精力去追究，上班和带孩子让她太累了。后来估计罗宏就谨慎了，没再留下过"证据"。

孩子大一点了，能交流、正可爱的阶段，罗宏也是愿意偶尔带带孩子的。"他就是喜欢玩，包括玩小孩，但是需要投入更多精力和时间的时候就不喜欢了。"然而孩子幼升小那一年，罗宏突然有半年时间不回家，对家人只说是工作忙，加班、出差多。实际上，那是他第一次出轨。而童悦是在罗宏的出轨对象把电话打到她办公室摊牌时才知道的。2015 年，孩子小升初，童悦为了择校焦头烂额之际，罗宏第二次出轨，并正式地向童悦提出离婚，童悦毫不犹豫地同意了。罗宏以提供每月 5000 元抚养费的名义负担了童悦母子搬出去租房的费用。童悦咨询过做律师和法官的同学，了解到作为离婚抚养费，这个数额不算少，如果通过起诉离婚，法官一般只会裁决一个最低工资标准，通常也就 2000 到 3000 元，而不是根据对方的收入水平来制定。儿子读民办中学的学费、一路上的补课费以及后来大学考上某"985"中外合作办学项目（比一般公立大学学费高出十倍），都是童悦靠自己的收入一力承担。离婚后，儿子见到爸爸的机会也并不多，每周回原来的家，主要是爷爷奶奶围着他转。

## 丈夫，人前看似神气，人后只留神伤

公平地说，罗宏确实生就了一副好皮囊，还遗传给了孩子，有时看着酷肖前夫的儿子，童悦会有点恍惚，心想："他最好的时光算是给了我吧，我没吃亏！"但从 25 岁到 37 岁，这段对女性来说同样也是最美好的生命时光里，在十二年的婚姻中，童悦奔波在职场和家庭之间，直至成为一位单亲妈妈，个中滋味，在滚滚而来的生活重压下，她无暇细品，只能迎头而上。

童悦认为，罗宏并非拈花惹草的性情，两人在初期感情甚笃。2009 年的 2 月才吃了昂贵的情人节大餐，转头到了 3 月份，她开始感觉不对，罗宏开始不回家。公公婆婆都帮着儿子说话，一定是工作忙、压力大，男人以事业为重，建议童悦别在意。与此同时，童悦的单位也正在开展全球招聘，由于和海外面试人员有时差，她几乎天天晚上在办公室加班。突然有一天，正在上班的童悦接到一个电话，对方告诉她，罗宏在她家住了半年，现在要跟她分手，并暗示罗宏可能已经找了其他女人。对方详细列举了罗宏两头蒙骗的证据，一一细数给童悦，还发来两人在一起的大量照片，并精心地把自己的脸都打了码。

童悦的第一反应并非愤怒，而是恐惧——这个女人太有心机，也太疯狂了！她脑子里立刻跳出因感情纠纷而泼硫酸的社会新闻，担心对方会做出什么可怕的行为，毕竟她的孩子还那么小！童悦说：

> 大概过了两三天后，那个女的来跟我说要跟我交朋友，她的语气变得挺友善的，感觉她好像是放弃了，说她也不会做些什么，只是要来告诫我，说你丈夫不是好人。那么我想她的矛头可能不是指向我和孩子的，才慢慢放下心。

回到家后，童悦见到罗宏就提出离婚。罗宏说，他是被这个女人骗了，已经分手，并且十分后悔，甚至下跪恳求童悦原谅。"他说要写保证书把房子全部给我，财产全部给我，求我千万不要离婚，说我爱你什么的，并且还发誓。"公公婆婆还是帮着儿子，说："他都认错了，以后不会了，为了孩子，你们好好过日子吧。"童悦妈妈初闻此事，冒出一句"他厌倦你了"。但娘家的亲戚也都在劝和，认为："罗宏还年轻不懂事，你们孩子那么小，离婚后你做单亲妈妈怎么过呀。"

童悦确实没有下定离婚的决心。儿子还是个懵懵懂懂的小萌娃，听到他们吵架和家人们议论，虽然不知道什么意思，也会在一旁跟着嘀咕"要离婚了"，被童悦听到，吓了一大跳，难受得心都要碎了，她不停对自己说"不能离，肯定不能离"。罗宏又拿出当初追求童悦时的执着劲儿，紧盯不舍，工资卡也上交给童悦。关系暂时缓和了，但这件事对婚姻的打击巨大，童悦一度瘦得脱了形，整晚地失眠，在十楼的家里看着窗外，想不通罗宏怎么就不爱她，不要这个家了呢？如今回想起来不是不后怕的。2010 年，童悦意外怀上了二胎，老人们都不赞成生，觉得带不动了，只有罗宏非常高兴、非常得意，满心欢喜地希望童悦生下孩子。他们两人都是独生子女，符合当时的生育政策，身边也已经开始有同事朋友生二孩了。但童悦完全不为所动，丧偶式地带一个孩子已经够累人了，她不认为罗宏会真的改头换面，甚至内心从来没放弃过或许有一天还是会离婚的念头，在心理上和能力上暗暗做着准备。

应该说，罗宏不算坏人，只是自视甚高，以致太过以自我为中心。罗宏的家里往上数，曾是苏州的大户望族，不过在时代跌宕中早已面目全非，家族的老房子如今做了博物馆。罗宏出生于1975 年，其实他从没住过那个老宅，却有种要把祖产买回来，把家族的贵族血脉传承下去的心气。在他心里，往上攀爬、振兴家业的动机一直强烈。然而他在大国企的事业道路并不顺利，罗宏认为那是因为自己没有背景，像他这样的优质男性，爹妈不给力，还可以走"岳父路线"，但童悦的家庭显然无法支持他的梦想。

第一次出轨就与职业危机有关。当时罗宏从子公司调到总公司，收入翻了一倍多，本以为是大展宏图的机会，但工作压力大增，上司在他眼里不过是凭着背景高他一级，处处压制他的"坏人"。他动了跳出体制、自己创业的念头。他在工作中认识了一位幼儿园老师，她刚与一位大款离婚，分到四百万财产。罗宏受此吸引，以共同创业为名和对方谈起恋爱。后来老师决定买房而非支持罗宏创业，两人翻脸，才有了前述鸡飞狗跳的一幕。

然而事业之困并未消弭，婚姻危机的创伤仍在隐隐作痛。在罗宏看来，二孩这个本有可能加固双方的纽带，由于童悦的拒绝更是成为致命一击。2014 年下半年，罗宏踩在 40 岁之前从父母当初托了关系帮他找的，长期以来为儿子自豪的，名声好听的大国企辞职，决定创业开咖啡馆。他让童悦帮忙一块儿瞒着他爸妈，声称忙于选址、设计、装修等大业，又开始了频繁在外不着家的生活。那段时间，童悦的妈妈身体不好，严重到在外晕倒了叫 120 送去医院，却又查不出病因，正是她着急发愁之际，也就没去跟进罗宏的进展。

2015 年春节后，罗宏提出离婚，并拿出已充分考虑、精心拟就的离婚协议。离婚协议的核心，不过是抚养权和财产。抚养权没有争议，公公婆婆舍不得孙子，但罗宏不想要。财产安置方面，罗宏的协议还算合理：家中六成的现金归她，但他的股票、保险等投资按法律规定可以不做分割。童悦感觉其实他也早有布局。两人对于共有的一些房产达成了一致——都把对方名字去掉，换成儿子的名字；抚养费每月 5000 元；其他根据孩子出现的新的需要再商议。罗宏还特别注明一条，不能给孩子改姓。童悦想起上一次的伤筋动骨，还在后怕，没跟父母说就干脆地同意了。两人先去家附近的徐汇区民政局，只见结婚窗口门可罗雀，离婚窗口排着长龙，想到童悦的户口在闵行她妈妈买的房子里，他们立刻打车去闵行区民政局，当天就搞定离婚手续，十二年的婚姻画上句号。

从民政局出来时，童悦分明感到罗宏松了口气。果然没多久，他就再婚了，对方是一位比童悦大一岁的事业有成的女设计师，据说是罗宏设计咖啡馆时认识的。再后来的情况，童悦大多是从儿子嘴里听说的："爸爸和阿姨为了生个宝宝费了很大的劲，最终也没成功；爸爸的咖啡馆生意不好；爸爸把房子卖掉了……"在这期间，儿子上的课外辅导班都是童悦利用各种资源帮忙找的。儿子顺利上了著名的民办中学，通过自主招生去了市重点高中，学业压力很大。童悦小心翼翼地关注着孩子的精神状态，经常帮他做作业。疫情几年像是帮了儿子，因为他很喜欢网课。在方舱里参加的高考二模也考得不错，最后成绩还挺好。为了能上"985"高校并读个好专业，和越来越多的上海考生一样，他们接受了去上海之外的高校，选择了某"985"高校的合作办学项目，学费每年六万元，两年在苏州，两年在欧洲。罗宏坚决反对这个选择，他建议儿子去东北的一所"985"高校。童悦则认为他的算计是不想参与负担学费，估计他的经济情况不好，她说："上海的孩子去长三角是底线了，去大东北是不是疯了！毕竟儿子考得不差。"

毕竟夫妇一场，童悦是了解对方的。其实孩子一出生，她就已经是一位独抚母亲了。在她结婚、生育的新世纪的最初几年，整个社会还处于一个蓬勃和混沌的时期，新旧观念杂陈、转型、碰撞。她还没有弄明白自己，就匆匆地为人妻、为人母，为自己增添了诸多责任。比她小五六岁的孙文清，有更强烈的自我意识，也更勇于表达自我，但婚姻和生育的挑战依然把她置于"独抚"的困境下，挣扎辗转。

## 离婚进行时的故事

出生于 1984 年的孙文清，封控期间和母亲、两个孩子住在上海知名"上只角"——新华路街道的娘家大房子里。文清高中时考到长宁区的重点中学，正逢 2000 年世纪之初商品房潮势涌来，父母为她读书方便，在这里置业生活。新华路街道环境优雅、生活便利，延续了昔日法租界的文艺气息，是文清习惯的都市小资情调。只是全市一刀切的"静默"政策不分地段地给所有人造成共同的问题和焦虑：家中有老有小，又要带孩子上网课、又要抢菜、又要工作，每日只觉得忙碌不堪。与此同时，文清丈夫嵇昊正归心似箭地被封在郊区的一间快捷酒店里。嵇昊是摄影师，也担任过一些电影导演新秀的掌机摄影师。2022 年春节后不久的 2 月中旬，嵇昊作为摄影指导，带领工作团队进驻本地一家电影公司开拍的新片。然而，没过多久，疫情导致拍摄中断，除了下楼做核酸，只能被关在片场旁边的酒店房间里。文清说："疫情时期他被封控在剧组，整个人状态非常差，我认为那个时候他对我最好的分担就是安心待在剧组自得其乐，不要整天抓狂，想着回来。当时的情况回来非常麻烦，而且电影公司还有钱没有结算。"这个春天的后续影响是嵇昊最终没能和投资方签订工作合同，获得劳动报酬。他没和文清商量，在微粒贷上借了一笔钱支付团队人员的工资。将近一年过去，他和电影公司的纠纷还未了结，网贷利息太高，这次他和文清商量，以夫妇征信方式跟银行贷款周转，偿还网贷。文清勃然大怒，2023 年的元宵当天，她发朋友圈"官宣"出离婚意向：

元宵，是团圆的日子，但是，与其不恰当地融合，不如完美地分开。人与人之间其实也就这点事儿，没有人可以全部承担一切，工作上的事情产生的债务纠纷请你自己解决，想要把债务转嫁给自己的妻子，对不起，这世界上有件事叫"法律"。随意一句"你就签个字都不肯"很不负责任哦，八年了，忍够了，还有，如果上法院，经济开支这项我完全可以拉出账单，也请你像个男人一样，别逃避，自己担！

## 婚姻，外界压力

论年龄，孙文清只比童悦小 5 岁半，但生活在一个社会整体快速发展、"狂飙"突进的时代，五年已足以形成一条代沟，这是我们每个人都有过的亲身感受——改革开放四十年，尤其是 21 世纪以来的二十年，社会思潮常常处于震荡和变动中。只是，有些事似乎变得很快，有些事却几乎不怎么变化。在文清的婚姻这件事上，变化的是父母和身边亲友的态度，而不变的是社会力量的要求和评判。

孙文清的父母生她比较晚，对这位独生女儿宠爱娇惯。父亲抓住时代机会经商，母亲是那个年代不多见的电子物理专业的大学毕业生。可以说，不论在物质上还是精神上，文清成长的环境都非常优越。她自幼喜欢读书写作，充满文艺青年的梦想和创作欲望。高考时她本想报考戏文系，后来被导演系优先录取。入学后，她发现导演系的就业方向是最宽的，可以做编剧，可以做导演，还可以做制片人，找工作比某电影学院的其他专业都容易。虽然家里没有亲友在文娱行业的圈子里从业，她进了这一行家里也帮不上什么忙，但父母从不会限制她的选择，不管她做什么，他们都支持。

孙文清的大学时代已不像童悦那时视恋爱为女大学生必需的经历。在帅哥美女汇聚的校园，文清并未沉溺于校园恋情，而是练就了一身专业技能和高超的审美品位。虽不如以女明星为志业的表演系女同学那么极致地追求瘦和美，但精致装扮、时尚衣品和与之匹配的消费眼光，都令她的入行之路显得十分顺理成章。

毕业后，文清进了一家传媒集团，先做编导，后来又做了纪录片导演，再后来，集团旗下的杂志也交给她管理，她担任责任编辑。最忙的时候，她一个人承担了三个岗位的工作。对她来说，是因为真心喜欢这些事儿，也因为单身没有负担。但在领导那里，更像是看她能干好用，只管加压。她回忆道：

> 那个时候真的忙，做导演编导这些工作，非常不规律，加班加得天昏地暗。比如说电影节期间，下班的时候要到夜里一点钟、两点钟，但是早上7点必须到岗……领导都是男的，能坚持下来的女同事都很少，更没有已婚已育的。甚至我的领导明里暗里跟我说，你看公司里面哪有一个结婚的女孩子？当时都没有结婚的女孩子的……加起班来女生当男的用，我们公司里面也有那句著名的话，说女人当男人用，男人当畜生用。

传媒集团是国企，薪资并不多优厚。文清身兼三职，收入最高时月薪有两万左右，看起来不错，但在这个纸醉金迷的行当里并不起眼。好在她自己买花自己戴，无需存钱，没有还贷，"光是自己吃吃用用，可以的"。不过作为消费主义浸染下成长的一代人，又生活在品牌商区集中的市中心，文清的消费习惯不低。巧克力要闻绮（Venchi）的；戴首饰她是蒂凡尼（Tiffany）粉；有空吃吃早午餐（brunch），她是西餐厅 Alimentari 和 Money Shops 的常客。

就这样忙忙碌碌，临近 30 岁的门槛，文清突然感到结婚的压力扑面而来。压力并非来自父母，他们疼爱而包容女儿，父亲甚至暗含着前沿的"不婚不育保平安"观点。


**文清**：我爸爸当时做生意的时候，接触过一点政商界的（圈子），他一直觉得婚姻很不稳定，觉得男人基本不行。

**作者**：作为一个男性，他居然这么看。

**文清**：因为他那个时候也是见过很多，他一直跟我说，女儿你以后千万不能看着条件去嫁人。我爸甚至说，你要结婚干什么啦。

**作者**：但是他完全没影响到你吗？

**文清**：没影响，有点后悔。我觉得我一直在被外界影响，社会对女性有非常大的舆论上的桎梏，精神上的桎梏。包括我结婚，我当时也不是说真的很想结婚，我只是不想做"剩女"。

**作者**："剩女"这个说法，在舆论场最火是 2010 年左右。

**文清**：我是 2013 年结婚的，那时还是很火。我感觉到了社会的压力，比如说有一个男孩子，他本来对你很有感觉，我们去参加聚会，他对我很有好感，就问你年龄，我说我是

1984 年的。后来他就跟我朋友说，年龄太大了……他是认为但凡一个女孩子成了剩女，比如说 30 岁、40 岁还不结婚，她一定很怪，她一定在脾气和性格上有点问题。像我跟我丈夫结婚，也不是说因为爱得多少轰轰烈烈，不过两个人都觉得时间到了，该结婚了，他也需要一个家庭，我也需要一个家庭，我们就觉得互相还可以，又认识了好多年，四五年了，觉得也还算比较了解对方的性格。

就这样，文清在 30 岁前的那一年，和当时也在传媒集团工作、时有合作的同事、摄影师嵇昊结了婚。

**为母，险象环生**

对于文清的婚姻，父母起初都不太赞成，不赞成的原因是嵇昊的家庭背景复杂，在文清父母看来，他很不合适。嵇昊是北方人，家有三兄弟，他排行老二，他的父亲很早就来上海打拼，后来生意做得不小，但也带来家庭关系的变化：父母离异，父亲娶了母亲的保姆，她比父亲小十八岁，又生了两个女儿，都送去国外留学。嵇昊没有跟着父亲做工程，而是追随自己的兴趣，大学毕业后进入传媒行业；他的弟弟则一直跟着父亲做工程生意。文清父母问文清："你一个独生女、一个单纯的上海小姑娘，嫁到这种山东人那么复杂的家庭里，你有这情商搞定他们家吗？"那时的文清不以为然："我觉得女性在一个阶段，在事业和各方面都比较顺遂的时候，会有种盲目自信。我当时就属于盲目自信、过于自信、不正确的自信，我最常回应爸妈的话是，要是不开心，大不了离婚呗！"

文清与嵇昊年龄相当，同事几年，相处愉快，单位里共事是常有的事，两人配合得不错，嵇昊的工作能力和职场上的待人接物都颇具专业素养。婚前的文清从没想过进入婚姻生活会遭遇什么样的挑战，以及他俩在工作中的合作模式在家庭中是否能同样顺利。

然而亲密关系的磨合几乎还未开始，挑战就来了——结婚，文清就意外怀孕。直到三年内的第三次怀孕，她彻底弄明白自己属于易孕体质。但实际上，性知识的偏差才是这三次怀孕里每一次都属于意外情形的本质原因。这对双双接受过高等教育、在光鲜行业从事着时髦行当的育龄夫妇，日常最主要的避孕方式是最不靠谱的"安全期"避孕法。因为其他避孕方式都有着不适合他们的原因：避孕套，与文清的严重过敏体质有冲突，一用她浑身上下都不舒服；避孕药，吃了会发胖，这是文清万万不能接受的；也不是没想过让嵇昊去结扎，但他不能接受。文清说：

结扎他不肯，他说结扎了以后会腰膝酸软，再也没办法拎摄影机。我不知道他怎么知道的，反正他以这个为理由不肯结扎。我觉得中国男性对结扎的偏见怎么这么深，国外还是蛮多的，他们就无法接受，在他们那里结扎好像和阉割是一回事，他认为结扎等于变太监。其实不是的，我查过资料，没有什么副作用，而且也是可逆的，但无论你把多少科学文献摊在他们面前，他们会被一种传统的力量给拉回去。

第一次怀孕，文清自然而然地生下大儿子；第二次怀孕，大宝还小，工作又忙，文清的心情很不好，小生命似乎有感应，自动停胎，做完流产手术的第二天文清就到片场熬夜赶工。然而没过多久，她又第三次怀孕了，虽然文清并不想生二孩，嵇昊则是生不生都可以的态度，但文清父母信奉佛教，反对打胎"杀生"，孩子来了只能留下。三年间，文清两度为人母，有了第二个儿子。这一次后，文清选择了体内放置节育环的避孕方式，这是一种不会引发过敏的节育环。

其实，文清的为母之路殊为不易。第一胎顺产，就发生了大出血的状况，幸好输血后止住了。第二次生产时就没有这么幸运了，剖腹产手术大出血止不住，她自己都不曾想到，活生生地经历了一场"生门"！手术后的当晚，文清在朋友圈发文说：

　　剖腹产（手术）的那种千斤压腿和呕吐反胃也就不必说了，最主要的是，剖好以后，时隔两年我竟然再一次大出血了！而这次出血量非常凶猛，医生说以每小时 500 毫升的出血量在出，立即决定输血，做止血治疗。我的双手双脚乃至脖子都被挂上各种我叫不出名字的药水，冷得瑟瑟发抖，动弹不得。接着，突然又浑身发痒，身上起了一片又一片的皮疹，医生最终找到原因，是我对血浆蛋白过敏！是了，两年前我只输了血液没输血浆！后来我也发现事情不对了，各种科的什么主任、副院长全都来了，一个手术室十几号人，最终我听见一个主任跟一个医生说，跟孩子爸爸去说，反正都生好了，再这样下去，实在不行切子宫吧！我瞬间崩溃，大哭着叫：我不要切子宫！这才知道自己出血量太大速度太快，但是因为过敏无法输进血！我快挂啦！后来产科主任说还有一个办法，做放射性介入治疗，拴塞子宫动脉出血点！最终，还是这个治疗救了我！出血量少了，但我还是急需大量血液，这时候，上海市血站开始为我特别配置不过敏的"洗涤红细胞"，我听着感觉自己要上明天新闻头条的样子……晚上6点半，这个救我命的"洗涤红细胞"终于到位！我被五花大绑在手术台上整整一天！终于保住了子宫，捡回了性命！后来主任跟我说，我今天身体里置换了三分之二的血液，流血量达到2700毫升，一半以上的血液差点流光……我写到这里忍不住想哭，为什么女人那样苦（三个哭脸表情包）。另外感谢关心我的朋友们，我没能及时一一回复你们消息，今天的经历永生难忘，我也打定主意，从此要不贪心地活着，平安即好，因为这世界上，除了生死，都是小事！最后，嗯，小宝是男娃，8斤4两，但我因为自身情况不好，至今都没有和他见过面……

这段惊心动魄、险象环生的经历，每一帧都在文清脑海中留下深深印记。全家人都在现场，妈妈一直在念佛，嵇昊颤抖着手签了病危通知书。但文清记得很清楚，嵇昊一直在刷手机，以至于医生过来跟她说，你丈夫怎么那么不懂事，还在那边刷手机。抢救回来以后，在病床上要用一根很长的针从大腿根部插入身体，做介入治疗，把子宫里面的出血点塞住。医生说一定要有人不停地帮文清按摩双腿，防止血栓，叫嵇昊给文清按摩。嵇昊按摩了大概三分钟，就说我手好酸，不行了，我按摩不了，一旁的婆婆严厉地责备了嵇昊一通，最后还是她来给文清按摩。那个时候文清想到的是，只有女人对女人是感同身受的，男人没有切肤之痛，丈夫没有共情能力。事后回顾，嵇昊那时可能是吓坏了，甚至都没有表现出紧张的样子。一言不发、目不转睛地刷手机，是他潜意识地选择逃避的方式来面对。后来他突然去献血了，对文清说："你流了那么多血，我感觉我也要去献一点血。"但文清始终对生产那天嵇昊的表现难以释怀，"我没有办法理解他的心理过程"。

如果说生育遭遇的磨难是文清婚前无法预料到的，那么养育时她和嵇昊的分歧则与他俩在工作中的默契状态毫不相干。两个儿子，一对小哥俩，嵇昊完全不带、不陪孩子玩。孩子们的幼儿园老师找嵇昊拍东西，他会去扮演一个专业人员的角色；但家长会也好，亲子活动也好，平常陪伴孩子那些零碎、磨人的事物，他全无耐心，从不参加，不愿意去扮演一个爸爸的角色。文清感到，尽管已是二孩之父，嵇昊的生育观仍停留在自己原生家庭的格局中。婆婆生三个孩子，像滚小猪一样就滚出来了；公公很早来上海创业，后来又有了"小三"，嵇昊三兄弟野蛮生长，没有被自己的父亲好好对待过，也不知道该怎么做父亲。

**令人失望的，是丈夫还是婚姻本身？**

从产床上死里逃生，孙文清一直在复盘自己，复盘的核心问题是："我为什么前一年连怀孕的时候都要那么拼？"

文清爱孩子，面对孩子，她感到自己愿意付出"至死不渝"的爱，亲情的爱、爱情的爱，还是母爱，在她看来是同一种东西，催产素引发的多巴胺。两个孩子她都母乳喂养到一周岁，这在80后妈妈里并不多见。她相信母乳的不可替代性，但也介意其对身材的影响，所以都依赖吸奶器给孩子瓶喂，无形中又增加了育儿劳动。母亲和其他家人都劝她，传媒集团的工作太辛苦，在这个圈子里根本不可能规律地上下班。她也不想把育儿事务假手于人，几乎是没有选择的，第一次产假结束后，文清就辞掉工作，当起了全职妈妈。

陪伴孩子一天天长大的快乐无与伦比，但"全职妈妈"的标签带给文清的却是越来越沉重的负担。也许文清的精神世界与她的身体一样地敏感，婚前强烈感知到的社会文化对"剩女"的敌意，在她为人妻母后转变成对"全职妈妈"的不友好：

> 我觉得全职妈妈在当时的一个社会语境中，包括现在，都是一个非常抬不起头来的种类。你看小红书好了，十篇里面九篇跟你谈谈全职妈妈的，说的就是妈虫，就是米虫。包括之前张桂梅校长有个学生当了全职妈妈也引发了热议。其实我认为张桂梅校长可能原意并不是这样，而且每一个人的情况也都不一样，但是社会舆论就是那样的。比如很多年轻女孩还会觉得全职妈妈拉低女性话语权，她们说，如果每一个公司都认为，我招一个女性进来，她可能过几年就要去做全职妈妈了，女性在社会上、职场上就会越来越没有话语权，公司就会越来越不

愿意去招女性，大家会有一个这样的认识。所以全职妈妈是一个非常"负面化"的群体，大家也会说，你全职妈妈，你来社会上找认同干吗？你对社会没有贡献，你在社会又没有参与、没有产出，你只不过就是对你的家庭有贡献，你让你丈夫承认你就好了，为什么要我们承认？我们就是不承认！

但问题在于，文清并没有感到自己在家里获得了这样一种来自丈夫的承认。嵇昊在文清生大儿子后辞职，自己开了工作室。由于工作性质，要跟着剧组进片场，一出差就是两三个月不在家。客观上，他确实无法参与到大量琐碎的、重复性的育儿事务中，但主观上，他也对孩子的养育、教育劳动不以为然。两人常为育儿话题吵架，说到鸡娃，他的观点是"我小时候我们三兄弟，爸妈从来没有管过功课，我为什么要管孩子功课，孩子跟着学校念就可以了"；说到孩子们未来面对的激烈竞争，他的观点是"我儿子是文盲，我也爱他"；而说到家庭里的劳动分工，他认为自己养家糊口的压力大，希望文清少花钱、多赚钱。文清一直记得有一次，全家人开车出去吃饭，文清提议去"万岛"餐厅，嵇昊说了一句："那里好贵的，你现在又不赚钱，就应该稍微节约一点。"文清当场就发飙了："我说你说这话什么意思？什么叫我不赚钱？法律告诉我，你赚的每一分钱有一半都是我的。你这个工作性质，让我怎么去做一个坐班的工作？"当即下车暴走的文清事后又反思自己，嵇昊那么说未必有看不起她或是侮辱她的意思，是她太过敏感了，"全职妈妈的心理很难正常"。

全职妈妈做了近一年，一个朋友找到文清，邀请她改编一个话剧剧本。话剧上演后反响不错，文清也收到了几万元的稿酬。"我终于又开始重新赚钱了！"兴奋不已的文清生出巨大的成就感。她感到，这个成就感不是说能赚多少钱，和钱其实没有关系，而是让她重新找到自己在社会中的位置——"而不是大家问你，你是干什么工作的？我只能说，是做全职妈妈的"。文清越来越多地进入到编剧、广告等创作工作中，后来干脆和嵇昊共同"创业"，承接影视、短剧、广告等业务。一个做编剧，一个做摄影，回到共事的格局下，似乎反而找到了曾经合作愉快的状态。但这一行的特点就是工作时间不规律，一开工，没日没夜是常态。生大宝时文清还放缓了工作节奏，注意休息，到生二宝前，她一直挺着大肚子跑东跑西地忙业务，生产前一天她在医院写好创意文本发给客户，对客户说："你给我三天，我就满血复活了，明天我生孩子去。"不料等着她的，是一道鬼门关。

复盘的文清，重新梳理自己对工作、婚姻、母职的体认。她认清自己害怕被看作全职妈妈的心理，也思考了对待工作的取舍态度。嵇昊的"微粒贷"事件发生，甚至触动了她对这段婚姻和双方关系的反思。表面上看，这次事件是嵇昊偶然发生在工作上的误判——这部戏的诸多参与人员与嵇昊都是朋友，他既开不了口在第一时间催要工资，又不相信对方真的会拖欠那么久；但背后，嵇昊面对危机和困难时的逃避心理，重要财务决策时的自以为是，需要家庭背书和支持时的理所当然，都令文清对丈夫的"巨婴"属性不满和不安。在结婚九年，生育了两个孩子之后，她才意识到这一切是如此突然地把她从"诗和远方"拉回最沉重的生活琐细之中，或许自己根本就不适合婚姻。


## 写在结尾

在访谈过本章第一位独抚母亲童悦之后，我们都比较反感她的前夫。用不同电话号码呼叫一位女生的 BP 机，在女方单位门口围堵，现在我们知道了，这类追女生的方式属于"跟踪"，这对女方构成了骚扰。生育后的"丧偶式育儿"以及"午夜电影票存根"也都是令人难以忍受的。我们甚至惊讶于童悦认为前夫最帅的时候给了她，并认为她不亏——怎么会？她值得一段更好的婚姻和更负责的爱人。童悦在叙述时经常会站在前夫的角度考虑问题，并表示会在儿子面前维护（能力等各方面都很普通的）前夫的尊严，这些言行举止都呼应了"被强调的女性气质"（emphasized femininity）这一概念。这一概念首先由康奈尔提出，指的是在亲密关系中女性处于附属地位，顺从并满足男性兴趣和欲望的现象。[51] 童悦在叙述时一直从对方角度考虑问题也体现了被强调的女性气质。她在伴侣关系中不断调试自己，对于前夫出轨和不顾家虽不情愿但无可奈何，直到前夫精心策划了离婚协议并且铁定要离婚时她才无奈接受——这些都体现了她顺应男权社会的做法。此外，她的两次"意外怀孕"也体现了夫妻权利关系的不对等——男方通常是性行为中主导的一方，而女方通常是被动的一方，女方没有意识或者没有能力来贯彻安全性行为。

文清和童悦分别属于 70 后和 80 后。文清更不忌惮离婚，更加注重生活的舒适度，但这可能跟她原生家庭优越的经济地位有关。她们的经历其实体现了很多共性——包括未婚时候对婚后生活没有太多想法，认为结婚生育是自己的必经之路，婚后经历了"丧偶式育儿"，和伴侣之间的沟通都不太顺畅。很多 70 后和 80 后女性在未婚时憧憬能有这样的"白马王子"，使自己摆脱"剩女"的污名，给自己带来浪漫的爱情和稳定的婚姻生活。她们对于婚后生活思考不多，以为就像童话故事里描绘的，结婚就是幸福生活的起点。但在婚后，王子公主的童话被打破了，无论她们是否意识到所谓浪漫爱情和幸福婚姻中充满了对女性的压迫，她们都感受到了婚姻带来的窒息感、绝望感和繁重的育儿劳动对于个人精力的牵扯。她们中有很多人想到了离婚，并有一部分人做出了实际行动。童悦是已经离婚的单身母亲，而文清则是离婚进行时。

文清和童悦在访谈中都认为自己的家庭中存在"丧偶式育儿"。但与此同时，文清偶尔也会在朋友圈中流露出"男人天生做不好家务""男人天性如此"这样的观念。虽然不满意丈夫在育儿中的参与度，但又用性别本质化的言论来给丈夫贴标签，这体现了一种悖论。用"天生如此"来合理化男人的家庭低参与度，比接受他们有能力却不愿意帮忙更能让母亲们心理上过得去，更能缓解家务冲突。这一解释也体现了母亲的妥协。

但同时，文清在访谈时也展示出很多淡然、清醒和不糊弄自己的时刻。在经历了婚姻带来的种种不快之后，文清开始意识到自己可能不适合结婚。在访谈结束时，她表示如果能重新选择，她不会结婚生子——虽然她对孩子怀有"至死不渝"的爱，但如果不结婚生子的话，她会过得非常轻松，无拘束地把时间和金钱都投资在自己身上。在对二孩母亲们进行回访时，一位公务员二孩妈妈和一位教授二孩妈妈，都表达了后悔结婚生孩子。"后悔"反映了对于不平等性别分工的不满，对于婚后自我发展受阻的沮丧，她们并没有粉饰太平，维持"一家四口"其乐融融的表象，在研究者面前坦然承认自己的后悔。

2016年以来，"丧偶式育儿"作为网络流行议题受到社会广泛关注，这一表达方式惹人注目，既切中当下育儿中的父职缺位，又宣泄了妇女对工作、家庭双肩挑现象的不满情绪。传统的"男主外女主内"观念并未消除，日益繁重的照料和教育责任仍主要由女性承担。在个体主义与流行女性主义（popular feminism）语境下，当代年轻女性更加重视个体生活质量、自我实现与亲密关系中的情感表达。女性个体意识的觉醒与社会家庭的传统要求之间，产生了巨大的张力。"丧偶式育儿"话语在此背景下应运而生。但是，在网络空间里进行宣泄式表达仍然很难改变父亲育儿参与率低的现状。离婚对于个体而言，虽然无助于改变"丧偶式育儿"，但反映了母亲对于现状的挑战。

第四章

# 事业与家庭

看到"事业与家庭"这个标题,你的第一感觉是不是"喊,又来了,老生常谈!"成功的女性总是会在各种场合被问到,如何平衡事业与家庭?而绝大多数普通女性则很可能时时、事事地活在倒向两种方向的选择中。虽然越来越多具备了性别视角的人们已经了然,这两者无法平衡,然而在当下主流社会意识中,它依旧是女性专属的问题,是男性不太可能会被问到、也不需要面对的问题。

我们的受访者,全部都(或曾经)是职业女性,这和我们的研究对象有着城市生活并且受过良好教育有关,但也带来了研究范围受限的遗憾。中国女性的就业处境和趋势并不乐观。在"妇女能顶半边天"的毛泽东时代,中国妇女的就业率达到90%以上,位居世界第一。国家从政策上推行和保证就业平等、收入平等和福利平等。自新世纪以来,女性就业情况的发展趋势并不乐观。北京师范大学劳动力市场中心发布的《2016中国劳动力市场发展报告》等研究显示,尽管中国女性的劳动参与率高于世界平均水平,但近十年来呈现持续下降趋势。具体来看,2010年相较于2000年,女性劳动参与率下降了16.1%,而同期男性的下降幅度仅为6.3%。[52]全国妇联和北大中国社会与发展研究中心的研究进一步表明,女性劳动参与率不仅持续下滑,与男性的差距也在扩大,女性劳动参与率的降幅尤为显著。[53]香港中文大学社会学系的蔡玉萍教授指出,中国是少数几个在就业率和收入方面性别差距不断扩大的国家之一。

我们认为，中国女性就业困境的原因主要是工作场所的性别歧视和女性婚育后遭受的母职惩罚。"事业还是家庭"这道选择题，经久不息地考验着一代代母亲。终于在 2023 年，对于这个话题的关注一定程度上积累到了一个高峰。美国经济史学家、劳动经济学家，哈佛大学经济学教授克劳迪娅·戈尔丁，因为在女性劳动市场方面研究的卓越贡献，获得了诺贝尔经济学奖，成为获此奖项的第三位女性。戈尔丁一生致力于全面地阐述人类近代历史以来妇女的收入和劳动力市场参与情况，并深入理解造成其中性别差距的因素。事实上，"事业还是家庭"正是戈尔丁的重要著作的标题，也就是在 2023 年引进的中文版《事业还是家庭：女性追求平等的百年旅程》。戈尔丁的研究聚焦于美国一百年来的女性大学毕业生，用丰富的数据和细致入微的分析证明了就业中的性别不平等和性别收入差距是无可否认的真实存在，而且，有点残酷地说，生孩子就是造成夫妻性别收入差距的开始。[54]

国内学术界尚未出现如此系统、深入、厚重的研究，尽管同样的问题比比皆是。我们和每一位受访者的交谈，都无法绕开职业状态和母职的交互影响。在本书中出现的每一位母亲，也都谈及了自身的工作内容和事业追求。但最终，我们选取了四种既富有独特性、又有代表性的母亲类型，组成"事业与家庭"这个篇章。她们当中，有家庭性别角色反转、家有全职爸爸的仇臻娅、李佳莉；也有与丈夫同一条起跑线出发，却在职场渐行渐远的丁淑云和苏晓洁；有为了家庭和孩子从职场退出，甘为全职妈妈的李静恬、宋钰涵和于舒心；还有上一章中已经出现过的三孩妈妈林夕，这一次，她的故事围绕从绝望主妇变身成功微商展开。我们运用事业与家庭关联交织的视角，看到这些妈妈们是如何在社会结构性的塑造下发挥能动性，做出选择和努力。

# 第一节　事业女性与全职爸爸

2022年3月，时值最新型新冠病毒奥密克戎变异株冲击上海。一个平常工作日，大学法学老师、同时在校外担任兼职律师的仇臻娅去位于郊区的高校上课，突然收到通知，因学校出现核酸异常病例，所有师生就地驻扎，实施"7+7"隔离检测，至少须在办公室住上14天。与之同时，上海某科研机构副处长李佳莉已每天带着洗漱包上班。一边是越来越多的同事和职工遭遇突发性封控，被关在小区内；另一边，单位收到市级机构求助，恳请安排研究所内的研究生前往大型核酸集中检测点协助抗疫。这两边双向夹击，大大增加了李佳莉的工作量，并让她做好了随时封在单位，回不了家的准备。

仇臻娅和李佳莉都是二孩之母。臻娅的大女儿去年中学毕业，在全球疫情未消的时代洪流下"逆行"前往美国西海岸就读寄宿高中，现在反而是最不用担心的；小学三年级的小儿子又开始了这届儿童不陌生的居家学习和"空中课堂"。幸好家里有全职爸爸坐镇，臻娅索性既来之则安之，一边上网课一边报名了校园志愿者工作。

佳莉的两个儿子，一个上小学三年级，一个还在幼儿园大班，这年纪下无法上学的男孩子们在家里会掀起的巨量家务和情感劳动，光想想就头痛。双方父母都在老家，已经进不来上海，一切只能交给全职在家的爸爸。佳莉不得不承认，这种非常时期，全职爸爸发挥了很大的作用。

当 2017 年我们第一次访谈二孩妈妈们时，为了充分了解女性在母亲角色和职场角色交织下的纠结，我们刻意在职业女性当中寻找已经生育两个孩子的受访者。访谈中屡屡触及全职妈妈是否——或是曾经或是未来——会成为她们的一个选择？大多数妈妈也确实认真地考虑过这个问题。而全职爸爸则是一个完全在选择之外的概念——大多数爸爸都有一份看起来十分光鲜的职业，并十分自然地忙于工作，疏于育儿。就说本章提及的这两位二孩妈妈，当时仇臻娅的丈夫在外企任职，李佳莉的丈夫则响应"大众创业、万众创新"的时势，正热火朝天地和朋友联合创业。不过，几年后的续访得知，两家的爸爸们居然都成为没有工作收入、生活以育儿和家庭为中心的全职爸爸。这样的转变是如何发生的？二孩妈妈对此又是如何看待和理解的？不禁引起我们极大的好奇。


## 按部就班的前半生

回顾前半生的历程，仇臻娅和李佳莉都以为自己会成为典型的"贤妻良母"，很难说是主动还是被动地选择，或是有意无意的力量，把她们推到了家庭中那个通常不属于女性的"顶梁柱"之位。

仇臻娅是辽宁人，出生于 1975 年，是家里的老大。1979 年东北实施起严格的计划生育政策，她有一个妹妹和一个弟弟，都属于"超生"。原生家庭为此付出相当高昂的代价：当时不仅遭到罚款，母亲还被单位开除。她说："这还是找人情的结果，按照政策是要'双开'的，那还怎么过？要说起来，我们那边的父母官还是比较通人情的。"仇臻娅在外表上完全找不到那些常被贴在北方女性身上的刻板印象。她个头十分娇小，留着一头中年女性少见的长卷发，定期去美容院做保养的皮肤细洁柔亮，着装精致讲究，开口温言软语，时不时就来一番自我解析："你别看北方女生好像个性很突出、很开朗奔放似的，我们骨子里是非常传统，非常女性化、家庭化，非常小鸟依人的。"

尽管那个年代三孩家庭的日子不宽裕，但臻娅却打心眼里喜欢多子女的家庭。从小她和弟妹互相帮衬，如今她也会经常想着弟妹的生活和发展，替他们操心安排。她怀念和兄弟姐妹一块儿长大的快乐，感到身为大姐锻炼了自己多方面的能力和责任心。如今有弟弟在老家陪着父母，这也让她放心。她说：

> 有一年我妈病了，我妹妹在北京，我在上海，我弟弟跟我妈在一起，我弟弟和我弟媳妇就全搞定了，帮了特别大的忙。如果说就我一个的话我是不是得回去吧，我要不回去的话她得怎么办，对吧？所以多生几个好呀，哈哈……其实如果可以我还想再生呢！

说这话时，臻娅的二宝才 4 岁，是她以 38 岁的高龄在美国访学时生的。受高中政治老师的影响，臻娅大学选了法律专业，毕业后考到上海读研，顺顺当当留校做老师。她是一个规划感特别强的金牛座，在单位站稳脚跟后，27 岁结婚，28 岁买房，29 岁怀孕，初为人母。

理论上，像仇臻娅这样 30 岁才初次生育的高学历女性，和通常想象中的二孩妈妈形象很不相符。21 世纪的第一个十年，女性生命节奏中的婚育时点一度备受社会舆论关注，代表性的文化现象就是"剩女"一词的甚嚣尘上、广为流行。据长期观察"剩女歧视"现象的上海社科院文学所研究者陈亚亚考证，"剩女"通常指 27 岁以上尚未结婚的女性，带有贬义。这个词是怎么出现并逐渐成为热词的，如今很难清楚溯源，但它大概是在 2006 年时就已在网上相当流行。2007 年，教育部发布的《中国语言生活状况报告》中，第一次收录了"剩女"；全国妇联官网也在同期提出"剩女"问题。[55] 主流舆论都视"剩女"为一种新出现的、急需解决的社会现象。而解决方案就是帮她们去结婚。

为什么女性过了 27 岁不结婚，会成为一个可以在街头巷尾、报纸、杂志、文娱影视等各种媒介上议论纷纷、口诛笔伐的社会问题？微博名医、前北京协和医院妇产科副主任医师张羽和著名播客节目"随机波动"的一次交流中，提出一个掷地有声的观点——"最佳育龄是医学问题也是社会问题"。这并非被社会大众广义接纳的常识，只要搜索"女性最佳生育年龄"，我们会看到大量这样的标题：

专家：女性 22—28 岁生育最佳，你打算什么时候生？

院士说：25—28 岁是生育的最好年龄，真不是骗你生孩子

女性 22—28 岁生育最佳，28 岁以后生育机能衰退

＃备孕＃女性 22 到 28 岁生育最佳，育龄期夫妻最好在 25—28 岁科学备孕

张羽医生说，从我们医生的角度来讲，最佳生育年龄有绝对的门槛，就是 21—30 岁。但是我们能够按照医生的教科书去生活吗？不可能。然而科学概念流传到社会大众层面，最佳育龄范围不仅被限定得更严格更精细，甚至可能成为推波助澜的社会力量：是不是因为 28 岁被认为是女性最佳生育年龄的上限，于是相应的，27 岁就成了最佳婚龄的上限？难道"剩女"的称法和定义，正由此而来？

当然，一种社会认知的建立过程绝不会如此简单、如此功利，甚至，如此"鸡贼"。但无法否认的是，进入新世纪后的十多年间，"剩女"这个称呼对中国女性造成的婚嫁舆论压力一度十分严重，围绕于此的"逼婚"文化和"反剩女"歧视运动都在网络上下引发过一次次热搜和争议，直到 2017 年 7 月 27 日，《中国妇女报》发布的性别歧视类禁用词中，"剩女"赫然在列，标志着在这一个议题上社会心理的转折，同时也带动了舆论场的反转和社会现状的改变。2007—2017 年，历史中不过匆忙一瞬，但在我们聚焦的 70 后、80 后女性中，这段时间恰恰是她们的婚育年龄段，社会文化的冲击在所难免。

30 岁前的李佳莉，一直有点恨嫁。多年后回忆起来，当相亲认识、交往不久的男友和她母亲提出结婚安排时，她有点蒙，但似乎又找不到拒绝的理由，而最高兴的是一向疼爱她的父亲：宝贝女儿终于要出嫁了。对此，在佳莉看来，这既有她们山东人的传统心理，也因为她虽身为学霸、在学业和职业上都成绩斐然，但内心其实从不抵触做个"小媳妇"，她把这概括为"听话"。她回忆道：

　　　　爸爸是工厂里的工人，妈妈是小学老师，还有个弟弟。家里并没有什么重男轻女的现象，很重视教育，鼓励我们多读书。我爸爸脾气很好，从不抱怨，从来不会指责我们……原生家庭是很幸福的，所以从没想过有别的形式的家庭关系。

　　　　像我们在这种家庭里长大，现在也是在体制内的单位工作，我感觉思想都太过于传统了。包括自己从小到大的这一路成长，非常听话，很重视家庭。如果家庭需要你扮演一个小媳妇，我是希望这样的。长那么大，我只跟我丈夫私下吵过架，在家里人面前不太会跟丈夫起冲突。在各种各样的关系里面我都不是愿意去掌控和提要求的，我会愿意去配合别人。

　　李佳莉研究生毕业前一年的年末就签约了一家台湾半导体公司，不料次年 5 月公司本部发生事故，和所有的大陆毕业生都解除了协议。她是学生干部、校优秀毕业生，和团委的老师熟。老师说上海的一个科研系统正好来招人，问佳莉要不要去试试。她想着上海挺好的，就来面试了，当场被单位看中，直接留下来工作。从一个工科毕业生成长为专职行政人员，在办公室、党办、外事、领导秘书等各个岗位都锻炼过，35岁时获提拔成为副处长，前途大好。

佳莉和丈夫是相亲认识的，两人同为山东老乡。她老家在最东边的沿海城市威海，丈夫王鹏老家则是最西边毗邻河北的聊城，分属"齐""鲁"两国，符合山东人都懂的梗——"跨国婚姻"。起初最吸引她的，一个是王鹏高高大大的身材，符合她对男友身高的期待；另一个就是在上海市区工作听多了吴侬软语，王鹏那一口北方味的普通话令她倍感亲切。一直到共同生活、养育孩子，和双方家庭不得不建立起紧密、深入的联系之后，地域文化、家庭熏陶和处世方式的差异才越来越清晰地凸显在两人的关系中。


## 不一致的二孩观

同为二孩家庭，仇臻娅和李佳莉的相似之处，一是两人都是在北方出生、长大，来南方求学、发展、事业有成的女性；二是初始学历都是硕士研究生，仇臻娅后来还在职完成了博士学业，而她们的丈夫都是本科学历，教育背景属于"女高男低"；三是在二孩意向上，她俩恰好都与配偶有分歧，这个决策过程颇为艰难，二孩来之不易。只不过在仇臻娅家，是她执意生二孩；而在李佳莉家则相反，如果不是丈夫王鹏坚持，二孩不会出生。

自认为有着深重东北人内核的仇臻娅择偶时有意避开了老乡。养育了三个孩子的原生家庭留给她许多温暖记忆，父母和周遭亲戚大都履行典型的男主外女主内式传统性别分工，主外的男人回家好喝酒，主内的女人即使特别传统顺从，小打小闹仍免不了，这些印记也令她难忘。她的丈夫是她在英语培训班上认识的，比她大两岁，是四川人，有着鲜明的川蜀气质，信奉"小富即安"，享受生活。最初，丈夫在外企做销售，赶上年景好，做了几个大单赚了些钱，他们买了套小三房的婚房。生了女儿后，婆婆来帮忙，臻娅才发现丈夫算得上是个"妈宝"：每天不管多晚下班，婆婆一定不睡觉地等丈夫，丈夫回家后也一定要和老妈聊上几句。婆媳之间出现分歧矛盾时，丈夫从不站在她这一边。外企工作压力大，丈夫感到累，会辞职休息一段时间，钓鱼、会友，发觉钱快花完了就再去找份工作。初为家长，臻娅照书育女，凡事亲力亲为。她觉得私立教育质量好，女儿从幼儿园起就上的私立机构，一天公立学校都没读过。同时期丈夫的父亲角色意识发展就明显滞缓。她说：

> 生完第一个小孩时候，他还没有学会做爸爸，他想干什么就干什么。我觉得他的特点就是每天所有的日程规划以自己为中心，都没有把我们规划进去，我们绝对不是主角……

仇臻娅一直想生二孩，但丈夫不同意，婆婆向着丈夫，也不同意。丈夫不想增加生活的负担和压力，多一个人，现在住的房子就嫌小了。女儿一路私立学校的学费也不便宜，再生一个，总不能读公立吧？两口子的收入，养一个孩子，怎么都够，再来一个，赚钱压力肉眼可见地噌噌往上升。婆婆也不想宝贝儿子辛苦，四川人没有养儿抱孙子的执念，他们觉得维持现状挺好的。臻娅不死心，做了许多努力：动员多位朋友来说服丈夫；调整自己的职业规划，把越来越多的精力投放到能显著增加收入的兼职律师工作上；请了全职阿姨料理家里所有的家务，等等。她和丈夫双双出自"非独"家庭，不符合当时的"双独""单独"二孩政策，眼看年龄不等人，2013年她以38岁高龄赴美访学，率领全家同行，进行了一趟跨洋生子之旅。她说：

> 评副教授之后，我就酝酿生二宝。但其实我家丈夫一直不同意，我们也不满足生二孩的政策，不能在国内生，所以只能到国外生。后来就是刚好可以访学，我就说我们一家都去，因为在外企找工作很方便，他就辞职了。

在美国生育了二孩，结束访学回国后，丈夫重新找一家外企上班，臻娅则把工作重心放到律所的工作上。

李佳莉和王鹏谈恋爱时，她第一次见到王鹏的母亲，对方就向她强调，儿子是独生子，以后家当都是儿子的。后来她才搞明白，王鹏有三个姐姐和一个妹妹，她们对父母都很好，体贴老人，关照唯一的兄弟，但都是在家庭财产继承的名义上不被承认的女儿。许多大家庭汇聚的场合，无论是桌上的菜，还是家里的财物，婆婆会自然而然地强调，一切都紧着儿子，一切都应该先照顾王家唯一的继承人。女儿们和他们的配偶们、第三代孙辈们，对此似乎都接受得理所当然。只有佳莉每遇此景，仍会感到不习惯。同为山东人，这样的景象在她长大的家庭里从未出现过。

集全家人万千宠爱于一身长大的王鹏，自视很高，人也聪明麻利，有大男子主义特质。他比佳莉小两岁，学历低一个层级，却在两人的关系中占据主导位置。那还是在结婚前，有一次去王鹏家做客，佳莉不习惯坐在那里看别人忙，因为在她家里从来不会发生让一个家庭成员在厨房忙而其他人在外等着吃饭的场景，一定是一块儿忙乎、一同坐下才开始进餐。于是，她去厨房帮忙，做着做着就变成厨房里只剩下她一个人忙碌，其他人都已在桌边坐下，等着她端饭上菜。她说：

> 我当时不知道该怎么办了。觉得很奇怪，但是没有多想，我是个不太会多想的人，想得太少，想事情总会向一个好的方向去想。这事还跟朋友说了一下，朋友都不知道该说什么好，她也不好说不好，因为不想影响我们的关系。

不久后，在一次出差途中，王鹏突然打来电话，说和父母都商量好了，她一回来就去领证结婚。佳莉心里似乎不那么确定，但又说不出拒绝的话，毕竟自己已经 30 岁了，王鹏是她相亲经历中交往时间最长的一任。两人关系还算和谐，佳莉看出了王鹏是要做主的脾气，碰上什么事儿问她意见，她会认真考虑和给出看法，但绕完一圈王鹏每次实施的都是他自己最初的想法。佳莉工作忙，经常加班，平时为人处事也一向平和，她渐渐也就接受了和王鹏这样的相处方式。第一次爆发冲突是大宝出生后几个月，公公婆婆来帮忙，抱上孙子的婆婆很激动，也很疼爱孩子，然而在养育孩子的方式上，婆婆的掌控欲和强势性格毕露无遗。佳莉这才看出王鹏的脾气和他母亲很相似。她回忆道：

孩子当时已经拉肚子五天了，我觉得应该带他去医院看了。婆婆就觉得孩子不要去医院，认为去医院就是折腾孩子。我查了育儿书，上网检索了许多信息，还咨询了医生朋友，跟婆婆讲道理。她却认为是在挑衅她的权威，认为她是对的。你们说的和她不一致，她就要纠正你。其实之前的种种都无所谓，包括不让我给宝宝穿尿不湿，宝宝拉得满地都是、满床都是，我洗一遍再洗一遍我都无所谓。但是这第一次矛盾是因为孩子生病，我丈夫也不善沟通，直接给我的意思就是别说了，就是不准顶嘴。那时候他父母刚来，他对待他们像贵宾一样，在桌子下面狂踢我的腿，让我不要说话。

后来怎么弄的？后来有亲戚来，是他家的亲戚，看到孩子纸尿裤都不穿的到处乱拉。起初亲戚顺着婆婆，也说拉肚子没关系的，但是听说拉了五六天了，立刻改口说那要送医院的，要去医院看看。就这样，婆婆才不吭声了。她会听外人的，却不听自己家人的话。

最后我们去了医院，我把尿不湿也带到了医院。在家里我会照顾到整个家庭，把委屈忍下来，出了门之后我才爆发的。回来的路上只有我们两个人，在车到十字路口时我爆发了，和

184

他大吵了一架。

　　刚开始，王鹏不愿和自己父母起冲突，不许佳莉顶撞婆婆。但很快，王鹏和他母亲相似的性格特征在家庭中引发出源源不断的矛盾和纷争，佳莉反而是经常劝架的那个。婆婆是关起门来的"小慈禧太后"，大小事都要她说了算，认为子女孝顺就要听她的话；王鹏也是听不进意见，动辄逆反，一言不合就杠上，"我们家就变成他俩老吵架"。佳莉工作忙，回到家常感觉气氛不对劲，王鹏说和佳莉没关系，公公则能躲就躲，尽量不掺和矛盾。好几次，母子俩吵得不欢而散，婆婆领着公公说走就走，立刻回老家，一天都不多等。面对这样的情况，佳莉只好想各种办法应对。她的父亲还没退休，所以只能母亲一个人来上海帮忙。老两口感情很好，母亲在这儿待了一两个月就会惦记父亲，通电话时会难过得掉眼泪。佳莉看了既感慨父母的关系好，又很惭愧由于自己的缘故让父母老来分居。虽然婆婆不好相处，但她也只能盼着婆婆的气消了，能再来上海。

　　大宝三岁时，佳莉意外怀上了二孩。夫妇俩的第一反应都是不要这个孩子。无论从夫妇两人的精力、父母的精力，还是从整个家庭在上海的情况来看，他们都觉得只生一个孩子是合适的。两边父母也不主张再要孩子，公婆已经有孙子了；佳莉的父母没办法经常来帮她带孩子，也知道佳莉家里时不时的鸡飞狗跳，劝佳莉别再生了。"但是，当突然有人问我们，你们为什么不要的时候，我丈夫的想法变掉了。他突然意识到，咦，我还可以要哎！"接下来，两人经历了为期一个月的艰难讨论，王鹏动用了一切可以动用的力量来劝服佳莉：

> 他发动他们家里所有的人来劝我，就是当我跟他谈论到最后，他觉得："好吧，我已经没有耐心跟你说，但是你既然有这么强烈的意愿不要，随便你吧，你来做这个决定，我也不管了。"我本来以为就结束了，后来发现他只是在我面前这么说，其实是口是心非的，事后他又动用自己的家庭权力，我才知道原来他想要孩子的意愿这么强烈。那我就要考虑我要或不要会不会影响到我们的家庭关系。那我就想既然这样子，就算了吧。其实我是喜欢小孩的，我只是理性上分析，觉得不要更好，这么综合考虑下来还是要吧，虽然我知道要了可能更辛苦。

最戏剧化的一次，佳莉已经坐上了去医院做人流手术的出租车，途中接到办公室小姑娘的电话汇报工作，说起探望刚生了孩子的同事。小姑娘眉飞色舞地描述起小婴儿如何的可爱、动人。最终她打道回府，这通电话虽不能说是关键，但没有影响是不可能的。后来佳莉在婚姻、育儿和家庭生活中遭遇到更多的困难，听说这个小姑娘曾背着她和其他相熟的同事哭着说，是自己害了佳莉。但佳莉不会想太多，并不介怀，因为小婴儿确实十分可爱、动人，尤其二宝是天生的戏精，表达能力一流，天生擅长体谅妈妈的需求。37 岁的佳莉休好二孩产假去上班时，同事说能看出来她整个人和过去不同了，变得更加柔软、放松、满足。

## 不同步的职场路

从美国回来以后，仇臻娅的职业规划有了重大调整。之前，她遵奉传统职业观的召唤，视大学里的教职为工作主战场，专注教学和科研工作，打算一步步往学术阶梯上攀登，而兼职律师工作，对她来说不过是有一搭没一搭地偶尔为之，或是朋友所托，或是与专业有关，可以积累实务经验。二宝出生后，经济负担成了摆在面前的现实问题。丈夫回国后，仍在外企找了一份年薪20多万的工作。臻娅提出要换大房子，这时候，上海房价已开始起飞，丈夫不赞同，婆婆也跟着不赞同；女儿琪琪准备升中学，臻娅的想法是直接上国际学校，以后去美国读高中、大学、研究生，且不说这一路往上的学费成本，用工薪家庭的收入标准来看简直高不可攀，光是眼前，国际学校一年20多万的开销，就足以令很多工薪家庭望而却步。说到钱，丈夫又不吭声了。

臻娅或许有一些完美主义追求，如果哪天上课效果不佳，她会十分沮丧，一次开庭开得不好，她觉得自己会抑郁一个礼拜，翻来覆去琢磨如何改进。她理想中的自己，在家是好妈妈，在课堂上是好老师，在法庭上是好律师，当然，在亲密关系中，也是符合传统性别模式期待的好妻子。"原来我生完大宝后，很长一段时间我是希望给丈夫更大的空间，让他去发展，我来支持他，我来带孩子，让他来成长。但是成长好多年没成长起来，我就放弃了。我自己来成长。"出于经济考量，臻娅对在学校和律所投入的精力进行调整，从3∶7调整为7∶3，完成必要的教学和科研工作量后，她不再执着于升正教授，而是意图在司法的实务世界里大展拳脚：

> 我本来就挂靠在朋友的律所里，开始是想着是不是加入到他们的团队里，但是我们这种高校里的老师，和他们专职律师还是不一样的：觉得自己是文化人，死要面子，在学校里学生都是捧着你的；出去之后，你得像销售一样，上面有领导，你是老板的团队成员。这种转变，也不是啪一下就能转变过来的。所以，我就想组建自己的团队。

成为两孩之母的仇臻娅开启了人生新阶段的创业篇章。2015年6月，她留了一个自己的研究生在律所工作，之前在她这里兼职的一位行政助理也把劳动关系转过来，这个三人团队的市场考验期只有半年。"压力很大，我也没有信心一定能成功。我就告诉她们，到年底不欠你们工资，我们这个团队就可以活下去；如果到时候发不出工资了，就解散，你们另找工作。你要给人家一个心理预期啊。"到了12月底的时候，房租、工资都没有问题，还发得出奖金，臻娅有信心了，那年她40岁。很快，她着手看房、买房，在女儿学校旁边，买下一套联排别墅，"就是围着孩子转啊，二宝以后肯定也读这个学校。如果没有二宝，如果不换房子，我也不会有这么强的动力。"臻娅跟丈夫说，首付、贷款，都不用他管；孩子们的学费，也是她来负责。次年她又招了两个助理，都是自己的研究生，毕业后留上海发展的。尽管在律师界见识过许多出色的女性，她也从自身经历体会到律师是非常适合女性的职业，但招人的时候她还是倾向于要男生。"真的，还是男生好使。"

李佳莉在单位工作踏实认真，倍受同事和领导的好评，职业阶梯稳扎稳打的同时，丈夫王鹏却逐渐与正常的职业路线渐行渐远。大学里王鹏学的法律专业，毕业后没进法律行业，而是做物流行业的工作。后来，他想跟朋友一起创业，但没创出什么名堂来。家族成员都很关心这个王家继承人。有亲戚在上海经营企业，叫他去那做事，就去了；工作没多久，有亲戚建议他去北京读书，攻读工商管理硕士。然而，书还没读完，又有声音说这边公司还是需要他，希望他回来。每一段经历，都不是王鹏自己决定的，他也都没有完完整整地走完全过程。"全部都是被安排的，安排到后来那个亲戚的公司倒了，他自己找的工作，每段都做不长。"佳莉觉得王鹏脑子很机灵，只要有他自己想做的事，也非常有行动力。然而在职场上的角色转换，似乎始终没有完成。一个很大的原因是他不能忍受工作中的委屈，经常抱怨。抱怨并不是全无道理，然而为这些缘故愤而辞职，佳莉只在自己丈夫身上见到过。"他只做他想要做的事情，不像我们，我们会觉得，要做你需要的事情和家庭需要的事情，但是他只做他想做的事情。"

王鹏和婆婆不开心的时候，婆婆也会抱怨儿子，到处跟人说儿子这个不好那个不好。但是当佳莉跟公婆提出来，王鹏创业没成功，中间还投了很多钱，从投入产出比来看是不行的，要么还是去上班吧。婆婆立刻跳起来维护儿子："家里那么多事也要有人做啊，两个孩子也要有人带啊，王鹏这样挺好的，这样家里的事情就有人管了。"日常生活中离不开老人帮忙，佳莉也没有精力去争执是非曲直。渐渐地，王鹏不再从事任何有酬工作。他在老家城市缴社保，在上海，即使作为灵活就业人员，每月缴纳社保的这笔开支也不算小。其实佳莉在职位上有不少合作机构和社会资源，给王鹏介绍、安置个岗位完全是可能的，但她从没有做过这个尝试。

## "一家之主"还是"软饭硬吃"？

谁是这个家里的一家之主？在仇臻娅看来，毫无疑问，当然是男主人。从两人在一起开始，钱就是丈夫管，她能感觉出来他很开心，婆婆也满意，因为是儿子掌控着这个家。李佳莉家也是丈夫管钱，她都不用想这个问题，因为无论王鹏是否有工作，家里的事都是他做主。

仇臻娅把 70% 的精力投放在律师工作后，她和丈夫的收入差距迅速拉大。两人的经济模式变成了各管各，大宗消费都由她承担，而丈夫的收入则由他自己保管。2017 年她又买了一套法拍房，产权只写了丈夫一个人的名字，在潜意识里，她已经在为未来的生活做安排。2019 年，一直和他们住在一起的婆婆过世了，这时候二宝快要上小学，家里的钟点工，就改成住家阿姨。夫妻俩下班都很晚，女儿放学了还要去补习机构，家里经常只有阿姨和二宝。没过多久，二宝告诉爸妈，阿姨带他去棋牌室，让他在那里看电视、吃零食，而阿姨自己在那打麻将，这把臻娅和丈夫吓了一大跳。夫妻俩就商量，不能把孩子完全交给阿姨，要自己带，这就需要有一个人回家做全职家长。

臻娅心里的盘算是让丈夫回家，现在丈夫一年的收入，她在一个案子上就能挣到；但这建议万万不能由她提出来，她说的是，"反正两个人要有一个回归家庭。我也同意回归的，因为我回归的话，学校的工作还可以继续，又不忙，就是放弃律所的工作"。后来丈夫主动说："还是我回家吧，男孩子，爸爸带。"

臻娅不是没有担心过，他会后悔或者因脱离社会而感到不舒服，也反复和丈夫确认，如果决定了，以后谁都不能拿这个决定来吵架或埋怨对方。刚辞职那半年，丈夫确有过不适应，但慢慢也就习惯了。应该说，二宝出生后，爸爸带二宝比当年带老大那会儿确实增加了不少经验，晚熟的丈夫似乎终于融入为人家长的角色，也让"全职爸爸"这个决策的生成显得顺其自然。

家有全职爸爸，臻娅更在意也更强调丈夫的"一家之主"地位。她知道放弃工作的家庭成员需要安全感，家里又恢复到丈夫管钱的模式，她把账户上所有收入都转给丈夫，法拍房每月一万的房租也是丈夫收着，孩子们的学费都由丈夫去安排缴纳。臻娅会有意当着孩子们的面跟丈夫"讨要"零花钱，出了什么家庭纠纷，她也会刻意树立爸爸的权威，跟孩子们解释，父母只是分工不同，男人才是家里说了算的。尽管实际上，家庭的运转和全家人的发展方向，都在她这位"总设计师"的安排之下。

"只有我自己的事情，我是一定要自己做主的，其他事情都是他做主。"佳莉说，家里的钱是王鹏管；假期去哪玩，无论怎么商量，最后都是听他的；老大起先喜欢踢足球，王鹏不赞成，硬生生把儿子变成棒球爱好者。为了培养孩子的棒球兴趣，王鹏肯花大量时间、精力研究；吃饭的时候看比赛；等孩子作业写完了，一块儿学棒球知识；一有空就去训练场，孩子培训课的时候他就在边上观摩；回到家他们还经常讨论。其实老大小时候王鹏带得很少，但自从他决定打造儿子的棒球特长后，他变得越来越爱带老大，有什么事都要抓着老大。不过除了棒球之外，不论是学校功课，还是其他兴趣培养，王鹏又都不管了，不但不管，还不赞成孩子学，为此又经常和佳莉吵架。

王鹏的父母确实对儿子倾注了所有资源，几年前他们给王鹏几十万，王鹏说反正也买不起房，索性买了台进口车。近年来眼见着这个家完全要靠儿媳妇，公婆拿出最后的财力，佳莉再贷足了款，买了单位旁边属于市区地段的两室老房子，出发点就是佳莉上班方便。工科生佳莉自己画模型图，把房子内部设计得还挺舒适，但两娃和两老住着还是嫌小的。孩子们大了好带了很多，王鹏又成了全职爸爸，老人们也就不常待在上海了。但因此需要小家庭自己承担的大量家务，也加重了他俩的负担。只做自己想做的事的王鹏，实际上家里没有人叫得动他。从小的娇生惯养，也让他并不善于注意和体察他人的需求。我问佳莉，王鹏这个状态算是"软饭硬吃"吗？她几乎没犹豫便道："算是吧。"她说：

> 我感觉，他骨子里是大男子主义的自尊。我如果不在家，

发消息跟他说个什么事情，让他去弄一下，他会做的，你直接表达他就不一定能够立刻（去做），他一定会跟你说等会儿，等会儿的意思就是我不干。哈哈，有的时候感觉像个大儿子一样。带三个儿子，但是大的还不听我的，小的两个倒是听我的。我有时候想说，我看看这辈子能不能指挥得动他去倒一次垃圾。

　　不过，工作上，说实话，幸亏我丈夫是自由职业的状态，到后面又是全职状态。我们家孩子有什么问题，生病送医院，我很少请假。虽然有两个孩子，但是我很少请假。而且我们加班狂多，每到年底从10月份开始一直加班，我每天晚上都是8点以后走，几乎很少有8点以前回家的时候。去年下半年，10月份之后一直到年底，每天都是他接好孩子，伺候孩子们吃饭，督促他们写作业。


　　佳莉总是习惯从积极的角度看问题。同事中还有几位二孩妈妈，因为孩子生病，不时需要请假，显然领导是介意的。佳莉作为副职领导，会和同侪互相关照帮忙，但内心这个时候不得不承认，职场妈妈遇事手忙脚乱，确实很难两边都兼顾好。而她家里因为有王鹏这个全职爸爸，碰上孩子感冒之类的小毛病，她从来都不用请假，对她的工作也确实是很大的帮助。

## 写在结尾

这两个全职爸爸二孩家庭，还有个共同点，就是两个孩子都随爸爸姓。这种情况当然是普遍的，但我们的受访者中，20%的家庭至少有一个孩子随母姓。仇臻娅的姓比较少见，而丈夫姓陈，她觉得自己的姓太小众，不好，孩子们都随丈夫这个极平常的姓氏，容易取名字。李佳莉说她考虑了一下，对于传统又十分大男子主义的夫家来说，没有提二孩跟自己姓这个建议的必要，她不想自找麻烦。她也不是很在意这个姓，"以后可以告诉儿子，其实跟谁姓都可以，只是方便就让他们跟爸爸姓了"。而这个看似不起眼、实则意味深长的家庭决策，也从一个维度透露出"父职参与"这个议题的微妙处境。"父亲赚钱、母亲照料"的经典亲职模式，覆盖了人类社会长期的时间跨度和广泛的地理空间。父亲的"传统角色"，是为家庭提供社会经济保障和有限的育儿指导。但随着女性越来越多地参与到社会生产领域，传统的亲职模式难以为继，儿童照料成为当代社会面临的主要困境之一，鼓励父亲更多参与儿童照料的话语实践应运而生。在西方社会，这被称为"新父职"观念，引发了人们对新型父职的想象与讨论。区别于工业雇佣时代以来父亲为"面包赚取者"的经典形象，"新父职"围绕儿童养育和家庭职责注入了新的要求，即兼顾工作与家庭，既能为家庭提供经济保障，又能积极参与家庭事务，为孩子提供情感关怀与生活照料。国内也有研究显示，近年来中国父亲的育儿投入水平逐渐提升，甚至还涌现出不少"全职奶爸""家庭煮夫"。

然而，无论在东方还是西方，这样一种家庭关系结构的转变和更新，都不是一帆风顺的。惯常语境下人们常常以"父职红利"作为"母职惩罚"的对偶表达，但越来越多研究表明，当职场环境和性别结构文化仍遵从于传统框架，父亲在家庭照料和育儿事务中的投入增加，带给男性的是和女性一样的"惩罚"而非"红利"。毕竟，所谓"母职惩罚"概念的提出，背后已涉及工作领域秘而不宣的"理想雇员假设"，即没有家务负担的男性才是最优质的雇员。对于雇主而言，雇员的男性身份往往意味着工作时间长、精力高度集中、毫无后顾之忧地加班、出差，以及豁免于家庭照料的职责，也就是仇臻娅口中的"好使"。同时，这不可避免地导致男性作为父亲的角色被工作场域忽视和排斥。

"新父职"理想与实践之间的差距揭示的是当前男性参与育儿照料面临的挑战。这种挑战，有时表现为政策层面的缺陷与实施障碍。以目前已在全球四十余个国家实施的父母亲职假制度为例，父亲们普遍面临着休假比例低的问题。北欧国家历经四十多年建立起的目前最为完善并颇具弹性的父亲假政策体系也暴露出不足。研究显示，挪威的弹性陪产假制度反而强化了工作对于父亲的重要性以及母亲作为主要照料者的角色，父亲即便是在假期也往往难以拒绝工作的要求，这使得他们很难真正将育儿的需求放在第一位。目前我国并未从国家层面明确设定陪产假制度，但可以从各省市自治区的《人口与计划生育条例》查询到七天到三十天不等的相关规定。绝大多数地区的陪产假平均只有十五天左右，相关的条例规定在实际执行中也很少能够足额足量地落实。工作对家庭的冲突影响着广大父亲们的育儿参与。

有时，挑战表现为性别角色分工意识中的刻板印象。男性较少参与育儿的传统观念影响着雇主的判断，休假的角色一般被留给母亲而非父亲。加拿大魁北克地区的经验表明，父亲较少能够申请到强制陪产假外的其他假期，可选择的低薪育儿假有可能被雇主视为过分的要求而予以拒绝。即使父亲们成功申请到陪产假，也会被用人单位视为"不务正业"，从而对他们的职业生涯产生负面影响。在用人单位的逻辑里，孩子被视为一种"责任"，需要投入大量的时间和精力，陪产假会促使父亲投入更多的时间在亲子互动上，必然导致在工作上时间和精力的不足。

而在这一章两个家庭的故事中，我们看到，尽管地处开风气之先的上海，两位高学历、高能力的二孩妈妈看似顺理成章、水到渠成地接受了配偶成为全职爸爸，同时也都通过维系传统的家庭权力关系小心翼翼地呵护着丈夫的男性自尊。"男主外、女主内"的格局看似已经发生动摇和反转，但时代尚未进化到建构出与现实发展相匹配的新型家庭观念，也阻碍着男性坦然自信地承担起家庭中照料者的全部职责。家庭照料的分工格局和家庭权力关系仍有着千丝万缕的关联，新父职的实践仍步履维艰，生育友好、性别平等的社会文化依旧任重道远。

## 第二节　同学夫妇，职场之路却渐行渐远

大学的功能有哪些？在美国德保罗大学社会学教授理查德·谢弗著的《社会学与生活》中，他把"找对象"作为大学一项重要的隐性功能提了出来：

> 大学的学校简介往往会陈述学校的许多功能……如果我们在学校简介里看到如下的信息将会大为吃惊："这所学校从1895年建校以来，一直在帮助人们寻找婚配对象。"没有哪个学校的介绍中会写着这样的宗旨……事实上，大学的确为择偶提供了机会……大学的一个隐性功能可能是能够降低失业率，另一个则是提供了认识未来伴侣的场所。[56]

从校园恋情走向人生伴侣，在浪漫爱的叙事模式中，这一切常常与无忧无虑的学生时代、风景如画的美丽校园和满格胶原蛋白的青春容颜联系在一起。然而在社会学视角的观察中，大学时期这个生理上已完全成熟、心理上正经历着从学生向"社会人"转变的重

要阶段，基于理性判断和充分考量实施的择偶行动，实属高等教育环节的题中应有之义。

在我们的研究样本中，也有这样从同学成为夫妇的案例，最典型的是本章故事中的两位二孩母亲：丁淑云和苏晓洁。"典型"的内涵在于，她们和丈夫有共同的求学经历、社交网络和相似的职业起点，而在步入婚姻、初为人母和再为人母的道路上，不知不觉间，她们踏上了这座职场花园里的另一条分岔，终于和丈夫渐行渐远，并在这个过程中，重新认识自己、活出自己想要的人生。这两个家庭中的四个主角出生在上海内外的四个地区，无论过去还是未来，他们的生活版图几无重合可能；但细究起来，其实这两个家庭又颇有几分相似之处与可比性，她们的故事折射的是家庭生活、为人父母与职业生涯给妻子和丈夫带来不同方向的塑造与影响。

## 志同道合的共同起点

丁淑云和杨凯是上海某政法类高校侦查学专业的同班同学，一个班四十人中只有五名女生，读书时班上有两对同学情侣，最后修成正果的只有他们这一对。对此，丁淑云的观点是："我老家是农村的，我是山东菏泽的农村孩子。他（杨凯）是上海崇明人，长兴岛的。他觉得他是农村的，我也是农村的，他是这样想的，他觉得大概能追的也就只有我了。"杨凯则不置可否。

出生于1981年的丁淑云是家里的老大。当时山东农村的老家没有计划生育的管制，属于自然生育状态。淑云有一个弟弟和两个妹妹，从小家庭负担重。四个孩子要读书，弟弟是男孩子，父母还要为他盖房子。印象中，父母一直在为生计忙碌操劳。淑云还没上学就帮忙带比她小五岁的小妹；小学二年级时她学会做家务、做饭，因为爸妈要去田地里收麦子、干农活，忙起来就由她来做饭；到了三年级，家里种了洋葱，农忙时节父母顾不上去卖洋葱，淑云就骑车去集市卖，那会儿她才十岁上下。她就像个小当家，越做越多，渐渐成为家里的主要劳动力。多子女家庭的童年经历锻炼了淑云家里家外的处事能力和口才，也造就了她"大女主"的风格，她说：

> 当你在家庭运营当中承担一定角色的时候，你就会动用聪明才智……当然我从小嘴巴也很会说，这也是一个（原因），所以父母愿意也放心把那些"内政外交"的事情交给我去做。后来学习上、工作上、生活上的事，都是我自己拿主意，父母对我是充分的信任，他们就觉得无论我走到什么境地，都可以走得很好。

淑云的爷爷曾是当地的地主，"文化大革命"年代遭遇迫害，淑云的爸爸小学毕业就失了学，后来自己学做木匠，成为手艺人。虽然家里不宽裕，但父母重视孩子们的教育，支持他们尽可能向上升学。为了考取更好的学校，淑云在中考和高考时都分别复读过一年，这是她自己的想法，也得到家里无条件地支持，这在农村家庭中并不多见。农村生活几乎是没有隐私的，乡里乡亲八卦家长里短是常态，淑云记得很长时间里整个村子里的人都在笑话她的爸爸妈妈——为什么要这么辛苦？那时南方经济已快速发展，很多女孩子去广东、深圳打工，挣的钱足以让老家家人躺平。但淑云爸爸说，不管男孩女孩，只要肯读书，他就支持。如今三姐妹一个博士、一个硕士、一个本科，都靠读书改变了命运。

填报志愿全靠淑云自己琢磨，唯一可以请教的亲戚是母亲家族那边最优秀的一位，即在城里当公务员的表舅。考虑到专业的适用性和就业机会，也隐约地带着进入公检法政府系统的向往，淑云填报了这所东部地区政法类高校，刚好有个提前批类别是侦查学专业，她想这挺有意思，匡扶正义、惩恶扬善，就它了！

在大学，丁淑云遇到了同样是偶然地通过提前批录取入学的杨凯。杨凯出生于有"上海后花园"之称的崇明岛，妈妈只有小学文化、爸爸只有初中文化，家族里没有大学生。杨凯在小时候以为上海只有复旦、交大、同济三所高校，求学择业的道路上也无人指点，一路野蛮生长、自学成才。面对未来，这对朴实的年轻人并没有太清晰的设计，共同的愿望是摆脱农民身份，实现阶层跃迁。他俩的校园恋情也没有多少浪漫的花前月下。依靠助学贷款读大学的丁淑云忙于勤工俭学，不仅自食其力，还攒下钱寄回家里盖房子；不想回家干农活的杨凯则徜徉在大学书香和学术的世界里，因为不知道自己还能干什么行当，他种下了成为高校老师的念头。毕业时，两人双双决定考研，丁淑云是为了以后考上海的法律系统公务员，提升自己的学历背景，杨凯则已经决定一路攀爬高学历，读出博士，以谋教职。

苏晓洁和齐越航也是一对双双从农村走出来的孩子。他俩是研究生同学，还是彼此的初恋。在医学院繁重的学业和经济自立的压力下，他们相爱相扶，毕业前就买下了两人的第一个小房子，筑巢结婚。

苏晓洁出生在上海远郊的农村。1978 年，上海农村刚刚开始实施计划生育，她的不少同学有兄姐，而有弟妹的就不多了。晓洁是村里少见的独生女，她记得妈妈怀过二胎，但由于肚子过大被强行引产，差点死在病床上。和她同龄的齐越航家在浙南地区的乡村，公公婆婆胆子大，也不计后果。老大是女儿，越航排行老二，生他家里罚了五十元，后来还勇生三胎。越航弟弟出生时，罚款额提高到了一百元。那时，这不是一般家庭拿得出的数目。齐家是标准农民，并没有额外的经济能力，只是公公婆婆意愿坚定，心甘情愿地承担代价。

可能因为是家里唯一的孩子，又是女孩，没有盖房娶妻的压力，父母一直宠爱晓洁。她不爱干农活，父母从来不要求她下地劳动；她爱听音乐，有些天生的文艺情思，虽然家里没什么闲钱，妈妈却很早就给她买了小收音机，听歌、听音乐、听广播剧，亲戚邻居的孩子们都很羡慕。晓洁也争气，上学后年年成绩稳居全校第一，高中考到一所城镇的著名重点中学，这也让她第一次感受到家庭的阶层、经济和文化程度对个人的影响。考大学报志愿时，老师建议她学医，爸妈也没什么其他想法，她就这样去上了医科大学的五年制本科专业。她说：

（从小成绩优异）父母肯定是为我骄傲的，但是具体的没有（太多）期待，他们有最朴实的底线，冲出田角里（地名）就可以了……我自己也没有（期待），上个好大学，至少比我父母过得轻松一点就可以了。

因为毕竟父母那一辈，各方面能力也不强，也很辛苦。本科就上了某某医大，这倒确实不是我自己决定的，一个是我妈妈，还有一个是我的老师。那时候她们说其他工作都不太好找，学医相对来说还是比较稳，比较好找工作。我反正也没有自己特别想要去学的东西。大学前就是一个听话的好学生，没太多想法，也不叛逆。没钱就没钱了，不会去想为什么我的父母这么穷，完全没有那个意识，就自己想办法去解决各种问题。

2023 年 5 月，一本题为《金榜题名之后：大学生出路分化之谜》的研究著作荣登"人文社科中文原创好书榜"，作者是尚未从香港大学教育学院毕业的博士研究生郑雅君。她访谈了两所精英大学的六十二名大学生，提出植根于家庭经济社会背景的习性塑造出两种度过大学生活的实践图式："目标掌控型"与"直觉依赖型"。"优势"家庭背景出身的大学生通常运用目标掌控模式为自己未来的职业生涯做好明确充分的准备，而"劣势"家庭背景出身的大学生则更容易在直觉依赖模式的作用下产生迷茫和错失良机。[57]

千禧年之交，苏晓洁读大学时，大学中的竞争还没有那么"卷"。虽然没人教她如何为自己打算，不过医科的学业本就繁重，课余还要打工、做家教，挣零花钱，一直过得忙忙碌碌。她延续了从小到大的良好学习习惯，每天的任务完成就可以，不会熬夜"鸡"自己；不排斥恋爱，但生性朴实，社交不多，也就这么顺其自然地度过了大学。临毕业时，突然一个直研的机会从天而降，落在苏晓洁头上。医学生的学业竞争其实相当"卷"，直研比例低至3%。晓洁也不知道怎么会轮上她，她没想过考研。既然能直升，那就读好研究生再出来找工作吧，学历高一点，找工作更稳一点。不过晓洁并没有在这行建功立业的野心，她觉得自己喜欢小孩，于是硕士专业选择了相对冷门的儿科。从这上面也可以看出，当年的晓洁就是那类"直觉依赖型"大学生。然而，也正是因为成了这届研究生，她才遇到了未来伴侣齐越航。

苏晓洁对齐越航的最初印象是温和、本分、老实，是个过日子的人。"当时走在一块儿的时候也是很朴实的，觉得差不多到年龄了，也是互相看着顺眼，他号称这是自己的初恋，我也是，我们这代人的感情生活其实是比较简单的。"三姐弟中排行居中的越航，从小特别懂事，读书很好，运气却不太好，高考没考好，读的家乡城市的医学院，考到上海读研后愈发努力勤奋。为了留在上海，为了进大医院，也为了两个人的未来，他争取上了直升博士研究生的机会，可以提前一年完成博士学业，铆足着劲儿地要当上优秀的外科主刀医生。现在看起来，齐越航属于"目标掌控型"的大学生。在清贫且清纯的青涩年华，他们两人身上的这种差异并不显眼。

## 土著与新移民的跨域伴侣

照常理说，从同窗情谊到组队配偶，感情基础好，相互信任程度高，共同语言和共同朋友都多，婚姻本该是理想的佳偶幸福的起点。一路走来，依傍时代发展的助推力量，他们四人在职业轨迹上都实现了显著的阶层跃迁，然而婚姻和家庭生活中出现的风雨波折却并不轻松，也影响了他们的诸多决策。

丁淑云和杨凯的大学辅导员钱老师是他俩的媒人。刚到上海时，钱老师曾经组织"新生游上海"活动，带着班上的外地同学，也是家里条件不太好的学生，去了当时上海的标志性景观：上海博物馆、外滩，还有东方明珠电视塔。"当时我站在东方明珠第二个球上，看着来往的船只，看着林立的高楼，心里只有一个愿望：我一定要留下来，一定要留在上海。才来上海一个月，那时还没跟杨凯谈恋爱呢，这个想法就油然而生，印象非常深。"大二时杨凯开始追丁淑云，淑云起先并没感觉，可能是杨凯人品人缘都不错，钱老师和班里同学都支持杨凯，这对促成他们的关系起到了很大的作用。

2008 年两人研究生毕业，丁淑云顺利考进检察院，成为公务员，"第一个月的工资是 3480 块，我记得很清楚，转正以后大概5000 块"。杨凯也如愿考上博士，成为全职博士生。与淑云不同，杨凯的经济意识一向淡漠，他认为自己家境小康，读研深造是追求理想，依赖父母的资助全职读书也是理所当然的。彼时他们已经领了结婚证，毕业后在淑云工作的检察院附近租了个小房子，有了甜蜜的二人世界。第二年春天，杨凯父母做主，在他们上海城郊居住

204

的小区附近为儿子儿媳购置了一套婚房。丁淑云想过把房子买在她单位附近，但公婆嫌贵没答应。这第一套房子，公婆出的首付，以丁淑云的名义使用公积金和商业贷款。婆婆说："我儿子没有工作，这个钱应该我们来还。"每月婆婆会去还贷款。不久之后，杨凯老家崇明岛的房子拆迁了，他家分配到数套拆迁房，还有不菲的安置款，公婆就用这笔钱还掉了儿子的房贷。

丁淑云对生活的规划意识很强，不做计划之外的事。工作落实、房子搞定，2009年的年底，她和杨凯举行了婚礼。外地农村女孩嫁入本地小康人家，父母手足不在身边，而遵从传统习俗，不能没有娘家人，最后淑云是从钱老师家跨入婚车出嫁的。2012年，杨凯博士毕业，入职上海一所高校；同一年淑云生了儿子亮亮，她的工作不忙，养胎养得很好，生产后休息了十个半月才去上班。可以说，生育几乎没给她的工作造成什么影响。

难题来自生育后的家庭矛盾与代际冲突。淑云妈妈要帮淑云弟弟带孩子，不能来上海帮忙；杨凯忙于钻研教学技巧和发表论文，淑云上班后顺理成章地需要婆婆白天来带亮亮。近距离的接触，才让淑云清楚了解到公公婆婆的小农意识，以及他们婚姻关系中的复杂问题与深层隐藏的痛楚，而这是身为儿子的杨凯既不知道也不想去探究的。呈现在当下的日常生活中，拆迁后自认为属于"有产阶级"，有着为儿子买房的经济优势地位，再加上杨凯成为家族中最高学历者，其父母获得了"光耀门楣"的骄傲感，最后还有儿媳不得不依靠二老带孩子所体现出的他们的重要性，这令公公婆婆，尤其是婆婆，相对于淑云，产生了越来越强的优越感，婆媳之间也越来越难以平等相处、相待。亮亮两岁时，淑云的妹妹在上海结婚，很早就说好从姐姐家出嫁，临近日子，婆婆突然变卦了，说小岛上有规矩叫"借丧不借喜"，阻挠淑云布置自己的小家做妹妹的"娘家"。淑云怎么商量都不成，甚至出钱租房也不行，结果妹妹在酒店出的嫁。讲求孔孟之道的淑云过去从不与长辈起冲突，但这件事对她打击颇大。她也是尊重、认同传统的人，代表父母好好护送妹妹出嫁，于她来说既是愿望，也是责任。思前想去，这套公公婆婆买的房子她是没有支配权的，他们是那种待人不是仰视就是俯视的"老派"人，对淑云的成见越来越不加掩饰。"他们家在的那个小岛（属于崇明岛）有这样一个观念：一等人是娶上海城里姑娘，二等人是娶小岛的本地姑娘，三等人或者娶不到的才会去娶外地姑娘。"虽然淑云和杨凯在一起已有十年，头胎就为杨家生了儿子，婆婆未见得想拆散他们，但她时不时地以言行提醒淑云，在这个家庭中她低人一等，这是好强且能干的淑云难以忍受的。

在苏晓洁和齐越航的小家里，"土著 vs 新上海人"的矛盾也没有放过他们。

相较于过往，晓洁在研究生阶段学业上明显懈怠了，谈恋爱是一部分原因。外地考来的同学的疯狂努力也让她发怵：这不是她想要的生活。2004 年，同屋读博士的室友为了结婚开始考虑买房，晓洁突然受到启发，也动了买房的念头。

*作者：*那个时候买房子，是出于对房地产市场的判断，还

是因为要准备结婚?

**晓洁:**都有吧，各占一半。想着反正总有一天要买的，先买小一点的房子，去××区那边（齐越航读博士的医院）看了一圈，觉得房子太旧了，干脆在莘庄（郊区一片新发展的区域，房价涨速一直靠前）那里买了个房子。我俩都还没工作，没钱的。双方父母其实也是没钱的。他（齐越航）姐姐帮了很大的忙，把她自己打算买房的钱先借给我们，有十几万，那套房子全款三十二万买的。

**作者:**当时买房很有超前意识，谁都没想到之后上海房市就起飞了。这个主意是你先出的吗?

**晓洁:**关键节点是我先出的，我在有些方面还是比较有远见的，他（齐越航）也觉得是对的。靠我们个人不行，我俩都没钱，那时的办法是一小笔、一小笔的、跟十几个同学借的钱，每个人借五千到一万，真的是这样过来的。然后工作后有收入了，一小笔一小笔地还钱，那段时间就过得非常艰苦……现在想想也还可以，慢慢还，都是很好的朋友，他们不会催的，因为每个人借的也不多，他们也是刚工作，都没什么钱的。

网上可以找到一张"上海市职工年平均工资 vs 商品房均价"的表格（见表1），显示 2004 年上海市职工年平均工资为 24398 元，即月工资为 2033 元，当年平均房价是 6385 元 /m²。在三个月的工资买得起一平方米房子的年代，靠着跟同学朋友一小笔一小笔的借贷能买上房子，也算一道特殊的时代印记了；之后，上海的房价绝尘而去，这种做法再无可能复制。晓洁说："这个房子后来置换掉了，（买它）成为了之后置换房产的一个机会。幸亏买下来，因为你不可能一下子买大房子，只能一步一步来，慢慢置换。"

表 1　上海市职工年平均工资 vs 商品房均价 (1998—2017 年 )[58]

| 年份 | 平均工资<br>（元） | 平均房价<br>（元 /m²） | 工资涨幅 | 房价涨幅 |
|------|------|------|------|------|
| 1998 | 12059 | 3493 | 5.5% | |
| 1999 | 14147 | 3176 | 17.3% | −9.1% |
| 2000 | 15420 | 3326 | 9.0% | 4.7% |
| 2001 | 17764 | 3659 | 15.2% | 10.0% |
| 2002 | 19473 | 4007 | 9.6% | 9.5% |
| 2003 | 22160 | 4989 | 13.8% | 24.5% |
| 2004 | 24398 | 6385 | 10.1% | 28.0% |
| 2005 | 26823 | 6698 | 9.9% | 4.9% |
| 2006 | 29569 | 8237 | 10.2% | 23.0% |
| 2007 | 34707 | 10292 | 17.4% | 24.9% |
| 2008 | 39502 | 13411 | 13.8% | 30.3% |
| 2009 | 42789 | 16697 | 8.3% | 24.5% |
| 2010 | 46757 | 21633 | 9.3% | 29.6% |
| 2011 | 51968 | 23548 | 11.1% | 8.9% |
| 2012 | 56300 | 22511 | 8.3% | −4.4% |
| 2013 | 60435 | 27112 | 7.3% | 20.4% |
| 2014 | 65417 | 30545 | 8.2% | 12.7% |
| 2015 | 71268 | 32437 | 8.9% | 6.2% |
| 2016 | 78045 | 45617 | 9.5% | 40.6% |
| 2017 | 85582 | 51854 | 9.7% | 13.7% |

那个年代的研究生学历含金量还是挺高的。晓洁毕业后去了一家三级甲等医院的儿科做医生，她喜欢孩子，但工作着实辛苦，每周至少需值一次夜班。越航走上外科医生的发展道路，深受领导和前辈器重。工作稳定后，他们仍是白手起家般的办了婚礼，房子也置换到单位附近。晓洁觉得应该生孩子了，"否则没事情做了"，同时她也想以怀孕为由从繁重的门诊医生工作中休息一阵子。

2007 年，晓洁生了女儿佳佳，母亲来帮她带，出乎她意料的是，父母提出外孙女应该跟苏家姓。因为齐越航是外地人，晓洁是本地独生女，参考本地上门女婿的规矩，女方家对继承人有"冠姓权"。越航实际上也不是上门女婿，至于浙南农村的公公婆婆那边，更是毫无商量余地："生一百个都是姓齐的！"晓洁说：

> 乡下把孩子的姓氏看得很重，我们那边有很多离婚的，就是为了这事。我刚生好女儿的时候，名字（随爸爸姓齐）刚取好的时候，我爸就说，没意思，我要把家里烧了，脾气很大。他们也能接受把苏放在齐的后面，父母两个姓都上在孩子名字里，我没有这么做，因为觉得实在太难听了。其实那时我很害怕，我妈也在家里作，我跟我丈夫两个人在房间里抱头痛哭。

喜欢孩子的晓洁一直就有生二孩的想法，2013 年单独二孩政策推出后他们就符合政策规定，可以生育二孩。但孩子的"冠姓"难题令她心有余悸，她让越航去和公公婆婆商量是否可能二孩随苏姓，以一家之主自居的公公听闻后摔门而出。齐家和苏家一样并无经济基础资助儿女，未来养老还需子女反哺，但他们更讲求传统。农村家庭培养出三个高才生：一个博士（越航）、一个本科（越航弟弟）、一个大专（越航姐姐），足以令公婆充满光宗耀祖的骄傲之感；齐家还有家谱要传承，2000 年时齐父曾任村干部，主持更新了一次家谱，后代中的女孩也都记进家谱。因此，无论生几个孙辈，孙女还是孙子，都要姓齐。

## 他坚守初心，她屡换赛道

安居、育幼，一桩桩大事落定，接下来的生活主题可不就是乐业了。

成为大学老师的杨凯既满足又惶恐，在把课上好和发表论文的平衡木上孜孜求索。工作最初的几年，他先是钻研教学技巧、精心设计课程方案，屡屡在学院的学生评教榜上名列前茅。接着，他受到领导"提点"，领导认为他成果不够突出，于是他为发表论文殚精竭虑，直到博士毕业六年后晋升上了副教授，职业上的焦虑感才有所缓解，越来越能够享受这份工作赋予他的意义和快乐。在家庭决策和财务安排上，他乐于做甩手掌柜，所有收入上交给丁淑云。"他说他只要一张图书证、一张食堂饭卡，再加一张交通卡就可以了，日常零用钱都不需要。"在育儿事务上，忙于科研工作时"就把孩子扔给我妈"；在家务劳动上，他和丁淑云分工明确，淑云做饭，他洗碗。因此虽然他时间自由，除了上课之外都在家工作，但每天晚上都要等丁淑云下班回家做饭。多年后回想起来，杨凯承认："那个时候也比较年轻，现在就不会了，现在就会察言观色，确实也是不应该等她下班回来，我可以先做一点。"只是在当年，他既没有这个意识，也从未得到过指点建议。

在丁淑云这边，她思考和行动的事要重大得多：

> 那是 2015 年的时候，我感到工作中遇到瓶颈，家庭生活中也有瓶颈。检察院的工作中，我一直在研究室写文章，没有在办案部门、一线部门。由于生孩子，错过了一次轮岗机会，接下来就司法改革，（变成）员额制，没有机会了。那时每天工作很轻松，但没有价值感、成就感，觉得自己废了。家庭方面，由于婆婆的原因，家庭氛围也是比较压抑的。整个人就很迷失。当时我就想，给亮亮买一个学区房，离他们家远一点。

我们继续追问："买学区房，那时就在想生二宝了吗？我们知道不少二孩妈妈买学区房是因为一套房子可以两个孩子用。"她说：

> 当时没想着生，因为带第一个孩子就跟公公婆婆闹得这么不开心，当时我是绝对不会想要二胎的。我觉得如果还要二胎的话，又要跟我婆婆相处那么久，我是不肯了。想买学区房，算了下，我们手里的钱不够，我觉得经济上受限了，当时就跟杨凯说，我俩都在体制内工作，收入太低了，要有一个人放弃现在的工作去外面挣钱。我说我俩现在挣的加在一起还不到别

人家一个人在外面挣的钱，这样下去不行。杨凯就说，现在不是蛮好，有房子，有工作，很稳定，小孩也养得起，为什么要变化？我说要发展的话，就不好了，我想要孩子去市区读书。那时我想，杨凯学历更高，又是男的，出去的话发展更好。但他不愿意，他反问我一句："你怎么不出去找工作？！"听了这话我立刻出去找工作，从物色行业，找人推荐，到面试岗位，商谈待遇，一个礼拜搞定。一个礼拜，我就拿到某集团（一大型民营金融机构）的 offer，去检察院辞职了。

我们询问淑云离开体制的决定是否困难。她回答说，这个决定并不难，对她来说很容易，这是她性格中果断的一面。她提到自己离开得比较急促，对市场行情了解不多，因此她的薪资要求相对较低。她回忆说，当时她得到的薪资大约是一万多元，这比她在体制内的工资翻了一倍。

半年后的 2015 年底，丁淑云大胆出手、跨区购买学区房，从上文表 1 呈现的上海房市历史看，正好买在 2016 年的这波大涨之前。但买房对她更重要的意义在于，不再靠近公婆家，也不再需要公婆帮忙带孩子，家里请了阿姨，主要家务外包，丁淑云以自己的经济能力奠定了女主人的地位。三年后，淑云顺利升职，成为集团中层干部，收入再翻一倍，还分配了股权，她更为自信，也更有底气。在多子女家庭长大，感觉有兄弟姐妹是很幸福的事的淑云，产生了生育二孩的念头。丈夫和儿子起初都不赞成，她一一做通他们的工作，在民企工作压力极大的情况下，还是赶在 39 岁的当口生了二宝。这次生育对工作影响很大，当年考核跌到后 10%，收入和职级地位大受影响。她干脆主动竞聘，下沉到集团内子公司任职，这个决定需要勇气，也存在风险，但她相信自己能够胜任，能发展好。工作压力依旧很大，出差也多了不少，好在这次家里请了有经验的育儿嫂，杨凯的参与度也大大提升，淑云的心情和心境比一孩时好了很多。

在丁淑云家没有孩子冠姓权的问题。她弟弟家生了两个儿子，丁家不缺"继承人"。二宝仍旧姓杨，新宝宝带来了家庭关系的和解，公公婆婆很高兴，淑云和杨凯再为父母也更为从容，常感治愈，十分享受小宝宝的软萌可爱。2021 年初，在上海房市最近的一次大涨之前，淑云像是有心灵感应似的，再次做出买房决策，和公婆商量，总共卖掉四套房子，凑出 1000 多万的首付，贷款 800 万，买了近 200 平方米的大复式房子。淑云很自豪地表示，大房子让每个孩子都有自己的房间，还有专门的书房，为孩子们创造了良好的学习和成长环境。对未来，她更是雄心勃勃，要求杨凯跟她一起努力挣钱、还贷，既然 40 岁买了自己的大房子，接下来的目标就是 50 岁给大宝买房子，60 岁给二宝买房子。从童年时代的"小当家"到如今的"大女主"，淑云始终是一位目标清晰、规划长远的职业女性。

在苏晓洁家，在职业道路上"坚守初心"的也是男人。

2007 年博士毕业的齐越航走上了他的职业生涯"开挂之旅"，赶上 60 后、70 后人才断层和进入新世纪大上海"海纳百川"的蓬勃发展之势。他从住院医师起步，凭借努力的习惯和钻研的精神，从事博士后科研工作，去美国医院学习、去德国医院学习，入选市级、院级几乎所有的青年人才计划。在发表论文、承担各级基金项目、获得科技类奖项等这条道路的配件要求上实现大满贯。不出十年，齐越航已走上职业阶梯的高位，主任医师、博士研究生导师、学科专家等标签加身，冠之以年轻有为、功成名就、中流砥柱、妙手名医等赞词，可以说是毫不夸张；相应地，其收入水平也跻身业界顶流。与此同时，晓洁发现，越航身上的"爹味"越来越浓，对自己要求高，对身边人的要求也水涨船高。

当我们 2017 年第一次访谈苏晓洁时，她说她愿意接受访谈的一个重要因素，是想吐槽下她的成功丈夫。访谈的时间是她送女儿上奥数课的等候间隙，地点是培训教室旁边的休息室。我们还在聊着，10 岁的佳佳下课了，就过来插了几句话。


**作者**：你觉得你丈夫对你有没有什么期待，在你的职业方面？

**晓洁**：当然希望我好好提炼。

**作者**：还要再好好提炼？

**晓洁**：嗯，对，读博士也可以。他就是要花好月圆，要婚姻美满，孩子们读书也要好，学习要争气。

（正好佳佳下课过来。）

**作者**：（跟佳佳说）啊，你老爸这样的？哈哈……

**晓洁**：当然，你带出去，我老婆哪里的博士，哪里的教授，当然是更好。

作者：他有什么行动上的表示吗？

晓洁：他没有行动，只是希望我能上得厅堂，下得厨房，或者什么都完美，但是他自己也是这样。

作者：他自己就是追求完美？

晓洁：对对，因为他工作上也努力，也很出色，在家里他也肯做家务。

佳佳：他还是处女座！

作者：哈哈……那你家里还有处女座吗？

佳佳：我，还有我爸。

作者：你觉得你跟你爸像吗？

佳佳：我觉得一点都不像。

作者：你像你妈妈多吗？

佳佳：啊，不知道。

作者：那你愿意跟你爸玩还是跟妈妈玩？

佳佳：都不好玩，跟弟弟好玩。


晓洁说，大好的周末，她内心并不想送佳佳上奥数班。她认为佳佳在学业方面有自己的天赋，数学上并没有特别的灵气，也不想勉强孩子，顺其自然地发展就可以。但她丈夫不同意，事业成功的齐医生信奉人定胜天，只要努力就有回报，回报不足，那是努力不够。在他的工作圈子里，大家都鸡娃，他的孩子不能落在人后，补课是他的要求，费用他来承担，接送、陪伴则是他分配给妻子的工作。

其实这些年，苏晓洁在职业上屡换赛道，生活上也奋斗不止，只是不像齐越航那样把全部精力贯注在一份工作上。她2005年到三甲医院的儿科工作，两年后生了女儿佳佳。虽说医院里女医生多，她们又在儿科，但医院环境对生育阶段的女医生谈不上友好，没有哺乳室，也不可能请哺乳假，挤奶就在休息室，最大的福利是一年内不用上夜班。但恢复正常后依旧每天忙碌得像打仗，每周上夜班。儿科诊室需要医生付出的情感劳动也特别多，孩子生病全家着急，对医生的态度、水平等要求，都显著高于其他科室，经济收益则并无优势。所幸晓洁是真喜欢孩子，工作上的难处她不以为苦，只是大量占据时间令她常感疲惫。

女儿长大一些，晓洁照自己的喜好培养孩子学画画、钢琴，这都是她自己幼年特别想学却没有条件学的。只是佳佳像爸爸，乐感全无，学了几年后终于放弃，上学后就被齐越航的"鸡娃大计"推进了奥数等学科类培训课。有一次临时被调到夜班，晓洁不得不给女儿的钢琴课请假的情况下，越航注意到晓洁情绪十分低落。"他知道我是为上班不开心，那次他就说，算了，你要么去公司，要么去街道医院或者是什么稍微轻松一点的地方吧，不用翻（上）夜班。他是这么说的，然后我就产生了这么一个念头了。"2014年，她跳槽去了外企，是一间业内名气很大的外资药企医药部。实际收入和三甲医院的医生差不太多，但外企不需要值夜班，不过她很快发现需要经常出差。她在外企工作了三年，主要成就是生了二孩。那时佳佳已经上小学，由于老家农村讲究后代姓氏的风气有所松动，晓洁父母对第三代跟谁姓也没那么执念了，晓洁终于如愿，一边怀着二胎，一边置换掉旧房子，再凭借丈夫不菲的经济能力，搬进四室的大房，并以 38 岁的高龄生了小儿子，靠公婆和全职阿姨一起带。

她发现，相比较来看，外企的福利比医院好，请假不减收入，甚至请病假也有 60% 的薪资。不过两孩后她还是觉得企业不适合自己，除了出差多，上班时也效率不高，总是在开会，工作要带回家，晚上加班干，似乎比医院值夜班也好不了太多。2017 年她第二次跳槽，来到了社区医院儿保科室，成为街道医生，收入减少了 2/3，但上下班非常规律，不加班，不出差，通勤开车只要半个小时。女儿上学，早上搭同学家的车去，下午她能够保证去接。她说：

> 现在回过头来想想，我一步一步转变，去了企业，又去了街道医院，也不是说都是自己规划好的，就觉得是很自然的，好像船到桥头自然直。我并没有职业野心，工作和生活分得很清，但也从来没想过不工作。社区医院的氛围，跟大医院、跟外企，那是很不一样的，鸡毛蒜皮的事情特别多。但这些我也不介意，我有自己小范围的朋友圈子，下了班多陪陪孩子，有空追追星——我会去追李健的演唱会，一个人去，我丈夫都不懂的，毫无情趣。
>
> 从事目前的工作，主要源于我对孩子的喜欢，对这个行业的热爱，所以我很享受、很愉快。在几个职业情况来看，现在这个状态是最舒服的。因为事情虽然繁琐，但程度不深，凭我的工作能力、职业基础完全没问题，不费劲，还可以和小孩打

交道。由于我丈夫承担了家庭经济上的重任，我们可以换大房子，可以请全职阿姨带二宝，我就能自在一点。

但是做全职妈妈，是我从来没想过的。我有这个意识，做全职妈妈跟丈夫之间的差距会越来越大。因为你做了妈妈全职之后，就失去了职场氛围感，不管是在医疗行业还是在什么行业。但只要你是工作的，你就有工作的氛围感，你就有工作的职责感、成就感。我现在跟我丈夫，还是很有共同语言的，我的学历、阅历在那里，我所了解的东西要比别人深刻一点。他的许多想法跟情绪，我是可以理解的，深度上跟他是匹配的。让他跟一个护士聊，有什么好聊的？

苏晓洁对职业、生活和育儿都有自己清晰的认知和态度。二宝是男孩，出生后备受长辈宠爱，尤其是公公，对小孙子投入了巨大的热情和关注。晓洁看在眼里，就会有意识地多关心女儿佳佳，避免让大女儿产生心理落差。丈夫的要求高，晓洁也时常在父女关系中扮演润滑剂的角色，用时下的网络流行语来说，叫作"接得住"孩子的情绪。随着佳佳进入青春期，母女常有闺蜜之间的交流，其中就包括一起在背后吐槽爸爸的"爹味"、爷爷的强势。佳佳有时会表达对母亲的同情，晓洁能理解，但内心是平静的，她认为这个格局和生活方式是她的主动选择。

## 写在结尾

丁淑云和苏晓洁这两位二孩母亲的共同点是都出生于农村，学业优秀；都是女方提出要买房，并随着房价步步攀升，她们的家庭踩住节点，慢慢置换房产；都是自己想生二孩，而丈夫不想生；在生育二孩之后都雇用住家阿姨带孩子；生育后都经历了母职惩罚。不同的是，丁淑云更有事业心，在果断跳槽去了体制外之后，收入水涨船高，有了自信和话语权。不过，虽然在经济收入上远高于丈夫，但丈夫作为副教授，工作稳定且体面，并且他们在房产置换过程中，婆家是主力出资，因此，双方的关系达到一个动态平衡。

相较而言，晓洁在生育后经历了收入下降，作为社区医生的职业也没有上升空间可言，和丈夫在经济社会地位方面差距越来越大。双方家境都普通，晓洁的原生家庭无法给她带来与丈夫抗衡的底气，因此，她在权力关系方面属于绝对的弱势，这体现在虽然她内心不想送女儿去学奥数，但不得不遵从丈夫的要求接送。尽管她觉得自己是有决定权的，但这更像是一种自我安慰的解释，可能只有在丈夫不在意的、愿意放权的事情上，或是丈夫不会反对的事情上，她才有"决定权"。和丈夫意见不一致的话会导致吵架，她现在的应对方式就是沉默，这也体现了为避免冲突而调适自我的治理术。

最近一次访谈中，晓洁提到女儿佳佳在考上了一个不错的高中后，坚决要求转国际路线，上体制外的高中，还逼着父亲去给留学中介机构付钱，铁了心地要出国念大学。如今医生把孩子送出去留学越来越常见，齐医生也赞同，他的"鸡娃期待"转变为女儿能上个名气不错的美国大学，最好是读医科。但佳佳早已明确表示不考虑学医。晓洁有过几次出国旅行的体验，但不像丈夫那样曾经在西方国家访学和长期生活，她觉得留学肯定是好事，至于具体学什么专业，跟过往一样，孩子顺其自然就好。关于这件事的家庭决策也和过往一样，大方向上苏晓洁和齐越航一致，在她看来就是顺遂心意的。

晓洁的收入和职位下降体现了社会学中母职惩罚的概念。学术叙事认为，女性在生育后收入下降体现了性别不平等，是需要改变的社会现状。但有意思的是，晓洁表示很满意现在的工作，也喜欢自己的工作状态，她并没有觉得有任何可惜。她恰好只是"直觉依赖型"的、没太多事业心的学霸，主动放弃了更高挑战和更高收入的工作。她的经历体现了反成功学的内核，也使我们反思母职惩罚的概念——并不是每位女性都追求事业的精进，学术研究是否应该测量女性发展的更多维度，包括生活满意度、女性内心需求等等。

但同时，这些"放弃时刻"也体现了"女性要以家庭为重"这样性别化的社会期待，她的各种放弃也直接或间接导致了其家庭地位的弱势。晓洁在访谈中提到，女儿对她的处境有些同情，她还需要和强势的公公住在一起。看起来，她的生活有一部分是无法自主的。如果她是"目标导向型"的，现在的生活会如何？她的丈夫给了我们一个参照系，告诉我们"目标导向型"的学霸可以发展到什么程度。她和丈夫起点相似，甚至晓洁的起点更高，因为她本科即就读于这所名牌大学，并且成功保研。

晓洁在访谈最后表示："现在跟我丈夫，还是很有共同语言的，我的学历、阅历在那里，我所了解的东西要比别人深刻一点。他的许多想法跟情绪，我是可以理解的，深度上跟他是匹配的。让他跟一个护士聊，有什么好聊的？"这段叙述似乎暗示她把同性的护士当作竞争对手，暗示比起她，护士没有资格做她丈夫的妻子，反映了女性需要争夺成功男性这一稀缺资源的心态。

相比之下，丁淑云事业成功，看起来和晓洁是两类人，但她的人生规划是"我们 40 岁买了自己的大房子，50 岁给大宝买房子，60 岁给二宝买房子"。作为 80 后，她身上体现的仍然是上一代女性"一切为了孩子"的心态。

作为普通农村家庭背景出生的女性，她们经历了阶层跃升，这给她们带来希望和自信，促使她们主动提出生育二孩。她们在上海生育二孩的女性中有一定代表性。目前上海的出生率也依赖于这样一批有经济实力、对生活有希望、工作稳定的中产阶层母亲——以及父亲——的推动。

# 第三节　成为全职妈妈

对"全职妈妈"话题的关切，最初并不在我们的研究方案中。正如序章中所言，三十多年的计划生育政策约束的主要是城市体面就业女性，约束的方式是失去职业资格的威胁（上文中的仇臻娅律师，其母由于超生而失去公职）。与之相应，计划生育政策转型与二孩、三孩生育政策的出台，政策目标人群对准的同样是这批城市体面就业的女性。理论上，即使在城市，不在业的女性，从来都是想生几个就能生几个。最近几年，城市全职妈妈的媒体曝光度越来越高。无论是她们不在业的状态，还是她们生育了几个孩子，似乎都因覆上一层"自愿选择"的滤镜，而消失在生育政策的背后。

然而，全职妈妈们，真的都是自愿选择的结果吗？数据显示，20世纪90年代末期以来，中国已婚女性在劳动力市场的参与率持续下降，尤其是进入21世纪以来，在工作与家庭的冲突中，退出劳动力市场的已婚女性人数不断攀升。据2000年第二期全国妇女社会地位调查数据显示，"如果配偶的收入足够高，或者家里有大量钱财"的情况下，约12%的女性愿意辞去工作，回归家庭。[59]

2010 年的第三次妇女地位调查中没有问同样的问题，但统计发现，女性总体在业率的下降幅度大于男性，全国有 29.1% 的 18—64 岁女性处于不在业状态，因料理家务而不在业的比例相比 2000 年增加了 12.3 个百分点。报告还显示，近八成料理家务的女性并非不想出去工作，而是因为家庭照料责任和配偶不支持未能就业。而今天，在搜索栏里打上"全职妈妈，规模"，首条信息题为"95 后全职妈妈比例超 20%"。[60] 无论重视与否，无法回避的是，中国的全职妈妈正越来越多。

不过，更大的触动，来自身边。在这一章里描述的三位全职妈妈，一位 70 后女士和蒋莱老师同龄，两位 80 后女士和沈洋老师都在同一年本科毕业，她们像是另一面镜像，让我们看到另外一种选择的缘由和效应。


## 中国城市 70 后、80 后的成长环境中没有全职妈妈文化

回忆下，在城市中我们从小到大见过的女性长辈、亲人、邻居、同学的妈妈、老师的爱人……可曾有过没有工作单位、天天料理家务的全职妈妈吗？几乎想不起来。

在西方社会，以美国为例，二战结束后掀起了一股妇女回归家庭生活的高潮，"快乐的家庭主妇"是 20 世纪 50 年代美国白人中产女性的典型形象。《生活》杂志在 1956 年的特刊《美国女人》中，选取家庭主妇作为"时代女性"：高中毕业就结婚，年轻、美丽又

讨喜；家庭女主人，治家有方，将家庭布置得温馨可爱；事务繁多，需要料理家务、开车接送孩子们上学、参加社区慈善会议、每周一次购物；是一个认真负责的母亲，花很多时间陪孩子，关心他们的课业。全职妈妈的天地，只局限在生儿育女、照顾好丈夫、孩子及整个家庭之上。[61] 尽管进入 1970 年代，妇女解放运动推动女性走出家庭、进入职场，女性劳动力人口比例大幅上升，也带来了发达国家女性在家庭和工作中面临选择的经典难题，但其前提是女性有成为"全职妈妈"的权利，社会文化和制度体系都尊重、维护甚至支持婚育女性行使这项权利。

中国社会的妇女解放传统则是一条完全不同的路径。新中国成立以来，"妇女能顶半边天"的观念得到国家支持，让女性的劳动参与率和社会地位快速提升。在我们 70 后、80 后的成长年代，已婚妇女劳动参与率超过 90%。[62] 本章中即将出场的三位女性，她们的母亲都不是全职妈妈：李静恬的父母在同一所中学任教，随着李父职级提升，一直做到学校校长，李母逐渐转向学校后勤部门工作，适龄退休；宋钰涵的母亲是普通工人，很早就退休了；出生在上海郊区的于舒心，父母都是农民，父亲通过种种努力进入到当地事业单位供职，母亲则终身务农。如今农民已拥有一定的养老和医疗保障福利，但在各种统计口径中，都默认农民为处于劳动状态，15 岁以上的农村女性百分之百纳入劳动参与人口的行列。

本章开篇已提及，虽然近年来中国女性劳动参与率逐年下降，但"女性应当有一份工作"的思想依然广泛存在。2020 年热播的国产剧《三十而已》中出现了三位各有代表性的女主角，其中讨论度最高的角色就是由童谣扮演的全职妈妈顾佳。评论界认为，顾佳这一角色是中国当代影视剧中少见的，以非常正面的笔触刻画的"全职妈妈"形象，这亦隐约呼应了近年来中国城市中产全职妈妈增多的趋势。[63]然而无法否认的是，关于全职妈妈的话题每每都是靠着舆论场的话题效应而获得一波关注，上一次讨论生发于2017年，火爆荧屏的《我的前半生》中马伊琍所饰的中年失婚全职太太引发热论，再上一次，可能都要追溯到2011年全国政协委员张晓梅提出"鼓励部分妇女回家"的提案了。如此一种当下时髦的表述，相关的讨论除了制造流量，并未对整个社会的观念和制度变革产生多大的影响。无论是学术界对女性、生育、家庭的研究视角，还是政府以妇联组织、妇女代表等形式切入的妇女工作维度，全职妈妈的身影和声音都是少见且微弱的。

这同样体现在李静恬、宋钰涵、于舒心身上，无论是她们自己，还是她们的母亲，都没有想到有一天她们会成为全职妈妈，也没有感知到任何社会力量和因素对她们的支持或是鼓励，这看起来，完全像是一个自主性的决定。


## 随丈夫辗转流动的全职妈妈

认识李静恬，是在上海某郊区妇联组织安排的一个全职妈妈调研活动上。那是一个新兴产业发展迅速的城区，以导入人口为主，许多女性随引进或迁移到上海工作的丈夫来沪，发现在上海找到称心的工作殊为不易，家里的经济状况也还过得去，就成了全职妈妈。当地妇联注意到这个人群在扩大，希望开展一些调研。但这项调研完成后并没有什么声响，既没有受到上一级领导的关注，也没有出现在宣传或嘉奖的行列中。

这些全职妈妈中，出生于河南三线城市的李静恬显得略为与众不同。和其他人一样，她和丈夫都是新来上海不久的"常住人口"，户口尚未有着落，房子租在丈夫工作的公司附近，双方家庭的老人、亲戚都不在身边，没人帮忙带孩子。不同的是，无论是文献还是实际数据都反映，全职妈妈生育二孩比率显著高于工作母亲。在这项调研中，接近50%的全职妈妈已生育二孩，甚至还有三孩的计划，也有部分一孩妈妈表示正在考虑，不排除生育二孩的可能性。[64] 李静恬是个例外，她气质不俗，谈吐也清晰有条理，她用温和而坚定的语气说到，虽然丈夫有这个想法，但她认为一个孩子已足够了，不会再生二孩。

## 父亲设计的职业路线

李静恬出生在教师家庭，父亲是当地颇有名气的中学数学老师，因工作努力、成绩突出，职业生涯一直晋升到中学校长。母亲本来是与父亲在同一个学校任教的老师，父亲做了领导，母亲就转到后勤部门工作，全力当好贤内助。小地方的中学校长，社会地位和影响力都是很高的，父亲在家在外都很有威严，不仅对静恬和她弟弟的学业一贯严格要求，对他们的职业和发展道路也都有一套他自认为无比正确的理论体系。静恬印象很深的是，小时候小伙伴都不太敢上她家玩，怕碰上她爸爸。

作为家里的长女，静恬一向温顺听话，在父亲的主张下，她大学选择了省会城市的师范类大学，毕业后来到家乡的省级示范高中担任英语老师。弟弟就没有那么顺从，考大学选专业时和家里起了激烈冲突，一定要学父亲不允许的体育专业，然后兜兜转转，也是在父亲的影响下，结果还是去了中学当体育老师。一双儿女都继承父业，成为教育工作者，原生家庭的父亲权威可见一斑。

### 随夫流转，以致不得不放弃教师职业

转折发生在静恬的丈夫跳槽去了东部长三角的城市就业。

静恬本科毕业前经人介绍交往了某"211"大学研究生毕业的男友，工作一年后，两人结婚。在静恬父母的资助下，他们在郑州买了房，丈夫任职于一家国企。次年，静恬生了个男孩，已经退休的母亲帮她带。这时的静恬已是学校骨干，带高三的英语课，工作压力很大。可能有家庭的熏陶，静恬这份工作干得得心应手，她常常琢磨好的教学技巧，也乐意和大孩子们打成一片，教学业绩也不错，经常获得学校的奖励。

静恬的丈夫不甘于这看起来岁月静好的生活。身为有专业技术的高学历人才，在国企拿着一份庸常的薪水，他并不满足。第一次跳槽，他去了浙江的民营企业，工资能拿到一万，公司还提供宿舍，那是在 2010 年，这个待遇比两人在河南的收入总和还要高出 40%。考虑到当时孩子还小，静恬也不舍得放弃自己的工作，小家庭过上了两地分居的日子。两年后，孩子该上幼儿园了，丈夫看来也没有

返乡的可能，静恬一咬牙，决定辞去学校工作，带着孩子随丈夫去浙江生活。

对这个安排，静恬妈妈没说什么，女人总要陪伴丈夫、孩子，一家人团聚是刚需。静恬爸爸则非常生气，这完全打破了他对女儿的规划——读师范、做老师，工作稳定，身份体面，既可以留在父母身边，又能获得一份安稳的保障，简直是女生最理想的人生道路。他当时的建议是，静恬可以去浙江和丈夫团聚，孩子就留在老家，父母帮忙带，这样不用管孩子，静恬可以在浙江找一份类似的工作，职业生涯也就不会中断了。其实那个时代身边这样做的人很多，为了谋求更好的收入和机会，夫妇双双向发达地区流动，孩子则留在家乡靠老人照顾。静恬不愿意，她要亲自参与孩子的成长，急于团聚也是因为不想让丈夫再继续缺席父职。十年之后回头看，静恬庆幸当年坚持己见，尽管代价是她当了十年的全职妈妈。她说：

> 我爸思想很传统的，他经常跟我们讲老家里还有亲戚朋友，好多都是那种夫妻双方都出来打工的，自己没有上出来学就出来打工，然后把孩子放在父母跟前，就是留守儿童嘛，但是这样的孩子能教育出来的很少，除非这个孩子非常自觉。然后我爸看到这些，就非常反对这种做法。所以后面为什么他支持我，同意我出来带孩子，就是因为他看到了太多这样的例子。如果一代一代的都上不出来学，这一代父母虽然挣了点钱，但是自己的下一代还是（只能）出来打工，没有教育观念。他就觉得小孩子上学最重要了，必须注重教育。

丈夫在浙江工作三年后，出现一个更好的工作机会，在上海，年薪能达到税前三十万。男人的想法很简单，哪里给钱多就去哪里。静恬操心就比较多：孩子在幼儿园还有一年才能毕业，现在贸然去陌生的上海，户口、居住证、积分那些的，什么都没有，转园、上小学都有许多政策要了解，孩子去了新地方，匆匆忙忙过一年就要升小学，又是一番新的适应。静恬不想让孩子太折腾了，他俩商量的方案是再度两地分居，丈夫去上海的新公司先做起来，她在浙江带孩子上完最后一年幼儿园，再奔赴上海团聚。只是这么一来，浙江公司提供的宿舍就不能住了，静恬只能带着孩子租房居住。

**除了孩子，全家反对再就业**

从河南老家到浙江，静恬失去的不只是工作，还有从小到大、从学生时代到职场阶段的朋友圈。虽说现在是网络时代，但除了物理距离，她们这个年龄段往往也是工作和育儿最忙碌的阶段，共同话题少了，情谊也就淡了。浙江这些年，她交往的、所熟悉的都是一起接送孩子、一起"遛娃"的孩子同学家长。静恬发现，平常来接孩子的是全职妈妈，她们可以在工作时间出现在幼儿园门口；或者就是祖辈老人；接孩子从没见过爸爸。家长之间也泾渭分明，全职妈妈和老人没什么可聊的，常见的景象就是祖辈和祖辈聊天，全职妈妈和全职妈妈来往。然而从浙江到上海再一次地连根拔，她也失去了浙江的朋友圈。

来到上海郊区，一家人租住本地人的拆迁房，房租不贵，60平方米的一室一厅月租金为3000元。孩子上了就近的公办小学，丈夫税后年收入有二十六万或二十七万，生活稳定下来，静恬也动了找个工作的心思。让她没想到的是，"你们上海的学校，下午 2 点就放学了"，而河南不是这样，中午师生可以午休，下午放学至少要到 5 点。下午 2 点放学的小学生，要么送晚托班，要么家里有人接回来照管。晚托班费用不菲，对孩子的照料和督促还不能令人放心，静恬只好再一次失去选择地继续做全职妈妈。早上匆匆忙忙送走丈夫和孩子，收拾家务，出门买菜，规划下晚饭的安排，很快就中午了；自己潦草地解决了午饭，空闲没多久，该出门接孩子放学了；回到家安排孩子吃点心、督促他写作业、一项项任务打钩、料理晚饭、收拾厨余、洗好锅碗、倒掉垃圾，一抬头，已经晚上 9 点了。丈夫工作挺辛苦的，时常加班，平常完全不做家务，静恬也不舍得要求他做，只有周末他会来帮下忙，但周末更多是一家人出去玩，后来又忙着送孩子上各种培训班。

全职妈妈的生活并不轻松，每天都忙忙碌碌，每天又都留不下什么印记。静恬学过教育学、心理学，她时常提醒自己，不要成为把自己的价值感和孩子的成就绑定在一起的那种母亲，但她还是忍不住，一切以家庭和孩子的需要为重。照理说家里的经济状况不差，丈夫也体谅理解她的付出和辛苦，将收入全部上交，静恬掌管财政大权，还会做做股票之类的投资理财。但作为全职妈妈这些年，静恬了解到她可以作为灵活就业人员，自行缴纳社会保险金，为自己买养老、医疗保险。可仅仅就是因为自行缴纳的基数略高，每月的缴纳额在 2000 元左右，她就舍不得为自己支付这笔钱，甚至因为没有医保，产生不敢生病、不敢去医院的心理。据她所知，这样的全职妈妈不在少数。如果丈夫或亲友是自主经营者，可以挂靠在自营公司以略低的企业标准缴付保险，否则的话，她觉得个人自行缴付的标准太高了。但如果是孩子喜欢什么或想学什么，钱方面她毫不吝惜。

令她欣慰的是，孩子成长得不错，跟她也亲近。小学毕业后，孩子通过摇号进了一所民办中学，位置更偏。一家人又搬家到学校附近，尽管房租低廉，同样的租金能住上三室，但丈夫上班远了很多。丈夫说，没问题，一切以孩子为重。同一年，赶上上海基础教育制度改革，要求学校提供延时服务，孩子放学时间推迟到5点30，这么一看，住在学校边上确实是刚需。这次静恬下决心要"再就业"了，她想有个工作单位给自己缴社保、公积金，也想增加点收入，他们迟早要在上海买房，静恬希望减轻些丈夫的负担。然而那么久不工作，她感到再就业最大的困难是缺乏信心。上海的中小学教师入职门槛已达到研究生学历，她不敢想；有朋友给她介绍办公室文职工作，她担心无法胜任，也婉拒了。最后静恬找到的工作，是家附近商场里生鲜超市的"理货员"，一个没有学历、经验要求的"蓝领"工作。面试还是已经进入青春期、长得高高大大的儿子陪着她去的。静恬说：

> 我找这个工作，除了我儿子，全家人都反对。还是我儿子陪着去（面试）的，我真的有点慌，感觉很不自信，虽然自己有学历，但是什么都不会。
>
> 这里体力劳动比较重，当时招我的那个人事也说："你有学

历，我们这边学历比较低的都可以来干，（你来）确实有点屈才。"我说没事。后来我也从来没和这里的同事说过我的学历和以前的工作。我就是一个普通的打工的，我也不想让人家知道我之前的工作、学历，那都只是一个过去的身份。

新工作强度很大，每天八小时，还要加一小时班，做六天休一天。工作内容上，超市收到线上订单，由理货员收集、整理、打包，派发给超市自雇的快递小哥。不管忙不忙，除了吃饭都不能坐下。2022 年春天上海静默时期，超市业务量巨大，商场则禁止进出，工作人员被召到店里就不能回家了，配发被褥，睡商场的过道。好在每天可以给自己家买菜送出，丈夫带儿子在家的两个月没有抢菜和断粮的烦恼。

这份工作月薪四千，在上海可以称得上十分微薄，劳动强度却非常大，最初静恬下班到家，腿肿得抬不起来。丈夫反对是不想她那么辛苦，但丈夫也察觉出她虽然身体疲惫，心情却比当全职妈妈时开朗愉快了。静恬的父母也反对，反对的原因则是认为这份工作会让她疏于对孩子和家庭的照顾。静恬说：

> 我爸现在反而很反对我去工作。他觉得我把孩子管得还挺好，这么多年还是值得的。他跟以前完全不一样，以前我放弃工作的时候，他很生气的，有一两个月都不理我，就觉得太可惜了。可能父母也是觉得把我培养出来也不容易，花这么多心血读出书来了，结果工作又丢掉了。

超市员工流动性很强。再次见到静恬时，她已经在这家店里工作了一年，属于老员工了。虽然劳动回报很低，但静恬再就业的初衷已经实现，也逐渐和同事建立起新朋友圈，她也觉得自己比做全职妈妈时心情好了不少。

## 嫌弃丈夫沉迷游戏的全职妈妈

乍看起来，土生土长的上海女生宋钰涵和河南姑娘李静恬并无相似之处。虽然她们都出生在 1980 年代中期，但一个是大城市的独生女，一个是小城市里还有个弟弟的长女；一个娘家房多钱多，从无经济顾虑，一个还在为在上海买房落户伤脑筋；一个早有二孩计划并干脆利落地付诸实施，一个成长自多子女家庭的文化中、弟弟和家族亲友都生了二孩，只有她权衡之后放弃了。但细看起来，这一南一北两位同龄的全职妈妈，却都在"父亲的乖女儿"这个维度上有着共性。

### 父亲安排的人生道路

宋钰涵是标准的乖乖女。她出生时父母已经 36 岁左右，心态成熟，经济条件和社会地位也优于一般家庭，从小就备受宠爱。钰涵的父亲是上海知名高校的教授，退休后借助原有的人脉和资源开了公司，事业成功，也赶上财富积累的好时机，房子就有好几套。钰涵生长在大学附属社区，从幼儿园开始，求学之路就是一条龙式的教育——大学附属小学、初中、高中。作为教职工子女享受加分政策之后，她顺顺当当考入父亲所在的高校，毕业后去了父亲学生经营的企业，并得到了特别关照。

人生大事她也听从父母建议，在同学里找了一个对象，实现了早婚早育。她说："一开始我爸给我灌输的是找一个建筑系的。我觉得自己年龄也差不多了，我父母就觉得要赶紧结婚生孩子，（所以我）26岁生孩子，25岁结婚，过程中也没有太多挑剔。"

虽然钰涵最终在建筑系找到了对象，但她的父亲对钰涵的丈夫却一直不太满意，主要是看不上亲家的社会阶层和经济实力。钰涵的公公婆婆没上过大学，从事工薪阶级的工作，也有重男轻女的思想。钰涵头胎就生了儿子，婆婆非常高兴，对钰涵特别好，尽心尽责带孙子。婚后，钰涵夫妇住的是娘家的大房子，为了方便婆婆照顾孙子，小两口补贴了六七十万，资助公公婆婆把房子换到自己家附近。初入职场那阵子，建筑规划行业还算不错，夫妻俩联手接项目，做到一个大项目，投入一两年时间可以赚上一两百万。

老大一岁多时，钰涵意外怀上了二胎。二孩要不要生对她来说不是一个问题。在钰涵内心有对"失独"的隐忧，而她父亲也早有这个念头。不过二孩出生后不久，出于各方面现实因素的考虑，她做出了放弃工作，做全职妈妈的决定。她说：

> 其实计划是想隔个三四年（生二孩）。因为我爸爸比较强势，他总想生个孩子是跟我们姓的，所以二胎计划是早就有的，但没想到来得这么快。两个都是男孩，他们两个还是同一天生

日，刚好差两岁。

我刚生完孩子的时候还没有做全职（妈妈），生完二胎还在上班的。当时孩子还是我父母帮忙一起照顾，老二小的时候老大也才三岁，还没有上幼儿园。那段时间就是我婆婆那边照顾一个，我爸妈这边照顾一个，我跟我丈夫都上班。之后是到了小宝一岁半的时候，我做的这个行业不怎么景气，建筑业成了一个大低谷，收入基本上只有刚入职时的三分之一。我觉得这个时候退下来比较合适，再上班也赚不了多少钱，而且加班挺多、挺辛苦的。再说这个时候，我父母身体也不太好了，不能再这样让他们带孩子。

## 嫌弃丈夫沉迷游戏

宋钰涵和丈夫金立彬在大学时代是打游戏结的缘。从小被老爸灌输对象要找学建筑的男生，钰涵常和建筑系的男生来往。与前男友的感情让钰涵很是受伤，后来和金立彬一块打游戏混熟了，她抱着"爱情并非婚姻必需"的想法，渴望找个老实人过日子，在父母看不上金家经济阶层的情况下，她还是和立彬结了婚。

坚持嫁这个丈夫，可能是钰涵第一次违抗父母的意见，尽管追溯缘由，这还是源于她想找个和爸爸同行业的男人。然而这种违抗并不能持续多久，婚后他们和钰涵父母一起生活，公婆也换房到附近，钰涵在国企工作，立彬挂靠在建筑类公司自己接活，夫妻俩联手一块儿做，也赚了些钱。之后赶上大行业不景气，钰涵生了二孩，立彬也接不到活，一段时间里，两人都没在正经上班，都是自己给自己缴社保。生活似乎完全依托钰涵娘家展开，不缺房也不缺钱，而钰涵对丈夫的不满也渐渐强烈起来。和当初的共同爱好有关，如今钰涵不满的焦点也是游戏，身为两孩之父的立彬和大学时代差不多，一有空就在打游戏，每天能打上六七个小时。钰涵说：

> 本来生第一个孩子的时候我丈夫什么都不搭手，我想生了第二个他总能长大一点吧，责任心应该更强一些，但是他进步没有那么明显，我就更累了。然后我对我妈妈更好了，住一块儿的时候晚饭都是我烧，烧一大家子的。以前我也打游戏，他的心理我也理解，但是我觉得到什么时候做什么样的角色，这个不用人教的，自己就会慢慢转变的，会放弃自己的很多东西，我觉得他好像什么都不想放弃。
>
> 他认为钱够花，每天舒舒服服过日子打打游戏，我总觉得他没有上进心，像个无赖一样赖在那里。住在一起，他也不会像人家那样拍拍丈母娘马屁，从来没有的，他什么事也不做。有时还会戴着耳机和别人讲话，一起打游戏，我妈在书房就会觉得特别吵。也没办法，跟他讲他也意识不到，说好不戴着耳机说话，但是过两天又忘了。

由于日常生活中存在和老人的龃龉，老大也快要上学了，钰涵做主，搬出父母家，住到小学附近，也是自己家的旧房子，两室一厅的。从大房子换成小房子，钰涵没觉得委屈，她对这个房子有感情，这里是自己从小长大的地方。在她看来，立彬也没有意见，

"他什么决定都不做的，只等我通知他"。钰涵说：

> 有时候觉得自己养了三个儿子，每天穿什么衣服还要我给他找。
>
> 在家他就捧着电脑。然后我家大宝现在是学钢琴的，所以每天晚上我都有一个半小时陪着大宝练琴，然后小宝这段时间都归他管，他就会抱着小宝继续打游戏，我看着就很不爽。
>
> 他所谓的看着孩子就是带着孩子打游戏，然后最多两个孩子在他后边玩，他在打游戏。前两天就是的，小宝在他后边玩，他也不看一眼，结果一大杯奶茶都洒床上，他在那里训小宝，我说你是监护人，你不看好他，你在打游戏的时候哪怕花一两分钟回个头叫他不要在床上喝奶茶。没用的，说他。

但其实，仅仅是搬家这件事，立彬就不是没有想法的。两人关系中的许多磕磕绊绊，在立彬看来，与钰涵太过听娘家的话，和生育后对丈夫要求越来越高，都有关系。立彬说：

> 当时搬到这边，说白了我就觉得生活品质下降了，她不觉得，所以我说只要她开心我无所谓。她主要是方便小孩，小学就在这小区里面，方便。反正我现在没什么事情，只要家庭和睦就可以，我委屈一些没关系，以前是觉得委屈，现在我不觉得受委屈。
>
> 平时她家里有什么事，她爸妈是说一不二的，他们决定的

事情就要照着来。她们家里确实是有很多事情，但是我觉得有一些事情并不是说非她不可。比如说她外婆的那些事情，她外婆原来是住在我们现在住的房子里的，后来因为腿脚不方便，她妈妈，就是我的丈母娘希望给老人住一楼的房子，好让她可以出门走走。我丈母娘就小区里面又买了一套房子，让外婆搬过去住，那个房子的装修都是我老婆弄的。还有陪外婆看病、配药等等的。她外婆有四个子女，也有其他孙辈，因为大家都觉得你又不赚钱，你不上班，那就你来弄，你有空对吧？但其实这也侵占了她很多精力，有些事情我觉得确实她出一点力是应该的，但是她实际上是大包大揽了这些事情。

其实没生孩子之前，我们两个都是没心没肺的，我跟我老婆是属于打游戏的人设，以前我们两个打游戏都很疯的，打一晚上，然后第二天中午起来很正常的。以前反正家里没什么事情，下班7点钟回来，饭吃完，在电脑桌前面一坐坐到晚上，对我们来说是很正常的。

生完一个孩子之后发现还是有很多事情要做，但那个时候其实还好，因为很多事情都是父母在做。生完两个孩子的时候发现基本上就没有什么时间了，除了工作、孩子，没有自己的时间。一开始的时候我们有点像玩伴的那种感觉，大家情投意合，就在一起玩，很开心的。

然后生完一个孩子之后，她就觉得怎么就有点掉链子，就说你应该花更多的时间在孩子身上，她那个时候有点不开心。第二个孩子出来之后，她就觉得不对，我现在都已经没时间玩了，你也不能玩了。我一开始是比较被动的，从小我爸只要求我学习好，家务都不要我做，所以我在家什么都不会做的。我就是被我老婆一点点调教出来的，她不停地给我施加压力，让我不停地按照她的想法一点点改变，然后我现在反正尽量多花点时间在家庭上。她现在又有一点点时间能打游戏，其实我还蛮开心的，说明她至少还有一点点自己的时间，做一点自己喜欢的事情，对吧？

**扶老育幼，比上班累得多的全职妈妈生活**

钰涵承认，照顾父母和娘家的长辈，确实让她更忙碌了。父母生她晚，年纪都比较大了，身体明显在走下坡路。父亲快七十岁了，已装了心脏起搏器，母亲也体弱，经常要她陪着跑医院。外婆年近九旬，有三个女儿和一个儿子，延续重男轻女的传统，舅舅什么事都不管，钰涵妈妈和钰涵的小姨与外婆住一个小区，因为母亲照顾不动外婆了，钰涵代理了母亲的义务，和小姨一起照料外婆，陪外婆去医院。

教育孩子方面，钰涵认为自己不是虎妈，但在丈夫立彬眼里，她心里是憋着一口气要把孩子培养成功。钰涵说，老大开始学钢琴后，每天晚上练琴一个半小时。立彬看到的却是，孩子不能弹到让钰涵满意，她坚决不会叫停，一遍弹得不行就反复练。有一次练到半夜 12 点，孩子边哭边弹，立彬劝阻无果，撑不住自己去睡觉了，到凌晨 5 点他被琴声吵醒，才意识到已经弹了一个通宵，还在弹。立彬给钰涵发消息说："你们还没睡觉？"他知道这时候当面去劝，孩子、大人脸上都挂不住。发了两条消息，钰涵不回复，他起身过去看，钰涵发话："你不要管这个事情，不要管！"立彬知道自己劝不动，又发消息给自己父母，问他们有什么办法，父母也想不出什么好办法。

立彬知道，自己家和别人家不太一样，一般妻子对丈夫的期待是工作上有上进心，多赚点钱，但钰涵不在乎这些，娘家经济底子强，她从来没有生活压力，不在乎丈夫这个月拿回来的钱是一万、两万还是三万，她在乎的是丈夫能不能帮她减轻一些压力，让她轻松一些，眼里有活，主动多承担家里的事情。钰涵也知道，做全职妈妈比上班累多了，父母越来越依赖她照顾，觉得她不上班挺好，女婿不称心，离婚也没关系。钰涵时常感到，"做家务最累的不是体力上的辛劳，而是脑子里会一直有一个钟，几点要做什么，一点都不能出错，精神上很疲惫。但丈夫脑子里就没有这个钟，有什么事了叫他去做他也会去，但他一有空就坐下来打游戏，还经常玩那种一时半会儿停不下来的游戏。他在打游戏时跟他说话吧，其实根本没听进去，说完就忘记了"。扶老育幼加在钰涵身上的沉重的精神负担，丈夫一点都没有帮她分担。

行业大萧条在 2020 年的疫情时期达到高潮，立彬挂靠的建筑设计机构也发不出工资了，他索性彻底辞了职，然后自发地去考了保险经理人证书，开始兼职做保险，偶尔接老本行的私活。他觉得保险业的前景不差，钰涵对他整天待在家又看不顺眼，他每周有三到四天去跑跑业务，其余时间为了避免冲突，尽量不待在家里，到朋友公司角落里打游戏。做了才知道，保险业务挣钱也不容易，金立彬现在的收入主要还是来自原先的工种，尽管他妻子依旧不在乎他挣多少钱。


## 从领导岗位上激流勇退的全职妈妈

出生于 1979 年的于舒心和李静恬、宋钰涵的年龄只差四五岁，但成长阶段经历了中国社会的巨大变革，观念和心理都像隔了一代人。全职妈妈的选择于她是更为彻底的始料未及。在成为全职妈妈之前，于舒心 25 岁研究生毕业，十多年一直在同一家事业单位工作。39 岁以最年轻的中层干部身份提出辞呈，除了丈夫接受她的一切决定，父母、亲友、领导、同事都大感意外她的激流勇退。尤其是一向以她为傲的父亲，几年过去还没能消化这个事实，总以为她哪一天就会回原单位上班了。

于舒心家在上海本地郊区，父母本都是农民，后来父亲通过一些努力，成了乡镇上的政府部门工作人员，算吃上了公家饭；母亲一直在务农或做零工，生活方式和认知观念都是很典型的农村妇女。舒心有个姐姐，大她五岁，符合当时农村的二孩政策，母亲曾经铆足了劲儿二胎要生个儿子的，B 超都看了好几次，不料又生了个女儿。舒心印象中，母亲很少掩饰她的失望，农村家族联系广，同辈亲属只有母亲没儿子，这是母亲一生中重大的挫败和憾事。母亲常常对舒心的那些表哥表弟们格外亲昵，但舒心所感受到的大多却是忽略，好像自己是多余的。连她的名字似乎都来得漫不经心，和姐姐的名字毫无关系，却反映了原生家庭对她的期待。

父亲不是这样的。父亲没有重男轻女的思想，也没有忽略二女儿。初中毕业，姐姐考上了中等师范学校，未来会成为小学老师，这在当时看来是一条很顺畅的道路。但舒心就一直记得，父亲说，以后我们家老二会更好，会上大学。也就是在那个年代，社会潮流发生转向，读高中上大学成为实现阶层跃迁的主流方式。舒心没有父母的规划荫庇，也许是为了获得认可，也许是内在的向上动力，也许是来自父亲的期许目光，她从自发的努力中获得正向反馈，走上一条标准的学霸之路。保送上大学，考研以高分被录取，毕业后进入专业相关的事业单位，延续着全力以赴、踏实认真的习惯，在这个工作单位里，她凭毫无背景的起点成长为领导看重的骨干，多次公派出国培训、荣获各种奖励表彰、屡屡被上级委以重任，在业界算得上小有名气。

舒心的同学大都也在体制内单位工作，不乏各种聪明人、精明人，大学时就斗得上天入地，硬生生挤掉了她这个绩点第一名的保研资格，但走上工作岗位后，他们的发展速度反而都不及她。舒心不仅在同学中第一个升到副处职位，而且也是铁板钉钉的后备干部人选。其实舒心从不认为自己擅长在官场发展，她不过是延续着从小养成的顺从和努力的习惯。追溯起来，这还是父亲对她的教导和期待：在体制内，"吃公家饭"，听领导话，认真做事。但也正是因此，工作中获得的认可和提拔能让她有成就感，却并未带来热爱感或使命感。

当舒心在38岁的高龄如愿生下二孩时，她几乎没有犹豫就向领导提出辞职。因为孩子没人带，老人带不动了，丈夫是律师事务所的高级合伙人，收入很高，工作也很忙，基本不顾家，而二胎，是他俩早已商定并多次努力才终于实现的"成就"。

作者：你决定全职主要是跟周律师（舒心丈夫）商量的。和你爸妈呢？

舒心：我爸妈肯定不同意。我爸一直觉得我的工作挺好的，尽管我一直觉得不怎么样……

作者：以前也动过离职的念头？

舒心：我一直是想离开的呀。

作者：大概有多久？

舒心：我感觉我从进去以后就没有断过这个想法。

作者：但是你还是工作了那么多年，还干得那么出色？

舒心：不是干得出色不出色，是因为我的性格就是这样的，我的性格是我干了，我肯定尽全力干到最好，要么不干。不是因为主观上的原因，是因为我就是这个性格。

作者：如果你喜欢的工作呢，会更投入吗？

舒心：我觉得我喜欢的就不一定会辞职，我肯定会想其他的办法了。要提我做正处是肯定的，领导都已经很明确地跟我说了，我们那个领导，很明确说要提拔一个年轻的、女的副院长（正处职级）。

作者：当时你已经当副处多少年了？

舒心：我都不记得我什么时候成为副处的了。

作者：你觉得副处的时候也没特别激励到你吗？

舒心：真的没有，我肯定是我们这个单位里面最年轻的副处，可能也是我们系统里面比较年轻的副处。


就这样，前半生从没想过有一天会当全职妈妈的于舒心利落干脆地拒绝了领导的各种挽留和许诺，以一种不欢而散的方式告别了供职多年的单位。后来这个职位提拔上了一位明显不如她的男同事，过去的下属和单位里的朋友也会来聊聊对她的惦记，这种时候她的心头会涌上一些失落感。家里的经济状况不成问题，社保挂靠在律师丈夫朋友的公司里缴纳，也有住家阿姨帮忙料理家务，她似乎终于有了时间和精力可以想想自己到底喜欢做什么、未来打算做什么，而不是被动地接受安排、努力地完成任务。然而这并不容易。舒心已经了解到，自己不喜欢官场的复杂关系，也无意做鸡娃的虎妈。她的研究生专业是法学，丈夫律所的业务理论上也可以尝试，但她兴趣并不大，信心也不太足。全职两年后，她在体检中意外发现自己患上早期肺癌。她了解脆弱且唠叨的父母定承受不了这个打击，让他们着急焦虑也于事无补，便没有告诉父母和其他亲戚，在丈夫的安排照料下实施了手术。从此她对"再就业"的思虑也放下了，她只是一位普通的重视健康调理的全职妈妈。

## 写在结尾

这三位全职妈妈，成长环境各不相同，原生家庭对她们的塑造和影响也程度不一，但梳理她们的人生历程，我们意外地发现，她们共享着一个有趣的标签：听父亲话的乖女儿。无论是早期的人生规划，还是当下的生活所需，父亲的教诲和引导，都扮演了无法忽视的重要角色。这不禁令人好奇，这条"听父亲话的乖女儿"之路是如何通向了"以孩子为先的全职妈妈"的？

在女性的成长历程中，母女关系往往被视作生命链条的代际联系，无论是文学作品还是社科考察，涉及对女性境遇的探讨，往往会关注母女关系中蕴含的生命延续和变革发展。《第二性》的作者、著名的存在主义、女性主义作家西蒙·德·波伏娃把母女关系的属性概括为三层关系：对抗、一致和保护，这是在男性为主体的社会关系中，母女关系遵循主体之外的他者之间关系的反映。[65] 作为同一类性别体，女儿对母亲的效仿或是反叛，都折射出母女关系的重要意义。正如这三位女性在面对是否应该全职的选择时，由于她们的母亲都不是全职妈妈，她们的决定因而蒙上了一层无奈且忐忑的面纱。

相比较而言，过往对父女关系的关切往往聚焦于父女间的联结对女儿与异性的相处能力和婚恋观念的塑造。以学者纪芳在《并家模式下的家庭权力重构及其实践逻辑——基于苏南农村的并家经验考察》一文中的分析框架为参考，在一些经济发展水平较高的地区，随着女性地位的提升和女性原生家庭对子代家庭持续性的资源支持能力增强，传统婚姻模式和父权制结构下的"从夫居"小家庭模式逐渐让位于"并家"式的新婚姻模式，夫妇双方的原生家庭通过对小家庭的支持、资助和干预，共同参与到小家庭的权力实践和发展形态中，形成一种双方父代影响子代家庭关系的"新父权"格局。[66]

在中国，生育后工作的女性是主流，社会期待母亲维持工作和家庭平衡，但为什么高学历女性在这样的社会期待下会"主动"当全职妈妈？在静恬、钰涵和舒心身上，我们看到来自父亲的"新父权"影响在人生早期就开始了，并贯穿于她们生命的不同阶段。某种意义上，正是从小"听父亲话"的习惯培养了她们对父权文化的吸纳和内化，也造就了她们在家庭需要时十分自然地以家人，尤其是孩子的利益为最高优先级的理念，即使需要为此付出和她们听话的性格并不一致的、挑战事业女性角色的代价。

# 第四节　从绝望主妇到成功微商

在三孩妈妈那章，我们记录了林夕生育三孩的经历和她的育儿理念。在大多数 85 后还在为生存打拼的时候，她早已身背爱马仕，出入有豪车，住在郊外豪宅，过着常人不敢奢望的富足生活。但林夕坦言："桌布掀开都是一地鸡毛。"这一节，我们记录了光鲜背后，她在家庭关系中不为人知的压抑、痛苦和觉醒，以及她如何依靠事业实现了自我重生。

## 家庭：权力斗争的场域

虽然林夕和丈夫的婚恋是精准匹配的结果，但她认为两人在婚恋初期还是存在浪漫爱情的。她说："因为毕竟你比他年轻那么多，他一个 50 多岁老男人看一个年轻 25 岁的怎么样都觉得好，因为你有生命力，你年轻，你无知，你单纯，怎么样都觉得可爱，你犯错他都觉得你是很单纯可爱的。确实当时（我）会觉得好开心，这人好包容，觉得跟他相处，在一起很开心。"

起初，婚姻生活颇为美妙。"找了个有钱丈夫，觉得比人家强太多了，你们长得漂亮，你们学历比我高，清华北大又怎么样？我有三个孩子，（让）人家羡慕，（我）又觉得自己生活过得有多好。"跟着丈夫见了不少名人，阔太的光环令她膨胀。

婚后，林夕丈夫一年中有两百多天在出差，每周在家吃不了几顿饭。除了和他最看重的大儿子会多说几句，几乎完全不和孩子们交流，甚至不知道孩子在哪个学校读书，上几年级了，学校活动也从来没有参加过。林夕的原生家庭就遵循着"男主外、女主内"的模式，很长时间里，她觉得这样的性别分工是天经地义的。但是，在老大上了著名的私立幼儿园之后，通过参与学校活动，她发现了自己家庭同其他家庭的差距，以及另外一种生活方式的可能性。林夕说：

> 幼儿园的家长相对来说普遍比较优秀，经济条件比较好，你就会发现原来有各种各样的活法。像别人的孩子，爸爸妈妈可能是同龄的夫妻，但是他的爸爸就会来接送孩子，会积极参与学校的活动，积极参与家长会，去跟老师去沟通。我就发现原来父亲也是可以参与到家庭培养孩子的过程中的，因为我的爸爸从来没有参与过我的教育，或者说我从小的生活过程里没有过。我爸只顾着工作赚钱，这是我的一个固有的印象，我认为可能都是这样。后来我丈夫也是这样，我觉得也很正常。

另一方面，四年生完三个孩子，家里常年请着三个保姆、两个家教，出入还有司机，管理和安排并不轻松，工作量不亚于一个职业经理人，但林夕的这些劳动并不被丈夫在意。表面上，丈夫每个月给她十万元家用，看似阔绰富足，实际上付掉保姆的工作、孩子们的学费后，所剩无几。丈夫在全球许多国家有房产，可以自由选择度假屋，可是没有一个房产证上有林夕的名字，他实际资产究竟有多少，她压根儿就不知道。曾经有一次，林夕娘家有亲戚要去英国读书，问她借二十万或三十万保证金。她问丈夫要钱，遭到拒绝。丈夫表示公司最近资金周转紧张，拿不出，还建议亲戚朋友之间最好不要有金钱纠葛。但事实上，她丈夫会借钱给自己的兄弟姐妹，还给他们每人送了两套房，这使她觉得丈夫还是把自己当外人。

作为全职太太，林夕日常身边能接触到的人只有保姆、小孩和邻居。放眼她们所居住的豪宅区，周围富豪家庭生三四个子女的情况很普遍，邻居中甚至有生五个的，以"追男孩"为主。邻居家女主人都是和她一样"在家喝茶聊天瞎扯淡的，这时你会发现你跟这个社会脱节了。你的认知，还有你的各种学习能力变得非常弱，你会觉得自己变得很蠢。还有一个最重要的问题是你跟丈夫的沟通交流，会发现你没法跟他聊，你聊不下去，他说什么你都听不懂。他跟你说政治，你怎么跟他聊？他跟你谈经济、谈投资、谈项目，你们没有东西可以聊了。可以聊的就是你这个星期都没在家吃饭，这个星期你什么时候在家吃顿饭？"

结婚十年，林夕只去过两次丈夫的公司，对于盈利情况和公司事务一概不知。由于林夕与丈夫的年龄差距以及二婚的现实，再加上丈夫公司里的关键职位都由他的亲戚把持，她对两人关系中的不平等状态有了越来越强烈的不满和危机感。林夕表示：

他把自己看得最重要，儿子第二重要，家人第三重要，第四才是我。我终于看明白了，他始终认为我会再找一个人，因为他比我大这么多，他快70岁了，说不定再过个十年、五年，他走了。他就觉得我老婆还这么年轻，40岁稍微保养一下还是很能看的，还可以再生孩子，再找（对象），到时候住着我的房子，睡着我的床，打我的儿子。他心里会有这种想法。

我也想过改变，跟我丈夫说我要去工作，光说要去工作这件事，我们就斗争了两三年，他各种不同意。他说你出去工作，人家还以为我养不起家了，我们家要破产了，资金链有问题了，你不能出去。因为我是他的面子，这很重要……他不希望我去跟别人沟通交流，不希望我走出去，因为他害怕和担心，他觉得我这么年轻，万一跟别人跑了怎么办？他有这种出于身体本能或者作为男性本身的担忧。还有一个很重要的是，他觉得如果你连钱都不依赖于我，我就更没用了，控制不住，他就失去掌控了。在整个婚姻关系当中，这是一种权力的斗争。他就跟我说，你做什么生意？你不能去找我的朋友和同学，任何一个都不可以。让我把他们的朋友圈屏蔽掉，他不希望别人知道他老婆在工作，他并不以我的成就骄傲，从来没有，他只是觉得他对我失去掌控了。

这个问题我曾经跟我几个男性朋友也交流过，他们说你知道吗？你的经济独立意味着你人格独立，你的人格独立意味着在这种关系当中，你们之间的平衡要被打破，这是一个非常严重的问题，你挑战了他的权力。

面对丈夫的态度，林夕既感到委屈，又毫无办法。一口气生了三个孩子，最好的青春、最好的状态、最好的身体，都给了他，而他还是这么吝啬，这么防着她，不尊重她。经济不独立，人格也不独立，林夕进而对自身价值也产生怀疑。如果生活发生意外，她该怎么办？她想解决这个问题。

## 通过事业走出一条重生路

2020 年疫情前，林夕在小区健身房锻炼时认识了住在附近的某欧洲布料品牌代理商里奥。起初，她被里奥所代理的布料所吸引，里奥送给她一些布，她也陆续买过一些，做成衣服，效果很特别，跟店里买的成衣不一样。平时林夕会给儿子买博柏利、普拉达等奢侈品品牌童装，后来发现成本太高，最重要的问题是孩子好动，一打滚衣服就破，她觉得很心疼。而用欧洲布料做的 T 恤款式独特，符合她的审美，价格相对低，得到了林夕的青睐。

渐渐熟悉之后，林夕跟里奥倾诉了自己的困境，里奥建议她可以做布料微商。里奥表示，布料这门生意并不是像人想象得那样门槛很低，其实有很多的知识在里面，例如从棉花到布的生产过程，此外，布料的图案和取名背后还涉及欧洲的神话故事，具有文化内涵，何种布料对婴儿来说是安全，还涉及化学知识。虽然林夕觉得做微商"很 low"，但出于对该欧洲布料品牌的认同和喜爱，以及出于对经济独立的渴望，她可以接受自己通过微信群卖货。这一高端欧洲面料也符合她的品位和阶层。此外，这份工作也符合丈夫对她的要求：不要出去抛头露面。做微商主要基于线上交流，不需要每天出门上班。这份工作时间灵活，她可以在照顾孩子之余处理业务。卖布不光是卖实物本身，也是售卖一种欧式生活方式和审美趣味。林夕联系了服装设计师和制衣厂，请设计师基于面料设计款式。为此，她甚至改变自己的形象，以符合品牌定位，给自己收拾打扮找到理由。每次我们与林夕见面，她穿的都是该品牌面料做成的衣裙，背着爱马仕铂金包，显得优雅、端庄、有品位。

刚开始做微商时，丈夫认为她是在"瞎折腾"，认为她的生活很好，应该知足。"他就觉得我现在赚钱，你以后老了你这日子多舒服，你有房有车还有三个孩子，你这日子过得多好，你就按我说的做，你别瞎去折腾，外面挣什么钱，这几万块钱够你用的。"林夕反思了这种思维背后的传统性别分工：

> 因为在中国来说，整体还是男权社会对吗？我自己有工作过，其实一个男人和一个女人在工作上的付出，他们得到的回报是不对等的，而更重要的是在这个社会当中，妈妈作为母亲的角色，孩子才是你最重要的，家庭才是你最重要的事业。但男的，比如说他要出差，立马可以出，可是我得想我儿子要上

学、要吃饭、要做作业这些事情，我得管他。

尽管在丈夫那里受挫，但他一年有两百天不着家，也管不了那么多。林夕认真经营自己的微商小店，主要通过小红书、闲鱼等社交媒体积累客户。刚开始拍的照片很难看，也没什么粉丝，她就学习别人是怎么做的。随着图片越放越多，加上到货拍个开箱视频，或是发一些热门款式，有人看到了很喜欢，慢慢就会关注她的账号，来问她怎么购买，要加微信，然后慢慢拉起一个群。

2020 年我们和林夕初次见面时，她用不到一年的时间发展了数百人的客户微信群——都是已婚已育女性，其中有很多全职妈妈。她们和林夕的作息时间类似，晚上都需要给孩子讲睡前故事。等孩子睡着之后才有时间参与微信群讨论。因此，很多妈妈是在晚上 10 点以后找她的，她也在这时投入工作，经常会忙到凌晨 1 点。在没有工作之前，林夕每天早上 6 点起床，晚上 10 点左右入睡。工作之后 8 点多钟起床，"睡到自然醒"，然后上午陪孩子，下午处理订单，维护微信群客户，等孩子睡着了继续工作，到半夜 12 点多。每天工作 8 个小时左右。客服群的管理者是她一个人。林夕说：

> 当你踏出那一步的时候，你会发现没有什么 low 不 low 的，工作没有高低贵贱之分，没有，只有你肯不肯花时间，肯不肯学习，然后你愿不愿意为这个付出，只有这一个问题。我想做有温度的销售，而不是单纯卖东西赚钱。因为我有代入感，因为我自己是一个全职妈妈，走过这样的过程，知道一个女性做

妈妈的过程当中，可能会遇到一些问题，尤其是自我价值的实现，和质疑自己在整个社会群体当中的位置。她有可能会有一些委屈，会有一些辛酸，甚至在带孩子的过程当中会碰到各种各样的问题，会有无助的时候。我有时候会跟她们去分析，然后去跟她们沟通和交流，我会去支持她们、鼓励她们，分享一些经验给她们，然后让她们变得也愿意去做这个事情。

有妈妈表示，可能我只会用布做个发夹、发箍，我说做发夹、发箍也很好。我会搭一个平台，比如说在群里帮你推一下，大家来买，二三十块钱一个，这都是收入对吧？然后你再从我这边买布的话，你做出来，到时候我可以给你便宜点，或者说我建议你去哪个地方发图。不停地去鼓励她，她也可以创收，自己内心也可以获得一些积极的正能量。然后她慢慢像我一样，慢慢循环起来。对我来说这是挺开心的事情，可以赚她们钱，但同时又帮助到她们，帮助她们去创业，帮助她们去建造自己、去疗愈自己的内心，让自己独立。你帮助越来越多的人独立的时候，这就是很温暖的故事。


自从开始做微商，林夕对营销心理学、商业投资、时间效率的把控，后续售后服务的管理及客户黏合度，还有成本控制等等方面，都学着做全盘考虑。譬如为了做好成本控制，每单一块、两块的快递费都需要自己去讲价。她的收入开始节节攀升。2021年夏天我们第二次见面时，她的月收入达到了20万，这给她带来了底气。她说：

有时候我会更有底气一些，就是说以前是爸爸上班挣钱，我现在会说妈妈也工作了，也有收入，每个月我给你们发零花钱，妈妈要发钱了。我儿子说觉得我妈妈好漂亮，妈妈穿裙子，妈妈你是公主，让我很开心。孩子在看到一个漂亮、自信、独立的妈妈，还会说这是我妈妈做的衣服，多好看！我会明显感受到原来我的这种改变，对我的孩子，对我的家人，甚至对整个我身边辐射的这些群体，其实都是有正面的影响的，良性的循环带给我的愉悦真的是特别好。

但是，收入的增长并没有缓解她和丈夫的关系，丈夫依旧希望她不要出去抛头露面，希望一切都在他的掌控范围之内，希望她一切都能听他的。林夕依旧选择走自己的经济独立之路，经济独立带来了人格独立。自从做起团购和微商，她发现自己解决问题的能力在提高，也知道自己能力的边界在哪儿，因而产生自信，并终于接纳了自己。对自己的生活状态变化，林夕很满意：不用坐班，只需在家上网工作，赚钱轻松还能兼顾孩子。甚至她的消费欲望也降低了——"因为我觉得这件衣服 6000 多块，我的面料 1 米 200 块、3 米 600 块，算了一下不划算就不会买。你对消费的这一块会有改观。"林夕感到重新工作是一个自我探索和自我治愈的过程，让人生和人格更加完整，你会把时间花在值得的人或者是有效的事情上，不会再像以前一样只是攀比丈夫有没有钱。

丈夫也察觉到了林夕的改变：

他觉得我不一样了，我变得坚强了，更像社会人，不像以前就飘着，会纠结他是不是不爱我，今年520给我发了红包，但为什么没买礼物？我现在也需要他买，但是可能我不会纠结说没买就不爱我，我就跟他闹。不会，因为我觉得我忙着呢，不会把焦点全部集中在一个人身上。因为你把所有的精力集中在一个人上是很危险的，说明你完全依附在他身上。而当你依附的时候，我觉得最重要的一点就是他可以给你，他也可以给别人。他给你的东西他也可以随时拿走，而随时拿走的时候，你就会摔得很惨，你的心理落差会很大。

经历了疫情居家办公，林夕和里奥合伙开了公司，生活重心逐渐向工作场所转变。周一到周五，她负责接送子女上学与放学，而白天的时间里，她基本上都在公司坐班。在2023年年初，她一个月内挣到了去年一整年的收入。下半年生意不如预期，她干脆给自己放了七八个月的假，去欧洲谈业务，去全国各地度假。进入年底，她自己选品带货，自己做主播，并且还在思考接下来还能做些什么项目，才能够长期保持收入的稳定和增长。

至于和丈夫的关系，她表示"不再对他有任何期待的时候，他就是孩子的爸爸"。"这样的心理历程不是说我一下子就变成这样的，是因为我在求关注、求索取，求而不得的时候，不得已放弃了，我才走上独立的路。（我现在）对他没有期待，对于他的情感回应没有任何期待，对经济上的、情绪上的、感情上的所有的东西（都没有期待）。其实我现在做了一个准备，我离婚，我哪怕什么都没有，我得自己活下来。所以我现在想的更多的是让我自己能够成长得好一点，因为我也有个人的成长需求，有自我价值实现的需求。"无论丈夫是否同意，她都会去出差和旅游。不过她在走之前会和阿姨的休假错开，确保至少有一方在家照顾孩子。她的家庭就像是一个运作良好的公司，总裁短暂出游并不影响公司的运作。家庭各个岗位的职责划分清晰，阿姨的休假和孩子的课程在她走之前也都已经规划好了。

对于为什么在没有任何经商经验的情况下能够如此看似轻松地获得成功，林夕也有自己的思考：

这三年我从 0 到 100 万只花了六个月的时间，从 0 到 150 万只花了一个月的时间，为什么我能做到？为什么我行，别人不行？后面我发现是因为我吃到了这个时代的红利，因为我是第一个做这个东西的。我依靠小红书，累积了大量的客户。还因为我不缺钱，我输得起。我的容错率比别人高很多，因为即便是我生意没做成又怎么样，我回去照样是个阔太太。

回顾自己的来时路，她对目前的生活表示满意：有希望，有奔头，有生命力。林夕找到了努力的方向，她表示不会放弃事业，因为"鸡娃不如鸡自己"。

# 写在结尾

林夕表示，每个阶段人的需求不一样。在恋爱和结婚初期，她曾渴望找到一个像父亲一样的人来弥补她缺失的童年。"我当时就觉得我爸从小不爱我，只爱我妹妹，我就要找一个像爸爸一样的人过一个童年。好，我找到了，可是过完童年之后我发现也就那样了。我的心智成熟了，觉得自己需要面对更多的东西，因为我现在是三个孩子的妈妈，我得去思考怎样去抚养我的孩子，去给他们树立正确的人生观，希望他们是很独立的、懂得爱的，会知道如何去过自己人生，然后希望他们健康。"

从渴望父爱的小女孩到全职太太，再到经济独立的女性，我们看到了林夕的反省、蜕变与成长。确实如她所言，她是幸运的，在疫情期间抓住了商机，带着温情赚钱，扶持其他处于类似境遇的全职妈妈，自渡，渡人。

在第一次聊天时，我们感到林夕内心有许多情绪，压抑了很多不满，希望能把最强烈的情绪倾诉出来。她时而表达虚荣的快乐，时而不满丈夫的防备，时而得意于重生的自信。在访谈当中谈起过去的委屈，她忍不住流泪。在后续见面聊天时，她情绪平稳很多。这几年的历练使她更加平和、淡定与自信。

林夕的表达能力很强，也很坦诚，对于曾希望嫁个有钱人以带来舒适生活的渴望也没有遮掩，不像有人明明贪恋舒适生活，却偏要自证自己只是单纯嫁给了爱情。相比之下，林夕的坦诚显出几分可爱。她的故事从灰姑娘嫁入豪门开始，但没有终止于传统剧情里豪门怨妇强颜欢笑或者留下悔恨泪，而是在局限中摸索出一条适合自己的职业发展路径。虽然她丈夫在她创业过程中并没有给她什么实际帮助，但不得不说，她能做兼职工作是基于特权。首先是家务和部分育儿工作外包，使她有个人空闲时间。其次，居住在豪宅会给她带来合作伙伴和客户，这属于社会资本。丈夫强大的经济资本确保了她即使做微商失败也没有经济方面的后顾之忧。她感知到的"投入和产出是成正比的"的乐观心态或许也是基于特权。付出能有回报，每天工作八个小时就能月入二十万，还能兼顾家庭，这也依赖于很多常人无法企及的优越条件。在最近一次见面时，她提到为了增加客户黏合度，在竞争中生存下去，她会尽量为分销商提供一些附加服务，比如介绍大客户彼此认识，帮助他们整合资源，这样的思路是受到她丈夫生意经的启发。林夕的成功还得益于她很强的表达能力以及家境优越带来的对利益得失不斤斤计较。所以她的成功经历是很难复制的。

虽然豪门故事离普通人很远，但她的故事里透露出了传统的"男主外、女主内"的性别分工模式，女性的家务育儿劳动不被认可、男性为维护自己的尊严不允许女性外出做全职工作，以及现代女性对于经济独立的追求，这些都令人熟悉。通过上嫁来实现阶层跃升的女性，背后或许也有很多挣扎。不少富豪家庭的老夫少妻搭配都遵循着传统的性别分工，并且，有经济实力的二婚丈夫对自己的妻子免不了有所防备或轻视。林夕认为："在之前我活得很焦虑、烦躁、卑微，然后我丈夫说几句我也不敢吭声了，因为下个月他万一不给我钱，我还是得跟他去要钱，对不对？"可见，年轻女孩的上嫁是有代价的，强势的丈夫对年轻妻子的控制是全方位的。家庭可能是权力斗争最频繁出现，却也最隐秘的场所。

中国城镇女性就业率高，这是毛泽东时代延续至今的传统。所以生育后，社会和家庭通常不会期待女性去做全职妈妈。也很少会出现《82年生的金智英》一书里怀孕的女主角去上班，在地铁里还会被年轻人骂："肚子大成这样了，竟然还坐地铁出来赚钱，真不知道在想什么。"但是全职妈妈会有身份焦虑，会认为自己不够独立，这也呼应了社会上"全职妈妈是不是独立女性"的讨论。

这种建立在新自由主义逻辑上对于"独立"的讨论，有两个问题：首先，强调人的独立，忽视了人与人更多时候是互相依存的；其次，仅仅把赚钱能力与是否独立挂钩，用金钱来衡量人的价值，也落入了新自由主义的陷阱。什么是独立？谁有资格来裁决什么是独立？依靠全职妈妈照顾家庭的、什么家务都不会做的男性，是"独立男性"吗？没有女人的照料就没法好好生活的男人，在我们看来也不能算独立男性。因此，社会应该对全职妈妈多些宽容和理解，同时也无需对工作的父亲有太高的收入期待，打破性别刻板印象对男女都有好处。


**写在最后**


2019年，一网友在微博上发帖表示，她在怀孕时得了孕期荨麻疹。她说道："在孕前看了很多的书，微博、知乎，问了那么多的人，没有一个地方跟我提到孕期荨麻疹这件事。"她建议应该在女性怀孕前把孕期会面临的不适都告知育龄女性，并且她怀疑，为了获得后代，周围的中年女性亲戚隐瞒了孕期残酷的真相，"骗"下一代女性生育。

这一发帖登上了微博热搜，引起广大女性的共情。有女性网友罗列了六十条怀孕生育会导致的病痛，供广大女性参考。这六十条中包括妊娠期糖尿病、失眠、便秘、耻骨分离等我们也经历过的常见孕期疾病或问题。[67] 随着有关产孕话题讨论的广度和深度加剧，产后抑郁、产后漏尿等病痛也变得为广大女性知悉。

在生育前对于生育引起的不适了解不够，倒不一定是由于上一代女性的刻意隐瞒。为了确保人类的繁衍，社会机制创造了各种神话，确保女性能够生育。首先是母爱神话，把"母爱"与伟大、牺牲和奉献捆绑，将女性捧上道德制高点，同时剥夺了她们诉苦的权利。在道德绑架之下，女性怀孕、生产和抚育中的痛苦、危险和麻烦长期以来是不可言说的，一直处于遮掩状态，屏蔽于主流话语之外。上一代女性更可能逆来顺受，服从这样的命运。而越来越多受过高等教育的女性开始审视自己的生存境遇，重视自己的感受和经验，这样的讨论彰显了女性的主体性。基于生育经验的知识越来越普及，未婚女性对于生育会变得更加谨慎，这是不可阻挡的趋势。

在不同场合介绍我们的研究时，都有听众问及，我们的被访者中有没有后悔生二孩的。"后悔"的情感表达也曾经是不被允许出现在主流话语中的，但现在也慢慢不再是禁忌。事实上，我们的被访者不止有后悔生二孩的，甚至有后悔结婚及生育的。她们表示，走上为人妻母的道路前并没有想这么多，从小到大所接触到的所有成年女性，都有一个某人的妻子、某人的母亲的身份，不在此列者形同禁忌，很少有人能够抵挡住这样一种社会压力的胁迫。但经历了生育之后的种种：身体变化和健康挑战、家庭冲突与情感拉扯、事业妥协与自我重塑等，回顾这段历程，她们觉得不婚不育的人生未尝不是一种蕴含更多可能性的选择。这样的反思也体现了女性的主体性。

随着女性意识的觉醒，近几年图书市场上有关生育和母职相关的新书越来越多，这类书籍也进一步带动了女性对于生育和母职话题的讨论和反思。但目前市场上大多数都是引进图书，主要为来自欧美或是日韩学者、作者的著作。而本书立足于一个个真实的本土案例，着眼于正值育龄的中国女性，融汇于中国人口生育率历史性的、断崖式下跌的宏观背景，交织于少子化、老龄化议题备受关注，鼓励生育成为主流意志的时代节点上，我们试图正面探讨当代中国城市母职与母性的实质性和独特性问题，希望我们的读者，无论是否已经生育，都能从故事和讨论中获得体悟、映照自己。

考虑到目前在社交媒体上有关产后抑郁和孕期的知识已有很多，也考虑到我们的研究始于对中产家庭妈妈的生育决策以及工作和家庭互动的关注。因此本书聚焦的是生育一孩、二孩和三孩的决策过程，女性和她们的丈夫在生育后职业轨迹的变化，以及生育后女性事业和家庭的冲突和协商等。

费孝通在其1946年出版的《生育制度》一书里提及，种族延续并非出于本能。因为如果真的是本能，就无需用烦琐复杂的生育制度来规范求偶、结婚、生育。本能就是无需规范的内容，一如没有地方会规范人类如何呼吸、如何行走。费孝通还在书里多次提及，生育是"损己利人"的事："孕妇的痛苦，临盆的危险，哺乳的麻烦，自是无法掩饰的事。"作为趋利避害的个体，都希望别人去承担这一责任，自己悠哉地生活。因此"若是社会不把生育这件事作为通盘性的责任，社会完整也就缺乏了保障。"继承了功能主义的分析脉络，费老认为种族延续是保证个体生存的必须，因为个体生存有赖于社会分工，如果人口数量不足以满足社会分工所需，就会给个体生存带来危机。

然而，费老的"社会学的想象力"显然未能触及将近 80 年后的世界。无论是科学技术与人工智能的飞跃发展对劳动力需求的巨大支持作用，还是全球性的女性地位上升对公共和私人领域权力结构的冲击，围绕"生育"这个人类母题的底层逻辑和认知环境已经发生了革命性的变化。功能主义的解释力是否还能适用于当下，也值得开启新的探讨。全球化、互联网、充分的教育资源，以及对性别平等越来越强烈的诉求，正塑造着一代新女性，使她们蓬勃而勇敢地追求那个更为理想、更加美好的世界。当她们被赋予权力，开始开拓思维、掌控自我、领悟真知时，生或是不生，还会是一个问题吗？

# 附录（一）：沈老师的为母心路

转眼，大女儿已五岁，虽谈不上育儿专家，但在育儿过程中也有一些心得。以下几篇是按照时间顺序写的为母心路，特此汇总，与读者分享。

## 第一篇　如何打造一个不以孩子为中心的家庭生活

2022 年一月中旬，孩子就读的公立托儿所给家长发放通知，表示原则上学校不放寒假，请家长填写回执确认是否要上寒假托管班。我和爱人兴奋地填完回执，心里赞叹这是什么宝藏托儿所，每月学费 220 元，还不放寒假！然而之后没几天，上海市中心某奶茶店就成为中风险地区。寒假伊始，送娃入托，三位老师站在门口说："今天全校就你们一个孩子来了，由于疫情，寒假托管班开不了了，你们还是回家吧。"我一下子蒙了，跟老师协商之后，同意当天让孩子在学校托半天，然后我赶紧让我妈从十公里外过来带孩子。

自从孩子在两岁时入托之后，我们的住家育儿嫂回老家了，家庭生活方式经历了明显调整。晚上的时间原本可以自由支配，我和爱人经常两人饭后散步，然后继续工作，偶尔出去旅游，而在育儿嫂走后，工作日晚上的时间不得不陪孩子。

　　有读者看到"不得不"的时候可能会质疑，陪伴孩子难道不是应该的吗？不陪伴为什么要生孩子？我一直认为陪伴孩子需要有个度，自己无法接受除了工作就是孩子的生活。很多城市出生的独生女，从未婚时完全可以自由支配时间，到生育之后以孩子为中心——这样的转变虽然被社会认为是理所当然的，但对个人而言并非易事，很可能需要经历持续的挣扎。如果要打造一个不以孩子为中心的生活，需要我们从工作和育儿之外，再挤出休闲时间，这对年龄段较小的孩子母亲而言可能更难。

　　在孩子两岁五个月时的一个周末，我提前几天给自己预约了钢琴体验课，准备去上课。不巧爱人外出开会，我母亲正在赶来我家的路上。眼见钢琴课快迟到了，只能带上孩子一起去上课。孩子几乎全程坐在我腿上听课，间或乱弹琴，倒也没有表现出烦躁。课后钢琴老师跟我聊到钢琴课收费标准时，孩子突然说"妈妈我们回家吧"，边说边把我的鞋拿给我，并自己穿上了鞋。回家路上我问她好玩吗，她说："不好玩，下次不要去了。"之前每次带孩子外出，基本安排了以她为中心的活动——无论是亲子班、音乐课，还是儿童剧。以我为中心的外出，对我俩而言都是全新体验。她觉得无聊是正常的，因为她不是活动的主角，活动内容也与她无关。但我解锁了一个带孩子和个人休闲可以兼顾的新思路——虽然带孩子去练琴但她却不闹的情况可能无法持续到第二次。

最近在看美国经济学家艾米丽·奥斯特 2021 年出版的新书《家庭公司》，里面提到，给孩子报兴趣班的事情看上去虽小，但这和公司并购决定的过程有异曲同工之处。[68] 例如，如果给孩子报一周需要去好几次的足球兴趣班，意味着这可能需要改变整个家庭的生活方式。如果报了兴趣班，就意味着无法和家人一起晚餐，而晚餐是父母所珍视的，那父母就需要在深思熟虑下做出权衡。作者建议每个家庭先定个家庭远景，在做决定时对照家庭远景，对不同选择赋予不同优先级——给孩子报足球班这一决定是否符合自己和家庭的基本价值观？有何风险和收益？如果不报足球班有何替代活动？而这些都是公司并购时需要考虑的问题。

受到此书启发，我给我们家暂定的家庭目标（爱人表示同意）是家庭每位成员的茁壮成长。在这样的目标下，一位家庭成员的成长不应该以其他成员的枯萎为代价。在这样的目标下，每个人都是，又都不是家庭的中心。

法国哲学家巴迪欧在《爱的多重奏》里写道："爱情是一种存在的谋划：从一个去中心化的视角，而不是生存或再次确证我自己之身份的纯粹冲动出发，来建构一个世界。"巴迪欧认为爱情是"最小化的共产主义"，是"共同持有对私有的胜利，是集体成就对个体的私人利益的胜利"。[69] 在我看来，生育后的家庭也应该具有这样一个去中心化的视角。家庭就是最小化的共产主义，子女出生重塑了父母的生活方式，家庭不仅是为了个体的纯粹满足，而是通过不断的冲突与协商之后，有了视家庭为一个整体的"共产主义"视角，目标是为了家庭及每位成员的成长。

我从自己身边、自己的被访者以及媒体上接触了不少中产育儿焦虑的现象。例如，为了让孩子进一个好的幼儿园，周围有朋友愿意在幼儿园附近租房生活；也有朋友愿意舍近求远，让孩子就读离家十几公里远的幼儿园；有朋友在孩子三岁多时就为其报了思维课、英语课等各种兴趣班；也有家庭年收入过百万的朋友给孩子选择了双语学校，每年在孩子身上的投入占家庭收入的一半。这样以孩子为中心的、经济和情感高投入的密集型育儿模式正在成为中产阶层家庭主流的生活方式。有时候我也会反思，并与伴侣讨论究竟在孩子身上投入多少才是合理的？自己是否对孩子投入得不够？是否过于自私？——我需要不断反省自己的家庭和育儿理念，并且阅读相关学术文献，才有能力去抵抗同伴压力。基于美国数据的最新研究发现，在小学阶段过度育儿（对子女过高期待、高课外活动投入和家长对学校活动高度参与）与子女更低的学业成就以及焦虑、抑郁等内化问题（internalizing problems）有关联。[70] 但何为"过度"，并没有标准答案，关键在于家庭所有成员对这样的安排是否接受，这样的生活方式是否令所有人舒心。

"不以孩子为中心"的家庭生活可以包括实际互动以及育儿观念。在实际互动中，3岁前的孩子是自我中心的，所以与孩子相处时，很难不以孩子为中心去生活。但在家庭观念方面，可以争取不以孩子为中心，或者说，家庭成员共同分担育儿压力。"不以孩子为中心"这一视角有助于我们在重大家庭决策上做出决定。以兴趣班为例，从孩子两岁开始，我们给孩子报过家门口的足球班和音乐班。足球班离家步行三分钟，音乐课步行十五分钟。一课包十次，每周一次。在我发现了家门口的兴趣班之后，首先问孩子是否感兴趣，她表示肯定之后，我们就给她先报了音乐班，音乐班结束再报足球班，交替上。根据美国儿科学会的建议，在孩子 6 岁前还是应该给孩子创造自主玩乐的空间，不应以家长为主导。因此我们不会在同一时期给她报两个班，也不会考虑步行二十分钟以上的兴趣班，因为接送折腾父母。

西方谚语有云：抚养一个孩子需要集整个村庄之力（it takes a village to raise a child），这一方面反映了照护工作很可能是非常劳累的，需要不同人来共同分担，另一方面也说明照护儿童不应该仅仅是父母的工作。照护需要依赖于照护者的利他主义精神，这也凸显了人的善意，但照护者也需要喘息时间。如果想要打造不以孩子为中心的家庭生活，实现工作、家庭与个人休闲生活的公平，不仅仅涉及家务和育儿方面的夫妻协商和代际协商，也需要借助社会力量。我希望能出现更多的儿童友好型社区，配备室内外儿童乐园，这样家长看书工作，孩子玩耍两不误。我还希望能有更多延时服务的托育点，为超长工作时间的父母，或者想有自己喘息时间的父母提供临时托管服务。

"为了家庭每位成员的茁壮成长"这样的家庭目标有时候显得过于理想化。如果从具体事件来看，不可能做到每个决定都有利于每位家庭成员。也有很多无奈的时候，尤其是目前临时托管服务缺乏，又时逢寒假，我们只能依靠家庭来实现托育。从寒假入托无望至此，孩子家里蹲已两周有逾，上海阴雨连绵，开展户外运动受限，家里冲突不断。除了孩子，大家情绪都比较紧张，也都发展出了各自的应对策略。比如我母亲通常在带孩子四五天之后，主动要求放假，和姐妹出去逛街。我爱人在孩子放寒假之后仍然经常去瑜伽，也保有自己休闲的一亩三分田。由于高校科研工作的特殊性，每年三月都是国家课题申请的截止时间，需要申请基金的老师过年仍需要写申请书。我不断和爱人强调，自己每天至少需要两个小时的工作时间，除夕和大年初一亦复如是。并且威胁他，如果今年申请不到，主要责任在他。同为科研从业人员，他对我的工作还算理解，但这是我再三坚持之下的结果。女人事业和休闲路上的绊脚石太多了，家庭不是世外桃源，而是充满权力斗争的场域。如果自己不为自己争取时间，谁会把时间让渡于你？

我和爱人一致决定，等春节过后就把娃重新送去不放寒暑假的私立幼儿园，用市场化方式来打造不以孩子为中心的家庭生活。


## 第二篇　双职工家庭带孩子，一个不断协商的过程

由于疫情持续，我国不少地区的中小学和幼儿园都经历过停学，家庭育儿压力剧增。在停学之前，我没觉得孩子的电子屏幕使用时间是个问题。女儿在 2 岁 10 个月前，平均每天的屏幕使用时间少于十五分钟，主要就是看动画片，以及和家人视频聊天，偶尔跟着我们看一会儿新闻。但 2022 年 3 月，上海先是托育机构停学，随后全市人民居家隔离，孩子活动空间受限，家长又要居家办公，

这种情况下，为了安抚孩子情绪，保证能正常开会，作为家长，我们不得不给女儿看动画片。也就是在上海封控期间，孩子每天看动画片和电视新闻至少半小时。以至于 3 岁前她已经会自己打开 iPad 里的设置，把网络从飞行模式调整到 Wi-Fi 模式，然后自己打开网页播放《小猪佩奇》，让人不得不感叹孩子的学习能力。

2022 年 6 月，上海交通大学的江帆教授团队发表的论文显示，上海被调研的 3 岁儿童的每日平均屏幕暴露时间高达两小时五十分钟，78.6% 的儿童屏幕暴露时间超过了每天一小时的指南推荐标准。他们在长期跟踪调研后发现，6 岁以内每天屏幕暴露时间始终控制在一小时以内的儿童，认知心理发展水平相对是最好的。如果一个儿童，在婴幼儿阶段早期就出现较多屏幕暴露，即使后来屏幕暴露时间有所下降，认知发育和社会情感发展等方面仍会受到显著负面影响。[71] 因此，国内外的医学机构都建议，两岁前的孩子不应使用电子媒体设备，2—5 岁的儿童，建议屏幕暴露时间则在一小时以内。减少屏幕时间的有效方法之一是增加户外运动时间。世界卫生组织建议，1—5 岁的孩子每天需要运动三小时以上，越多越好，而 3—5 岁孩子，每天中等及以上强度的运动量，也建议达到一小时。不过跟控制屏幕暴露时间的其他方式一样，疫情期间要达到建议的运动量很难，因为这取决于家附近场地大小、孩子意愿以及大人是否有时间陪伴。

不过，虽然从学术到实践，都提倡对孩子"高质量的陪伴"，但对家长来说，真要放下手机，全身心陪伴孩子，很多情况下，又是另一份工作，而不是放松的休闲时光。有时候孩子在哭闹，家长又要居家办公，最及时的解决方案就是把 iPad 扔给孩子。放纵儿童使用屏幕费孩子，不放纵又费家长，真是两难。我家遇到的情况是，停课停学超过一周之后，孩子作息就开始变得不规律，午睡和晚上睡觉时间越来越晚。其中午睡阶段，由于缺乏运动，坐着看屏幕时间过长，她有时甚至到下午 4 点还不肯睡觉，这让我们成年人在情绪上有些崩溃，因为这样一来，我们的工作时间无法保证。

孩子在封控期间还只要我哄睡，记得有一次，我第二天早上要上的网课还没备完，但孩子却迟迟不肯睡觉，从晚上 8 点半折腾到晚上 11 点，好不容易哄睡之后，我也跟着睡着了。等到凌晨 1 点多醒来，才想起课还没备好，只能爬起来熬夜。到了白天，孩子哭闹，或者要求我们陪伴时，我们又只能停下手头的工作，满足她的要求。除了亲子矛盾，疫情也让夫妻矛盾变得尖锐了。有朋友就吐槽说，封控期间，家里抢菜、烧菜、洗碗，基本都是她来，还要安排两个孩子的网课。而丈夫，基本就是把书房门一关，与世隔绝，她只能通过吵架来逼迫丈夫做事。朋友说，自己的丈夫生性懒散，在国外出差半年，可以做到半年不扫地，不换床品。为了避免烧饭，他甚至宁愿不吃晚饭，饿到快昏过去，才会吃点东西果腹。懒到如此地步的人，当然会认为，没有什么家务是必须做的。朋友看不下去，只能自己动手。朋友说，自己在疫情期间经常做梦，换丈夫是梦的主题之一，"都是心里所想，在梦中实现了"。但朋友表示，尽管考虑过离婚，但既然生了二孩，离婚也只是想想而已，很多事情覆水难收。实际上，不少中产家庭平时都有钟点工，而疫情却让很多母亲承担了钟点工的工作，夫妻之间的冲突难免变得频繁。疫情期间，我和我丈夫也经历了有效且有偿工作时间断崖式下跌、更多时间和精力被投入无偿劳动和争吵之中的情况。

解封之后，我丈夫跟学界一位资深学者面对面聊天，得到建议，夫妻两人要避免家庭冲突，最好不要同时带孩子。这位资深学者很高产，尽管她没有育儿负担，但还是请了一位保姆料理家务，保证自己能全身心投入工作。受到学者启发，我和他开始"错峰育儿"。根据日程安排，我们提前一天各自认领第二天上午或者下午的育儿任务，然后晚上一起带孩子。这样的安排确实减少了一些夫妻矛盾，但每天各自的有效工作时间，仍然只有三到四小时。这样的日程执行了一个多月之后，我们带女儿进行了"上海宾馆两日游"。结果我和他都发现，度假时带着三岁孩子自己根本无法放松——放松应该是自己能有机会看场电影、独自旅游，而带着孩子去度假，无论自己有没有得到放松，都是同时在做无偿的育儿劳动。我们都很怀念孩子两岁前，家里有住家保姆的时光。在孩子两岁时，我们在征得她同意的情况下让她进入托管班，当时觉得没必要再请住家阿姨，于是挥别了在我们家工作了两年的育儿嫂，无缝对接了一位钟点工阿姨。但如今面对随时停课停学的巨大不确定性，我们都感到些许后悔。

在解封后，本来我还对私立托班的开学抱有幻想，因为这家园所以往寒暑假都正常开班，于是我隔三岔五问负责人开学时间，但7月中旬上海又来了一波疫情，打破了我的幻想。当时正逢公立幼儿园的录取，相关部门神奇地把我们从对口的二级幼儿园调剂到一级幼儿园，学费每个月225元。虽然孩子在私立托班入读体验佳，但考虑到私立机构受到疫情影响严重，关闭的风险大，而一旦倒闭孩子则很难再转学进入公立幼儿园，因此还是决定让孩子读家门口的公立一级幼儿园。在决定之后，我们给她看了不少公立幼儿园的照片和视频，也带她进行了实地考察，她也逐渐接受了这一现实——能有个幼儿园就读总比"家里蹲"好。在劳累的"宾馆两日游"结束当天，我和丈夫一致决定，再找一位住家阿姨。如果同时读私立幼儿园以及请住家保姆，很可能会影响我们的生活质量，但不读私立幼儿园，每月剩下的费用足够请住家阿姨。我们当晚就请中介安排面试，有幸找到了一位曾经当过初中英语代课老师的育儿嫂，阿姨第二天就上工了。考虑到全球疫情仍在持续，我们希望住家阿姨至少照顾孩子到六岁。

阿姨上工后，她每天会陪孩子读绘本、做游戏，孩子的屏幕时间因此又重新回到每天十五分钟以内。我们夫妻关系也大大缓和，基本没有再吵过架，不光有偿工作时间大幅增加，连个人的休闲时间也增加了。我和丈夫感到脚步更轻盈，呼吸更自由，相视经常时面带微笑，还有时间结伴去练瑜伽和看电影。虽然遇到一个合适的阿姨需要缘分，可遇不可求，不过再合适的阿姨，在相处过程中都需要磨合，可能需要不断试错。在孩子的养育方面没有完美的解决方案，我们认为家务育儿外包模式是最适合我们的。因为雇用住家阿姨不仅可以让我们从育儿中得以喘息，能够为社会创造一个劳动岗位，也让我们不用忍受每天和家中老人频繁的冲突，同时还可以解放老人，可谓一举数得。肖富群等学者于 2021 年发表的研究发现，照料孙辈会明显降低祖父母的幸福度，照料孙辈的祖父母的幸福度低于不照料孙辈的祖父母。[72] 因此，合适的住家保姆能使孩子和家长都获益，有利于缓解家长的育儿倦怠，改善家庭氛围。我们周围朋友同事，无论是上海人家庭还是"新上海人"家庭，请住家保姆都很普遍。在巨大的不确定性之下，双职工家庭很难兼顾有偿工作和育儿。不同家庭有不同的应对模式，没有好坏之分。大家都是摸着石头过河，不断进行反思和调试，来适应多变的局势。

## 第三篇　异性恋婚姻和女性主义／性别平等不能兼容吗？

2015 年，我在伦敦读博士时，有位英国同学给我们群发邮件，邀请大家去参加她的婚礼派对，她在邮件里提到"我通过结婚拥抱了强制异性恋规范"（I'm embracing heteronormativity by getting married）。在一般人听来，这句话有些拗口，但我印象却很深，因为我们就读于性别研究专业，默认彼此都是女性主义者，而女性主义具有反思和批判异性恋规范的传统。最近之所以想到这句话，是因为一篇网络流传的文章《成为女性主义者，有什么用？》，作者以亲身经历，记录了女性主义理论和实践之间的困境。这篇文章也引起了一些争议，包括作者没有谈到的"冠姓权"，她对爱人是否过分宽容和赞美等。这使我想到，2016 年我结婚时，曾写过一份结婚致辞，发在个人公众号上，这成为我迄今为止转发量最多的文章，主题也跟女性主义对异性恋婚姻的选题和期待有关。

在婚礼致辞里，我谈到，我和我丈夫在最初认识时，他提到自己本科时看过美国的女性主义作家贝尔·胡克斯的作品，深受启发，自认为是女性主义者。当时我还谈到"我们想用实际行动去构建一个性别平等的两人共产主义小社会"。我的婚礼致辞和"成为"一文被广泛转发，或许都反映了不少女性的困惑和纠结，即她们既认同性别平等，又想进入或正处于异性恋关系中，她们在实践男女平等和异性恋婚育中，遇到了一些平衡障碍，正在寻找自洽的处理办法。在我当时的婚礼发言稿下，有网友留言，大意是说等生了孩子后，或许对婚姻的感想会不一样。如今我已结婚六年半，孩子三岁半。在生完孩子后，每年结婚纪念日，我都感叹我们的婚姻经历波折居然还在续存，真是奇迹。接下来，我想分享一下婚姻中绕不开的冠姓权、家务与育儿分工的话题。

### 对于冠姓权的协商

因为机缘巧合，我在 2017—2019 年，和合作者蒋莱老师访谈了近五十位 70 后和 80 后二孩妈妈，当问到二孩跟谁姓时，有五位 80 后被访者的子女随母姓。有几位母亲表示，根本没想过这个问题，还有几位表示"跟谁姓都一样"——跟谁姓真的一样吗？妻子们可以跟丈夫提出让孩子随母姓试试，看有多少丈夫及其家人会同意。伦敦大学亚非学院荣休教授德尼兹·坎迪约蒂在她影响广泛的作品《与父权制谈判》中认为，经典父权制社会（classic patriarchy）的特征包括从夫居和父系继承制（patrilineal-patrilocal complex）。随父姓是父系继承制的基本特征。虽然有人认为即使随母姓，也不过是随着母亲的父姓，但究竟是认同性别平等而随母姓，还是因为母亲家族强势而随母亲的父姓，意义完全不一样。

对于冠姓权的反思不仅仅局限在精英女性之间。早在 2014 年，安徽的长丰县就进行了孩子随母姓奖励一千元的试点，配合"增加女厕所坑位比例"等其他性别平等相关措施。时任长丰县人口计生委副主任龚存兵表示："影响性别价值取向的一个重要因素就是传宗接代、延续香火观念。这个观念的重要表现形式，就是姓氏传承。"[73] 打破"随父姓"传统也有助于降低男孩偏好、缓解不平衡的出生性别比。

在怀孕前我跟丈夫说，我们可以掷骰子，掷到哪一面，孩子就跟谁姓。他表示同意。后来我把这个想法发了朋友圈，我婆婆看到了，她私下对我丈夫流露出了担忧，觉得这过于反传统。后来我丈夫就跟我商量，第一个孩子是否能跟他姓。作为女性主义者，让孩子随父姓，不是没有挣扎的，因为这和性别平等的观念无法自洽，并且复制延续了父权制的传统。但考虑到社会规范，让孩子随父姓是最"顺理成章"的做法，即使是我的原生家庭也默认与赞成第一个孩子随父姓，所以我并没有进一步提出"随母姓"的诉求。

我父母的经济情况在上海比较宽裕，父亲对我出国读书和购买婚房都进行了一定资助。我父亲一直希望我能生两个孩子，第二个随他姓。在我们的孩子两三岁时，婆婆来上海探亲。来沪第一天，她主动说，如果我们生二胎的话，孩子跟我姓，但希望孩子的名里能有个"杨"（我丈夫的姓）。虽然在大城市，二孩随母姓越来越普遍，但如果一孩是女孩，二孩是男孩，男方家庭一般还是不愿意，更不要说在我丈夫的家乡南昌，二孩随母姓，本就比较少见。我家的孩子是女儿，如果生二胎，等于性别未定，我婆婆能主动这么说，可能是了解到我和我父亲的期待，再加上没有实际参与抚养孙女，所以觉得二孩随母姓是可以接受的。但名字里要有"杨"，我个人觉得有些拧巴，不希望这样操作。当然婆婆只是提出希望，在我丈夫的家庭中，他的话语权更大。他对于"名中带杨"不算执着。

婆婆对我"掷骰子"决定孩子的姓虽有隐忧，但没有当面跟我表达，我丈夫在他家庭中的话语权更大——这些可以说是对父权的一种渐进式颠覆。这种颠覆可能是因为他们的开明，可能是因为我们的学历和经济能力都远高于他们，也可能是因为我们不在南昌，受到父系家庭的影响更小。我在一孩冠姓权问题上的退让属于主动地让渡权利，其实是一种双方求同存异的渐进式靠拢。二孩都还没孕育呢，两个家庭对孩子的名字已经有了期待。但生育实在太牵扯时间和精力，我不可能只因为"二孩会跟我姓"这一单一激励条件而去生二胎。如果我丈夫能生育，二胎跟他姓我会很乐意，并且不会要求名字里带"沈"字。

对于唯一的孩子随夫姓，我有时会有不公平感，尤其是某些阶段我带孩子更多，会质疑为什么我生的孩子要随父姓。作为男权社会的既得利益者，我丈夫对于改变性别不平等的动力更小。在冠姓权这件事上的协商，说明进入婚姻的女性主义有不自洽和妥协的时刻。

### 为打破性别刻板印象所做的努力

其实我们日常生活中还有很多对于性别刻板印象的微小的矫

正。比如我经常会对孩子说"妈妈爸爸"，而不是常见的"爸爸妈妈"。我会跟孩子强调女孩男孩都一样。绘本中的主角更可能是男生，我会刻意对调性别，把主角变成女孩。我会给孩子买女飞行员和女科学家的绘本，希望她能在潜移默化中不受束缚地追梦。对于歌曲中歌颂母爱的歌词，我丈夫会把称谓改成爸爸，比如"世上只有爸爸好"。在陪孩子早教时，当老师说"请妈妈们把孩子举起来时"，他也会提醒老师这里还有个爸爸……

值得一提的是，我和丈夫同一年入职，处于职业发展的同一阶段，所以我们两人也会暗自较劲。较劲主要是因为彼此的事业发展关系到我们家庭内部的权力关系。一想到他一旦比我先评上教授，可能会对我颐指气使的场景，我就提醒自己不能躺平。他在事业上比我更"上进"，我就经常劝他佛系一些。我们互相会劝对方不要太拼了，并嘲笑对方太卷，让对方多顾家。由于听了太多女性生育后经历"母职惩罚"的故事，我在没有怀孕前已经和他协商好未来的家庭和育儿安排，在生育前后工作很努力，在生完孩子当年，我们同时评上副教授，随后也同时担任博士生导师，学术产量也保持高位。

**家务分工**

对于谁在家务和育儿上投入更多，我和我丈夫是有分歧的——各自都认为自己付出得更多。这也正常，各种研究夫妻家务分工的研究表明，妻子和丈夫对于自己和对方做了多少家务的感知同实际做了多少之间，很可能存在偏差。

我们的分工是这样：生孩子前，家里没太多家务，经常是他做饭我洗碗，不想做饭就去外面吃，一周请阿姨保洁一次。生孩子后，他负责日常买菜、安排菜式、水电煤账单；我负责孩子的日常购物和开销。家中的娱乐生活，基本都是我提议和规划。家务基本外包给了住家阿姨，阿姨的工资我们各付一半。印象中，我们是自然而然形成了这样的分工。并没有精准计算过各自是不是承担了一半的家务量，但目前达到了一个动态平衡，双方也都暂时满意这样的分配。

我家的情况已经相对理想，更大范围内，我国的女性在育儿和家务劳动方面，付出远比男性更多。2021年公布的中国第四期妇女社会地位调查显示，女性"照料家庭成员和做饭、清洁、日常采购等家务劳动时间为154分钟，约为男性的两倍"。[74] 我丈夫家务育儿投入的时间高于男性平均值，我觉得理所应当，并没有因此对他心存感激。因为我们学历相同，收入相似，他做到这些是正常的。但我偶尔发朋友圈展现我丈夫为家庭做的努力，比如在上海封控前买了上千块的菜，并用 Excel 表格安排菜式，底下通常都会有女性朋友夸我丈夫顾家。而有一阵子我丈夫比较忙，我承担了大部分育儿工作，他也发朋友圈夸我时，却没有男性朋友留言夸我。可见社会上大部分人，尤其是男性，还是对女性承担家务育儿太理所当然。

虽然定量数据显示女性家务时间是男性的两倍，但我觉得实际差距肯定更大，因为母亲在育儿方面付出的时间和精力，很多都难以量化，比如在孩子的班级群里参与接龙，给孩子网购衣服等。此外，父母带孩子出门，通常是母亲在照顾孩子，比如在饭店吃饭，

6岁以内的孩子身边，90%以上都是母亲坐在身旁照顾。这些都不在统计范畴内。而在小家庭的育儿分配上，我一直希望能体现性别平等。比如我们带孩子去饭店吃饭，我丈夫一般会坐在孩子身边，一方面，这是我的要求，另一方面，我丈夫吃饭比我快很多，他吃完照顾孩子，显然是更合理的安排。今年国庆我和丈夫回南昌探亲。吃饭时基本上都是我丈夫坐在孩子身边照顾她。他妹妹一家三口也回家探亲，有两次吃饭，他妹妹一开始在照顾孩子，之后应该是注意到我丈夫在照顾孩子，她便和她丈夫互换，由她丈夫来照顾孩子。我没想到我们的育儿分工会促使其他家庭产生性别更平等的分工，内心还是感到些许欣慰。

从我们的婚礼致辞上能看出一些理想主义色彩，一腔想成就什么的热情，以及戴着滤镜看对方的选择性盲目。而婚姻中体会到的更多是无法总结出意义感的琐碎，也经历了一些无法自洽的无奈和对于性别刻板印象的日常反抗。未婚未育女性的生活当然有更多可能性，但如果说对于未婚想进入异性恋婚姻的女性有什么建议的话，或许可以把性别分工和性别观念也纳入择偶考量——如果你支持性别平等，希望男性顾家，这在婚前可以通过很多细节来判断。比如可以和伴侣一起讨论某些社会性别事件，从中或许可以看出他是怎么对待女性以及对待家务的；你可以了解他父母的互动模式，因为这很可能会影响他对于未来家庭分工的态度；相处中也可以观察他的自理能力——他是否具备组建家庭最好具备的一些技能，比如做饭，收纳以及采购能力等。如果你希望找一位高收入男士，那么很可能也需要接受他无法顾家，你则需要牺牲自己的事业，把生活重心转移到家庭照护上。

对我个人来说，学习女性主义是基于身体性的经验做出的选择，是一种打破传统认知的过程。而一旦打破传统认知，就会发现诸多现实难以符合自己的理想与期待，势必会面临诸多困惑与挣扎。知行合一很难，理论常常无法指导实践，也会有不自洽的时刻。但进入异性恋婚姻者与不婚主义者仍然不应该是对立的。女性之间、男女之间如果能看见彼此的困境，理解对方实践的语境，认可对方做的努力带来的微光，或许可以促成一个性别更加平等的世界。毕竟婚姻的内涵是动态发展的，我们可以通过个体实践来改变异性恋婚姻的内涵。个体还是可以做出一些微小的改变和尝试，来打破社会默许的性别不平等分工的。但是更大的改变，还是需要依靠社会政策的完善和贯彻，从而减少性别不平等的分工，减轻针对女性的职场歧视和育儿负担，建设一个"结婚友好型"社会。

## 第四篇　新版儿童生长标准开始实施，孩子的身高会更卷吗？

我第一次听说"上海表"，是怀孕时在医院听课的时候。所谓上海表，就是上海地区的0—6岁儿童体格发育参考值，标准是2015年定的。当时医生介绍了"上海表""全国表"和世界卫生组织的表。一目了然，上海儿童的身高体重发育指标远超全国平均，这还是在全国青少年身高迅速增长的情况下。根据2020年发表在柳叶刀杂志的一项研究，过去三十多年，全中国的人都在变得越来越高：目前我国 19 岁女性平均身高是东亚第一，为 163.5 厘米，我国 19 岁男性平均身高为 175.7 厘米，全球排名第 65。中国青少年的身高，在过去三十年里的增长幅度，更是位于世界首列。一些公众号开始贩卖焦虑："中国青少年身高大幅增加，跃居东亚第一，你的孩子拖后腿了吗？"在这一背景下，最近几年，给孩子滥用生长激素而导致各种副作用的报道不时见诸报端，有媒体认为，这体现了育儿内卷，已经从成绩席卷到身高领域。

这一点，我自己颇有感受。我们从孩子出生后，带她在妇幼保健院参加早教时，就有其他家长在比较孩子的身高体重。当时我和丈夫对这类话题不但不参与，还有点嗤之以鼻，觉得在制造"卷"的气氛。考虑到上海儿童的发育标准比世界卫生组织高出一大截，令人望而生畏，我们还主动给自己降低标准，只给孩子参考世界卫生组织的标准。

当时我们考虑的是，既然有平均数，有中位数，那就总有一部分孩子的身高会低于平均数，低于中位数。我们是可以接受孩子身高低于平均线的，毕竟孩子的身高 70% 靠遗传，而我和丈夫的身高，在同龄人当中也只属于平均线左右。我们孩子从出生开始到 2 岁，一直在某三甲医院体检。这两年里，参照全国标准（见表 2），她的身高和体重一直介于 P20—P50，也就是在同龄人中属于倒数 20% 到 50%，算中等偏下。而国际公认的认知是，只要生长曲线在原来的区间水平保持平稳，家长就不用担心。在这个阶段，女儿的生长正处于这种情况。

表 2　7 岁以下女童年龄别身长／身高的百分位数值[75]

单位为厘米

| 年龄 | $P_3$ | $P_{10}$ | $P_{25}$ | $P_{50}$ | $P_{75}$ | $P_{90}$ | $P_{97}$ |
|------|------|------|------|------|------|------|------|
| 0 月 | 46.8 | 47.9 | 49.1 | 50.3 | 51.6 | 52.7 | 53.8 |
| 1 月 | 50.4 | 51.6 | 52.8 | 54.1 | 55.4 | 56.6 | 57.8 |
| 2 月 | 53.8 | 55.0 | 56.3 | 57.7 | 59.1 | 60.4 | 61.6 |
| 3 月 | 56.7 | 58.0 | 59.3 | 60.8 | 62.2 | 63.5 | 64.8 |
| 4 月 | 59.1 | 60.4 | 61.7 | 63.3 | 64.8 | 66.1 | 67.4 |
| 5 月 | 61.0 | 62.4 | 63.8 | 65.3 | 66.9 | 68.2 | 69.6 |
| 6 月 | 62.7 | 64.1 | 65.5 | 67.1 | 68.7 | 70.1 | 71.5 |
| 7 月 | 64.2 | 65.6 | 67.1 | 68.7 | 70.3 | 71.7 | 73.1 |
| 8 月 | 65.6 | 67.0 | 68.5 | 70.1 | 71.7 | 73.2 | 74.7 |
| 9 月 | 66.8 | 68.3 | 69.8 | 715 | 73.1 | 74.6 | 76.1 |
| 10 月 | 68.1 | 69.6 | 71.1 | 72.8 | 74.5 | 76.0 | 77.5 |
| 11 月 | 69.2 | 70.8 | 72.3 | 74.0 | 75.7 | 77.3 | 78.8 |
| 1 岁 | 70.4 | 71.9 | 73.5 | 75.2 | 77.0 | 78.6 | 80.1 |
| 1 岁 1 月 | 71.4 | 73.0 | 74.6 | 76.4 | 78.2 | 79.8 | 81.4 |
| 1 岁 2 月 | 72.5 | 74.1 | 75.7 | 77.5 | 79.3 | 81.0 | 82.6 |
| 1 岁 3 月 | 73.5 | 75.2 | 76.8 | 78.6 | 80.5 | 82.1 | 83.8 |
| 1 岁 4 月 | 74.6 | 76.2 | 77.9 | 79.7 | 81.6 | 83.3 | 84.9 |
| 1 岁 5 月 | 75.5 | 77.2 | 78.9 | 80.8 | 82.7 | 84.4 | 86.1 |
| 1 岁 6 月 | 76.5 | 78.2 | 79.9 | 81.9 | 83.8 | 85.5 | 87.2 |
| 1 岁 7 月 | 77.5 | 79.2 | 80.9 | 82.9 | 84.8 | 86.6 | 88.3 |
| 1 岁 8 月 | 78.4 | 80.2 | 81.9 | 83.9 | 85.9 | 87.6 | 89.4 |

| 年龄 | $P_3$ | $P_{10}$ | $P_{25}$ | $P_{50}$ | $P_{75}$ | $P_{90}$ | $P_{97}$ |
|---|---|---|---|---|---|---|---|
| 1岁9月 | 79.3 | 81.1 | 82.9 | 84.9 | 86.9 | 88.7 | 90.4 |
| 1岁10月 | 80.2 | 82.0 | 83.8 | 85.8 | 87.9 | 89.7 | 91.5 |
| 1岁11月 | 81.1 | 82.9 | 84.7 | 86.8 | 88.8 | 90.7 | 92.5 |
| 2岁 | 81.2 | 83.0 | 84.9 | 87.0 | 89.1 | 90.9 | 92.8 |

但我们平稳的心态在孩子两岁半时被打破了。因为从两岁开始，她的生长曲线就持续走低，身高增加极为缓慢。她从 2021 年 5 月 18 日两岁时，就已经有 86.4 厘米了，但到了当年的 12 月 6 日，也才 88.6 厘米。7 个月，长了两厘米。我们复盘了一下，这可能跟她两岁入托有关。自从她上了托班之后，奶量就减少了，而且基本上每两周生一次病，频繁咳嗽、发烧，两岁多还得了一次肺炎。我们在 2021 年年底带她去了某私立诊所体检，对于生长曲线变缓，医生的结论是，她在两岁之后，身高开始更受遗传影响，但也很可能是频繁生病导致，因为频繁生病会影响睡眠和营养吸收，进而影响身高。我这里说的只是孩子自己生长曲线的纵向比较，还没有将她和同龄小朋友横向比较，因为在 3 岁前，她读的是 1 岁半到 3 岁的混龄托班，班里孩子身高参差不齐，也无从比较。后来幼儿园小班入学前需要体检，我丈夫带她去社区医院体检，排在他们前后的女孩子都是 99 厘米左右，而我们家孩子测量结果是 92.7 厘米，甚至比两个月前在医院躺着量的身高还要低 0.5 厘米。我丈夫不甘心，让医生重新测量，仍是同样结果。医生说躺着量身高会更高，一天之内身高也会有变化，然后按照上海标准，给了个

P3—P10 的结论。P3 意味着什么呢？相当于我女儿在同龄女孩子中，身高已经处于倒数 3%。但她的身高如果按照世界卫生组织标准，是 P15—P20。

一方面，我和丈夫惊叹与困惑于为什么上海婴幼儿的生长水平比世界平均水平要高这么多，堪比上海孩子的 PISA 能力测试（国际学生评估项目）在全世界的排名。由此而生的感想是，身处上海的家长可真不容易，因为焦虑来源太多了。之前有一个流传甚广的段子提到：一北京家长在网上发帖问：孩子 4 岁，英语词汇量只有一千五百个，够不够？有人回答说：在美国够了，在海淀不够。没想到，现在体能发育方面，一线城市也出现了类似的趋势。但另一方面，即使参考世界卫生组织表和全国表，我们孩子的身高也属于偏矮，并且发育情况有向下的趋势。我丈夫在带孩子做完体检后，表示心在流泪。我们开始坐不住了，丈夫焦虑了一天，开始想着如何给孩子制订营养可口的食谱，我则在朋友圈发了求医帖，在想着如何干预。

根据丈夫制订的食谱，阿姨在孩子幼儿园开学第一天，一大早烧了鳕鱼鸡蛋番茄面，结果她没吃几口，还把鳕鱼都挑出来扔了……事实证明，精细育儿是徒劳的。女儿始终觉得家里的饭菜不好吃，学校里的好吃。到她正式上幼儿园之后，我们发现她比班里大多数孩子要矮大半个头，是班里最矮的小朋友之一。虽然我们明白，这也跟她小月龄出生有关，但生长曲线持续走低，依然令我们担忧不已。于是我们在她 3 岁半时，带她去上海某三甲医院的内分泌科看了专家门诊。专家接待我们前，另一位医生先在隔壁房间登记了孩子的基本信息。言谈之中，我们得知他还是硕士生，是来实习的（他自称"只是打工的"），他惊讶于孩子 3 岁半就来看生长门诊。登记完毕，我们和实习生一同去了医生接待室。医生了解了我们的身高后，实习生报出了"153 厘米"这一孩子成年后的预期身高，医生随即点头确认。我和丈夫很困惑，之前基于我俩的身高，我们的确测算过孩子成年后的身高，从来没有得出过这么低的数据。医生人狠话不多，当场给孩子开了测骨龄、抽血、测激素等一系列检查。但我们对于 3 岁半孩子要抽静脉血是非常犹豫的，正好该医院下午 4 点血液检测科就停止接待，于是我们的孩子没能抽到血，当天只测了骨龄。骨龄结果出来后，医生看了数据，表示骨龄已经有 4 岁了。我们的心一沉，回家路上心情有点抑郁。

当天晚上，我们通过朋友引荐，认识了某儿童医院的医生，想了解一下 3 岁半测激素是否有必要。医生问我骨龄的数据，我通过手机调取数据，发现骨龄影像上实际显示的是骨龄 3 岁至 3 岁半。我们一下子对白天的门诊"专家"产生了厌恶和不信任感，怀疑他和实习生通过流水线式问诊，故意报出最低的预期身高数据来制造焦虑，从而让"消费者"心甘情愿对将近一千元的检测服务和可能随之而来的药品买单。我们随后取消了原本预约的静脉检测。在排除了器质性病变可能后，儿童医院的医生建议我们对孩子再观察半年。医生告诉我们，根据她的观察，来看生长发育门诊的孩子中，只有 10% 是有疾病需要干预的，大多数情况都是家长出于焦虑带孩子去看门诊。她表示，现在焦虑情绪很普遍，连她的同事中也有焦虑孩子身高的。与医生朋友的通话缓解了我们的焦虑。随后，我丈夫给孩子买了一款进口益生菌，据说有增强胃口功效。我给孩子买了补钙保健品。我们想着办法给她补充肉、蛋和牛奶。然而，孩子的主观能动性实在非常强，督促她喝奶，经常需要斗智斗勇。

好在最近几个月，孩子的身高长势喜人，部分缓解了我们的焦虑。我则慢慢意识到，在育儿过程中，家长的焦虑是阶段性的，会随着孩子年龄增长呈现出变化。在0—4岁时家长通常会更担心孩子的生长发育、睡眠和喂养习惯的养成；4岁之后，家长可能更关心兴趣班和学习成绩，开始在其他方面，比如练琴上，和孩子发生缠斗。而在家长对于孩子0—4岁期间的诸多焦虑和困惑中，"科学育儿"有时候反而成了助长焦虑的来源之一。例如医院和各种育儿公众号，都规范了孩子体检频率，还提供各种可供对照的生长曲线图，一些所谓"专家"也趁机推波助澜。这次新版《7岁以下儿童生长标准》实施，其主要起草人，首都儿科研究所生长发育研究室研究员李辉在接受媒体采访时说，新标准更符合当今我国儿童自身的生长发育特征，但也仅供家长参考，家长如果发现孩子某些生长指标异常，也不要过度焦虑，还是应请医生做进一步诊断。我国《健康儿童行动提升计划（2021—2025年）》提出，将儿童健康管理纳入家庭医生签约服务。在未来，希望政策真正落地，希望扎根社区的家庭医生的覆盖率可以更高，希望社区医院和医生可以针对0—4岁孩子的生长发育给予指导，缓解家长的困惑，从而部分缓解三甲医院的接诊压力。

回溯我自己对孩子身高的焦虑缓解过程，一是得到了儿童医院医生的指导，二是发现孩子的身高增速并非像参考指标看上去的那样稳步增长，而是有很大的个体差异，家长不必被一时的数据打乱阵脚。


## 第五篇　二孩心路历程

在与蒋莱老师刚开始合作时，我尚未生育。在我们的书稿进入尾声时，我怀二胎已近九个月。蒋老师评论道："做了很多研究，访谈了许多母亲，收集了许多生育故事，还是做出了生育二孩的决定，很正能量呀。"其实我在 2021 年就考虑过是否要再生一个孩子，但疫情打消了我这个念头。生二孩的主要动机还是希望两个孩子能够互相扶持，等我和丈夫百年之后，她们可以携手迈入我们没有机会经历、也没有能力预测的未来。虽然自己是独生女，但我在成长过程中经常和亲戚家孩子一起玩，没有感到孤独寂寞。但现在家中，我的 80 后和 90 后同辈中没有一个生孩子的，短期内也看不到他们有生孩子迹象，这正呼应了最近媒体热议的上海户籍女性总和生育率只有 0.6，属于全世界最低水平。家庭聚会时，第三代中只有我女儿一人。想象一下再过二三十年，等我们父母百年之后，亲戚之间是否还有定期聚会的凝聚力？家庭变得越来越个体化，春节变得越来越寥落，手足毕竟可以互相依靠，这是我愿意生二孩的主因。

生育决策也跟我们和孩子的互动有关。目前宝贝女儿 4 岁半，记性非常好，非常有主见，性格大多数时候也不错，明事理。能看出，她在生活中感受到了爱，并且会给予爱。此外，孩子也很期待能有个妹妹。她很喜欢玩过家家游戏，在角色扮演中把平时受到的关爱都移情到毛绒玩具身上，她的期待也是我考虑生育的动力之一。

生育决策也和人生规划有关。《柳叶刀》上 2023 年发表的论文《中国未来预期寿命的预测：一项至 2035 年的建模研究》里面预测到，到 2035 年，北京、上海有 81% 的女性可以活到 90 岁，而我们 85 后人均预期寿命到 100 岁也指日可待。[76] 去年我还看了一本书《百岁人生》，大致写的是我们中青年有很大概率可以活到一百岁，在这种情况下应该如何重新规划自己的人生。假设我们可以活到一百岁，那么体力上再辛苦三年生养一个孩子，其实从整个生命历程的角度而言也不算长。

在经济方面，我们在作出生育决策前计算了家庭的支付能力，结论就是，即使是在没有长辈经济资助的情况下，我们也能够靠自己养家糊口，这也和我们的预期开支不大有关。从孩子 3 岁多进入公立幼儿园开始，我们在养孩子方面就没花多少钱和精力。我向孩子提议了不少兴趣班，比如绘画、击剑、篮球等，都被她一一拒绝。她说："我喜欢在家画画，不喜欢去机构。"目前在她的同意下，只给她报了跆拳道和英语，未来计划先让她读公立小学，不适应的话再变换赛道。所以在育儿开支方面，预计在未来五年内也没有经济压力。

对照我自己和本书已生育二孩的被访者，最明显的区别就是照护者的组成。我们的二孩被访者中，育儿主力是祖辈、母亲和阿姨，丈夫的参与度较少。而我家的育儿主力是住家阿姨、我和丈夫。由于早就预见了和长辈在育儿观念和实践上的冲突，我们在没有怀孕前就商量好了请育儿嫂带孩子，事实上也是这样贯彻的。丈夫从结婚到现在，一如既往地顾家，买菜和配菜主要是他。虽然给女儿报班等孩子相关的认知劳动主要还是我做，但他也算配合，我们会一起去带孩子体验课程，商量是否要报班，他也会负责接送。我和他虽然时常吵架，但沟通还算顺畅，在生活方式以及重大决策方面基本能达成一致，包括在没有怀孕前我们也都商量好，二宝无论男女，都随我姓。

生育决策还和工作状态有关。愿意生二孩也是基于我和丈夫双方的工作时间都灵活的基础上。我和丈夫对工作时间的掌控度很高，可以自由安排工作。孩子一旦生病，我们当中通常至少有一人能够随时有空陪伴。如果只有我一人工作时间灵活的话，我势必会成为育儿主力，这是我不愿看到的结果，也肯定会降低我的生育意愿。目前我在论文发表和基金申请方面已经步入正轨，虽然发顶级期刊难，但完成合同考核的工作量不成问题。发论文带来的成就感越来越小，在工作上压力也比较小，同时由于基金申请限项，距离评教授至少还有两三年——我因此在工作上感觉碰到瓶颈，想生个孩子转移一下注意力。

有很多人觉得生二孩是需要勇气的事情，这确实是我们深思熟虑的结果。我们在各方面都已经算是准备得很充分了。但即使怀孕是深思熟虑的结果，即使已经经历过一次，生育和养育本身就蕴含了巨大的不确定性。我的二胎怀孕过程仍然比第一次时艰辛，在第一次怀孕时有过的不适，包括耻骨痛、胃食管反流、失眠、便秘等，在第二次怀孕时都更早出现了症状。在孕中期还被诊断出妊娠期糖尿病，需要严格控制饮食，定期复查血糖。不少人见到我时觉得我看上去状态很好，因为他们看不到我深夜的频繁夜醒、辗转反侧以及其他难以言说的艰辛。虽然丈夫尚给力，虽然二孩随我姓，但我仍然是生育的主体，承受了各种身体的不适和无法预料的风险。即使医疗技术在不断发展，人造子宫仍然无法实现，女性生育相关的问题仍然无解，这也使得生育的话题值得持续的关注和讨论。

二孩会带来新的挑战和复杂的情感体验。所谓一家四口其乐融融的画面也只是生活的片刻，鸡飞狗跳才是常态。这使我想到，人生到底追求的是什么？在我看来，不是幸福，也肯定不是没有压力的生活，更可能是一种体验，一种尽情生活以及随之而来的平和心态。没有孩子的生活可以更轻松自在，可以过得很精彩，但也会有其他的困境和挑战。至今，孩子给我带来的情感慰藉和挑战是前所未有的。怀二胎、养育两个孩子又是新的挑战，这大概是我个人版本的"尽情生活"。

# 附录（二）：蒋老师的探究之旅

　　作为出生于 70 年代末、生活在城市、父母都在体制内公有制单位工作、成长于大学新村的独生女，很长时间里我从未认知到人生竟有生育一个以上孩子的可能性。记得母亲说过，在生下我不久后有过一次怀孕，既受政策约束也囿于经济环境，只能放弃二胎，并同时在体内安上了节育环。无论是幼年的玩伴，还是从小学到大学的同学朋友（本地户籍），绝大多数都是家里唯一的孩子，极个别上面有哥姐，弟妹则闻所未闻。有一个小例子可以注解昔日的"无知"：记得工作后一次跨洋出差的航班上与一位欧洲姑娘聊天，我学到一个六级单词里没见过的新词——siblings，感觉很新奇，原来英文里对"兄弟姐妹"还可以这样统称，可见多子女家庭文化于我是多么陌生。

　　读研的时候认识了现在的丈夫，他的父母是严格遵守"一胎半"政策的上海郊县居民，因此他有个刚好大他五岁的姐姐。这点与我家庭背景的差异，令他在我眼里增加了不少新鲜度。而一届才七八个人的同专业研究生，除了我和另一个本地女生，其他来自五湖四海的外地同学则非常标准地呈现出城镇家庭两个、农村家庭至少三个兄弟姐妹的生育配置。

不过，直到我完成博士学业并有了博士后工作经历，开始执教大学讲台，实现了从受教育者向教育者身份的转变后，我才一边关注人口研究，一边在和大学生的教学与交流中认识真实、全面的中国社会，我对女性生育问题的困惑才逐渐浮出水面。这些年我教过的学生从 95 后起，已发展到今天的 05 后，每一门课的每一个班里都没有出现过独生子女居主流的情况，确切地说，"家中唯一的孩子"从来都是少数群体，这也使得我对这项如此特殊、如此漫长又如此戏剧化的政策产生了越来越浓厚的兴趣。在我教过的一个班里，两个同学家里都有弟妹，年龄只差一岁，却因为踩在不同的政策时间节点上出生，一家仍旧支付了不菲的"社会抚养费"，另一家就免除了这项罚款，为家里省了一笔钱。

与研究兴趣同步增长的，则是我自身人生体验中对生育和母职角色的思索。翻看微信朋友圈的记录，正是从 2013 年开始，我在朋友圈中分享的与二孩有关的话题越来越多，除了作为社会议题的各种讨论和观点，在我的家庭生活中，这个话题也越来越热。面对趋近的中年危机，丈夫提出再要一个孩子的频次显著上升；而进入话痨阶段、初具交流分析能力并参与家庭决策的 8 岁儿子也多次明确地要求我给他生个弟弟，陪其游戏、听其指挥、供其"领导"；同辈的同学朋友们一边在评论区打趣我"赶紧从了（夫、子）吧"，一边则以各自的节奏迎来、等待或拒绝着二孩。显然，我和我的朋友圈正是二孩政策的目标人群。

作为一孩都生得十分勉强的"学术女"，我对家庭内外的二孩氛围，不是不迷惑的：受教育程度良好的城市女性顺遂的人生道路止步于学校，工作场所和上升空间对女性的不友好随着市场化程度加深而加剧，生育照料职责则被刻板印象幻化为职业发展道路上的绊脚石，始终稳定地释放着负面效应。社会政策和福利体系基本上把育儿事务划归在私领域，虽只养育了一个孩子，回顾一路上的奶粉、就医、玩耍、入托、上学种种，是无穷无尽的思虑操心，再来一遍光想想就令我不寒而栗。上海男人的好丈夫标签全国闻名，但好爸爸文化却难以在这座高竞争、快节奏的城市生根发芽。2005年我生孩子时，丈夫按规定享有三天带薪陪产假，时间短得只有象征意义，妇联部门和相关学界不断呼吁延长父亲假（涵盖陪产假、育儿假、亲子假的概念），却始终难有推进，据说，这项政策不利于上海的营商环境。直到2020年响应二孩新政才出台新规，将父亲假增加到十天，但在全国依旧位居倒数行列。最外显的一项制度尚且如此，在社会构建的方方面面，在生养照料的日日夜夜，无论外界的要求还是内心的衡量，母职与父职显然不可能分庭抗礼，再生一个孩子对两性的意味和代价也是完全无法比较的。配套政策和文化更新看来都遥遥无期，仅仅获得允许，我们就应该生二孩了吗？

这些困惑与冲突，并非来源于我的凭空想象。事实上，社会氛围对二孩政策的烘托，早已开始，而在2015年10月召开的党的十八届五中全会上，终于明确提出"全面实施一对夫妇可以生育两个子女的政策"。[77]几乎所有的人口和生育议题研究者都不会反对，这是一个历史性的时刻。

2015年5月，我转发一篇题为《我为什么不愿生二宝》的文章，配文道：不知不觉间，身边朋友依据对于二宝的立场可以划分成两个阵营：主二派和反二派……横竖都是"二"，咱们还是agree to disagree（求同存异），坚持初心到底吧。回看当时，可笑之余亦感慨，二孩叙事对我们这代人的影响之深。数据显示，70后、80后是生育二孩的主力人群，90后和已长大的00后越来越强烈地受到晚婚晚育，甚至不婚不育新思潮的裹挟，她们连一孩都不乐意生了，遑论二孩。

2015年6月，我申请的国家社科基金项目"单独二孩政策对妇女就业的影响研究"获得批准，我由此走上了以学术探索化解自身纠结的道路。

同年，我的儿子小学毕业升入初中，个头猛长、性情速变，转眼间从与父母交流情况最佳的天使少年变成脸臭毒舌的典型青春期少年，让我很焦灼，甚至一度求助心理咨询治疗的同时，彻底打消了"因为爱他而再给他配备一个兄弟姐妹（sibling）"的浪漫化二孩想象。

通过学术项目机会，我的关注视角从自身向外扩展，在对城市二（多）孩妈妈的研究中理解当今时代生育政策、生育实践和女性生命体验之间的关联，探究这些与我有着相似背景却做出相异决策的同辈女性有着怎样的心路历程和人生感悟。在与合作者沈洋老师共同实施的四十余例访谈交流过程中，我们与受访者一块儿讨论了愿意生育二（多）孩的原因和动机，生育前后的期待和失望，以及从每一次生育经历直至当下自己和职业、和父母、和配偶、和孩子

（们）的关系与联结状况，分享这一路上的成就与缺憾、欣慰与辛酸、痛苦与成长，以及对未来的想象、对孩子们的教育理想、对年轻人的忠告建议。

在我们的样本中，有具备充足社会资本、经过深思熟虑的理性决策型二孩妈妈；有身为新上海人，在老家和上海两种文化模式中寻求平衡的二孩妈妈；有在好教授、好律师、好妈妈三个身份中游刃有余的二孩妈妈；也有和丈夫有着同样的事业起点，却在不同的发展方向上差距渐大的二孩妈妈，等等。而随着母职故事的延伸和深入，全职妈妈、单亲妈妈和三孩妈妈也进入了我们的研究视野。她们中的不少出生在独生女家庭、成长于独生子女的文化环境，却大多主动坚定地作出二孩决策，巧妙地协调工作和家庭责任，谋划一切可以支持自己的资源力量，努力在所有外界要求的角色之外依旧保留自我。在这个对生育女性的要求远远超过支持的转型时代，在家庭友好、妇女友好、生育友好文化还任重道远的初级阶段，妈妈群体给我们提供了一个独特的窗口认识中国社会、探讨家庭与工作的关系、反思两性角色与父母职差别、想象新型代际联结的模样。

研究进展中，我的人生也经历了颇多跌宕。2016 年初送走因乳腺癌复发转移、以 64 岁初老之龄离世的母亲，让我对女性身体围绕生殖功能而形成的系统及其风险有了更复杂的感受。2017 至 2018 年我去往美国知名女校韦尔斯利学院（Wellesley College）访学，我对女校教育与女性领导力之间的关联感到惊叹，这种联系在我面前展现了一个全新的世界。这种体验不仅让我叹为观止，还激发我为此撰写了一本学术专著。老牌文理教育的熏陶也深深影响了我，促使我在职业道路上更加坚定地追求自己真正的兴趣和内心的使命感。2020 年疫情暴发之前，我凭借家族史的敏感及时就医并实施了早期乳腺肿瘤切除手术，从此获得了以幸存者身份看待世界的新视角。2021 年依托与沈洋老师和其他合作者协力完成的一系列论文、媒体文献和研究报告，这个项目终告完成。研究经历与生命体认互为映照，我参与和共情着二（多）孩妈妈们辛劳充实的生活脚本，也丰盈了自己的认知和思考。作为研究者的乐趣和特权或许正在于此，我无需生育第二个孩子，却足以领略另一番人生。

# 注　释

[1] 蕾切尔·卡斯克. 成为母亲: 一名知识女性的自白 [M]. 黄建树, 译. 上海: 上海人民出版社, 2019.

[2] Christine Overall. Why Have Children? The Ethical Debate [M]. Cambridge, MA: MIT Press, 2012.

[3] 奥里亚娜·法拉奇. 给一个未出生孩子的信 [M]. 毛喻原, 王大迟, 译. 海南: 海南出版社, 2002.

[4] Diana Tietjens Meyers. The rush to motherhood: Pronatalist discourse and women's autonomy[J]. Signs: Journal of Women in Culture and Society, 2001, 26（3）, 735–773.

[5] Aoxing Liu, Evelina T. Akimova, Xuejie Ding, Sakari Jukarainen, Pekka Vartiainen, Tuomo Kiiskinen, Sara Koskelainen, Aki S. Havulinna, Mika Gissler, Stefano Lombardi, Tove Fall, Melinda C. Mills, Andrea Ganna. Evidence from Finland and Sweden on the relationship between early–life diseases and lifetime childlessness in men and women[J]. Nature Human Behaviour, 2024, 8: 276–287.

[6] 李珊珊. 中国女性终身不育率 10 年升 3 倍, 这个势头才刚刚开始？ [EB/OL].（2023–06–09）[2024–02–17]. https://mp.weixin.qq.com/s/8KnliN9Tar-

1k2nXcu5yGw.

[7] Bruna Alvarez, Reproductive Decision Making in Spain: Heterosexual Couples' Narratives About How They Chose to Have Children [J]. Journal of Family Issues, 2018, 39: 3487–3507.

[8] 陈蓉，顾宝昌．实际生育二孩人群分析——基于上海市的调查 [J]．中国人口科学，2020（05）：116–125+128．

[9] 国家卫生健康委员会．2022 年卫生健康事业发展统计公报发布 [DB/OL].2023–10–12.http://www.nhc.gov.cn/cmssearch/xxgk/getManuscriptXxgk.htm?id=5d9a6423f2b74587ac9ca41ab0a75f66.

[10] 联合国人口基金，中国人口与发展研究中心．中国治理出生人口性别比失衡的实践 [R/OL].（2023–08）[2024–03–01]. https://china.unfpa.org/sites/default/files/pub–pdf/zhong_guo_zhi_li_chu_sheng_ren_kou_xing_bie_bi_shi_heng_de_shi_jian_–zhong_wen_–final_1.pdf.

[11] Karsten, L. Middle–class childhood and parenting culture in high–rise Hong Kong: on scheduled lives, the school trap and a new urban idyll[J]. Children's Geographies, 2015, 13（5）：556–570.

[12] 艾莉森·高普尼克．孩子如何思考 [M]．杨彦捷，译．杭州：浙江人民出版社，2019．

[13] 阿兰·巴迪欧．爱的多重奏 [M]．邓刚，译．上海：华东师范大学出版社，2012．

[14] Deniz Kandiyoti. Bargaining with Patriarchy[J]. Gender and Society, 1988，2（3），274–290.

[15] 许琪．随父姓、随母姓还是新复姓：中国的姓氏变革与原因分析（1986–2005）[J]．妇女研究论丛，2021（03）：68–87．

[16] 费孝通．生育制度 [M]．北京：商务印书馆，2008．

[17] 沈毅，周雅静．双系家庭主义、代际关系嵌入与第三代姓氏选择——基

于南通地区二孩姓氏"一边一个""并家婚"案例研究 [J]. 江苏行政学院学报 , 2021（04）: 66-74.

[18] 庄孔韶 , 张静 . "并家婚"家庭策略的"双系"实践 [J]. 贵州民族研究 , 2019, 40（03）: 41-45.

[19] 南希·弗莱迪 . 我母亲 / 我自己 [M]. 杨宁宁 , 译 . 上海 : 文汇出版社 , 2004.

[20] 许欣宁 . 北美电影中的中式母女关系呈现——以《面子》《瞬息全宇宙》《青春变形记》为例 [D]. 拉曼大学中文系 , 2023.

[21] Shivalika Agarwal, Nagendra Kumar. Mothers Born or Produced?: An Analysis of the Mother-Daughter Relationship in Well- Behaved Indian Women[J]. Journal of International Women's Studies，2023，25（5）.

[22] 上野千鹤子 , 铃木凉美 . 始于极限 : 女性主义往复书简 [M]. 曹逸冰 , 译 . 北京 : 新经典文化丨新星出版社 , 2022.

[23] 王颖 . 论电影中的"母亲"和"母女关系"[J]. 齐鲁艺苑 : 山东艺术学院学报 , 2008（6）: 6.

[24] Harriet Evans. The subject of gender: Daughters and mothers in urban China[M]. Lanham, MD: Rowman & Littlefield，2008.

[25] 单伟建 . 走出戈壁 [M]. 北京 : 社科文献出版社 , 2021.

[26] 范康明、杨继东、吴浩,《69 届初中生,知青运动中最特殊的知青》, 该文为上海社科院历史所、文学所和复旦大学历史学系主办, 上海市青年运动史研究会和上海知青网协办的"上海市 2008 知青学术研讨会"会上遴选的 25 篇宣读论文之一。

[27] 20 多年前百万职工下岗, 上海率先探索建立再就业服务中心 [ED/OL]. （2018-09-14）[2024-03-01]. https://www.thepaper.cn/newsDetail_forward_2438559.

[28] 历史性拐点!中国人口,开始负增长了 [EB/OL].（2023-01-17）[2024-03-08].https://www.thepaper.cn/newsDetail_forward_21595429.

[29] 广东连续五年位居第一生育大省! 解读两类人口"双过亿"背后 [EB/OL]. （2023-04-03）[2024-03-08].https://new.qq.com/rain/a/20230403A045NF00.

[30] 蔡嘉婷, 张菊珍, 关颖诗等. 潮汕文化对生育观念的影响 [J]. 汕头大学学报（人文社会科学版）, 2019, 35（05）: 48-54+95.

[31] 张静. 广东人，愿意生 [J]. 瞭望东方周刊，2021.

[32]Signe Howell. The Kinning of Foreigners: Transnational Adoption in a Global Perspective[M]. New York: Berghahn Books, 2006.

[33] 2024 年 9 月 5 日，中国外交部发言人毛宁表示，中国政府调整了跨国收养政策，今后除外国人来华收养三代以内旁系同辈血亲的子女和继子女外，不再向国外送养儿童。

[34] 蒋方舟. 母亲与女儿: 无限人生书单第 16 季 [EB/OL].[2024-03-06]https://www.vistopia.com.cn/detail/326.

[35] Shen, Y. & Jiang, L. Reproductive Choices of Highly Educated Employed Women with two Children Under the Universal Two-child Policy[J], Journal of Family Issues, 2020, 41（5）: 611-635.

[36] 2019 年上海女性平均 29.09 岁初婚，30.29 岁初育 [EB/OL]. （2020-05-15）[2024-07-26]. https://www.thepaper.cn/newsDetail_forward_7416297

[37] 董小红，赵丹丹，陈弘毅."隔代抚养"新焦虑: 姥姥带娃成"主力"，奶奶去哪了？[N/OL]. 新华网,2018-10-18[2022-01-15].http://www.xinhuanet.com/politics/2018-10/18/c_1123579026.htm.

[38] BOSS 直聘研究院 .2020 中国职场性别薪酬差异报告 [R/OL].

[39] 阿莉·拉塞尔·霍克希尔德. 职场妈妈不下班: 职场父母与家庭变革 [M]. 肖索未，刘令堃，夏天，译. 北京: 生活·读书·新知三联书店，2021.

[40] 甘贝贝. 国家统计局: 2017 年我国出生人口 1723 万人 [EB/OL]. （2018-01-19）[2024-03-01].https://www.rmzxb.com.cn/c/2018-01-19/1936146.

shtml?n2m=1.

[41] 中华人民共和国国家卫生健康委员会.2022 年卫生健康事业发展统计公报发布 [EB/OL].（2023-10-12)[2024-03-01].http://www.nhc.gov.cn/cms-search/xxgk/getManuscriptXxgk.htm?id=5d9a6423f2b74587ac9ca41ab0a75f66.

[42] 夏虫，赵楠.男男男男女男男！幼儿园全是小男孩，中国的新生儿性别比究竟怎么了？[EB/OL].（2024-02-15）[2024-03-01].https://mp.weixin.qq.com/s/YBhq-DY1DDhvkzj8yYp12g

[43] 联合国人口基金，中国人口与发展研究中心（2023）.

[44] 夏虫，赵楠（2024）.

[45] 陈若葵.让单亲妈妈群体被更多地"看见"[N/OL].中国妇女报，2023-02-06[2024-02-15].https://www.cnwomen.com.cn/2023/02/06/99266779.html#.

[46] 台山市司法局.以案释法离婚冷静期的界定 [EB/OL].（2022-04-18）[2024-02-15].https://www.enping.gov.cn/gzjg/epssfj/pfjy/content/post_2584395.html#:~:text=2021%E5%B9%B41%E6%9C%881%E6%97%A5%E8%B5%B7%E6%96%BD%E8%A1%8C%E7%9A%84%E3%80%8A%E4%B8%AD%E5%8D%8E,%E7%A6%BB%E5%A9%9A%E5%90%8E%E5%8F%88%E5%90%8E%E6%82%94%E4%B8%8D%E5%8F%8A%E3%80%82.

[47] 2023 年：结婚升 12%，近十年来首次回升；离婚升 28%[EB/OL].（2024-03-17）[2024-02-16].https://m.sohu.com/a/764679481_121698190?_trans_=010004_pcwzy.

[48] 唯品会，中国婚姻家庭研究会.十城市单亲妈妈生活状况及需求调研报告 [R/OL].2019-05.

[49] 喻琰.关注易被忽视的"独抚母亲"群体：如何让独自抚养不再难？

[N/OL]. 澎湃新闻，2022–12–26 [2024–02–16].https://www.thepaper.cn/news
Detail_forward_21314804.

[50]2019 上海统计年鉴 [DB/OL].（2020–04–30）[2022–03–23].https://tjj.
sh.gov.cn/tjnj/tjnj2019.htm.

[51] Connell, R. W. Gender and Power: Society, the Person and Sexual Politics[M].
New York：Stanford University Press, 1987.

[52] 赖德胜，孟大虎，李长安，王琦等 .2016 中国劳动力市场发展报告 [M].
北京：北京师范大学出版社，2017.

[53] 刘爱玉 . 制度、机会结构与性别观念 : 城镇已婚女性的劳动参与何以可
能 [J]. 妇女研究论丛，2018（6）.

[54] 克劳迪娅·戈尔丁 . 事业还是家庭：女性追求平等的百年旅程 [M]. 颜进
宇，颜超凡，译 . 北京：中信出版社，2023.

[55] 陈亚亚 . 网络十年，"剩女"一词的消歧之路 [EB/OL].（2022–01–19）
[2022–03–25].https://www.thepaper.cn/newsDetail_forward_16339011.

[56] 理查德·谢弗 . 社会学与生活 [M]. 赵旭东等，译 . 北京：世界图书北京
出版公司，2014.

[57] 郑雅君 . 金榜题名之后：大学生出路分化之谜 [M]. 上海：上海三联书店，
2023.

[58] 转载于豆瓣网友"达文中"2019 年 2 月 28 日发布的动态文章《上海
近 20 年平均工资 vs 平均房价直观对比（1998–2017）》，详见：https://
www.douban.com/note/708505848/.

[59] 方英 . "全职太太"与中国城市性别秩序的变化 [J]. 浙江学刊，2009
（1）：211–216.

[60] 95 全职妈妈比例超 20%，这一届妈妈与 80 后相比，竟然有了这么
多的变化 [EB/OL],（2021–12–16）[2022–10–19].https://www.thepaper.cn/
newsDetail_forward_15850130.

[61] 刘自强，张浩娜．"快乐的家庭主妇"：20 世纪 50 年代美国女性形象形成原因分析 [J]. 历史教学，2018,（12）：53–60.

[62] 郑真真．20 世纪 70 年代妇女在生育转变中的作用——基于妇女地位、劳动参与和家庭角度的考察 [J]. 妇女研究论丛,2019,（03）:5–13.

[63] 中国女性就业率已经很高了，当然事情也在起变化 [EB/OL].（2020–12–18）[2022–10–23].https://www.thepaper.cn/newsDetail_forward_10433906.

[64] 北京市妇联课题组．全职主妇与职业女性生活状况差异 [N]. 中国妇女报 – 新女学周刊，2018–07–31.

[65] 西蒙·德·波伏娃，第二性 [M].郑克鲁，译．上海：上海译文出版社，2014.

[66] 纪芳．并家模式下的家庭权力重构及其实践逻辑——基于苏南农村的并家经验考察 [J]. 天府新论,2020,（01）:96–102.

[67] 孕期遭遇荨麻疹：如果早知道这些，你还会生娃吗？ [EB/OL].（2019–02–23）[2024–02–26].https://www.sohu.com/a/297043629_200335.

[68] Emily Oster. The Family Firm: A Data–Driven Guide to Better Decision Making in the Early School Years[M]. New York：Penguin Press, 2021.

[69] 阿兰·巴迪欧（2012）．

[70] Angran Li, Simon Cheng, Todd E Vachon, Too Much of a Good Thing? Testing the Curvilinear Relationship between Parental Involvement and Student Outcomes in Elementary School[J]. Social Forces, 2023, 101（3）：1230–1257.

[71] Zhao J, Yu Z, Sun X, et al. Association Between Screen Time Trajectory and Early Childhood Development in Children in China[J]. JAMA Pediatr. 2022;176（8）:768–775.

[72] 肖富群，李雨，王小璐．带孙子幸福吗？——基于全国五个城市问卷调查的研究 [J]. 社会科学,2021（12）:81–93.

[73] 安徽长丰试点"姓氏改革",子随母姓奖千元 [ED/OL].（2014-08-01）[2022-10-17].https://www.thepaper.cn/newsDetail_forward_1259285.

[74] 第四期中国妇女社会地位调查主要数据情况 [R/OL].（2021-12-27）[2022-10-17].http://paper.cnwomen.com.cn/html/2021-12/27/nw.D110000zgfnb_20211227_1-4.htm.

[75] 中华人民共和国国家卫生健康委员会.7 岁以下儿童生长标准（代替 WS/T423—2013）[R/OL].（2022-11-09）[2023-03-05].http://www.nhc.gov.cn/wjw/fyjk/202211/16d8b049fdf547978a910911c19bf389.shtml.

[76] Bai, Ruhai, Yunning Liu, Lei Zhang, Wanyue Dong, Zhenggang Bai, and Maigeng Zhou. Projections of Future Life Expectancy in China up to 2035: A Modelling Study [J]. The Lancet Public Health, 2023, 8（12）: e915-e922.

[77] 根据"百度百科"上"全面二孩"词条所示：2015 年 10 月，党的十八届五中全会曾明确提出"全面实施一对夫妇可以生育两个子女的政策"。2015 年 12 月 2 日，国务院常务会议通过《中华人民共和国人口与计划生育法修正案（草案）》，并决定将草案提请全国人大常委会审议。2015 年 12 月 27 日，全国人大常委会表决通过了《人口与计划生育法修正案》，全面二孩政策随即于 2016 年 1 月 1 日起正式实施。

**新生育时代**
XIN SHENGYU SHIDAI

**图书在版编目 (CIP) 数据**

新生育时代 / 沈洋，蒋莱著 . -- 桂林：广西师范
大学出版社，2024. 10（2024.11 重印）. -- ISBN 978-
7-5598-7387-3

Ⅰ . C913.11

中国国家版本馆 CIP 数据核字第 2024DY7030 号

广西师范大学出版社出版发行

广西桂林市五里店路 9 号　邮政编码：541004
网址：http://www.bbtpress.com

出 版 人：黄轩庄

责任编辑：郑　伟

助理编辑：袁子淇

装帧设计：@ 吾然设计工作室

内文制作：张　佳

全国新华书店经销

发行热线：010-64284815

北京盛通印刷股份有限公司印刷

北京市经济技术开发区经海三路 18 号　邮政编码：100023

开本：920mm×1270mm　1/32

印张：10　字数：210 千

2024 年 10 月第 1 版　2024 年 11 月第 2 次印刷

定价：58.00 元

如发现印装质量问题，影响阅读，请与出版社发行部门联系调换。